罪恶时刻

THE EVIL HOURS

[美] 大卫 · J.莫里斯◎著
吴张彰◎译

北京联合出版公司
Beijing United Publishing Co.,Ltd.

图书在版编目（CIP）数据

罪恶时刻／（美）大卫·J.莫里斯著；吴张彰译
．—北京：北京联合出版公司，2017.9
ISBN 978－7－5596－0594－8

Ⅰ.①罪…　Ⅱ.①大…　②吴…　Ⅲ.①精神疗法－通俗读物　Ⅳ.①R749.055－49

中国版本图书馆CIP数据核字（2017）第153355号

著作权合同登记　图字：01－2017－3429号
The Evil Hours: A Biography of Post－Traumatic Stress Disorder

Original English edition published by Eamon Dolan/Mariner Books
Simplified Chinese edition is published by arrangement with
Bardon－Chinese Media Agency

罪恶时刻

项目策划　斯坦威图书　斯坦威 Standway
作　　者　（美）大卫·J.莫里斯
译　　者　吴张彰
责任编辑　李艳芬　徐秀琴
策划编辑　马晓娜　朱红坤
封面设计　异一设计

北京联合出版公司出版
（北京市西城区德外大街83号楼9层　100088）
北京鹏润伟业印刷有限公司印刷　新华书店经销
240千字　880毫米×1230毫米　1/32　12印张
2017年9月第1版　2017年9月第1次印刷
ISBN 978－7－5596－0594－8
定价：49.00元

无数次轰炸给这些幸存者留下了长久的影响，他们中很多人曾看着身边的兄弟，欢笑着，而炼狱在竭尽所能地摧毁他们，那曾是他们的罪恶时刻；然而，如今的罪恶时刻在窒息的梦魇中，在麻木的肢体中，在混乱的语言中。最糟的是，一些东西分解了，他们曾凭借着那些东西变得勇敢、无私、隐忍，这种最出色的人成了炮弹休克难以言表的悲剧……在文明的名义下，那些士兵以身殉国，出于文明，我们仍需证明士兵们的殉国并非一种肮脏的欺骗。

——西格夫里·萨松（Siegfried Sassoon）[①]

人们在实验室中了解这种现代疾病，也将之解释为一种实验技术，学生和外行将之视为一种类似皮疹、丘疹的东西。这种疾病从未以一种生物的方式被呈现过——真实或是隐喻，这种生物具有一种无法描述的存在，甚至你和我也有那种存在，因为我们都背负了太多重量，站得太高。

——诺曼·梅勒（Norman Mailer）[②]

---

① 西格夫里·萨松（1886—1967）是英国近代著名的反战诗人及小说家，曾参与过第一次世界大战。萨松以大量的诗歌文学作品表明他的反战立场，其中最有名的作品都是描绘战争中的恐惧和空虚。代表作《于我，过去，现在以及未来》（*In Me, Past, Present, Future Meet*），其中“心有猛虎，细嗅蔷薇”成为脍炙人口的不朽经典。

② 诺曼·梅勒（1923－2007），美国著名作家，国际笔会美国分会主席，美国“全国文学艺术院”院士，“美国文学艺术研究院”院士。梅勒被誉为20世纪最伟大的美国作家之一，也被称为20世纪伟大的记者。代表作《裸者与死者》（*The Naked and the Dead*）、《夜幕下的大军》（*The Armies of the Night*）等。

赞誉

令人震惊……《罪恶时刻》是一部具有启发性的著作，书中有着对创伤记忆及其意义的详实研究和动人分析……正是莫里斯对伊拉克战争及其影响的个人经历，让《罪恶时刻》一书具有非常深刻的品质，这也使得此书不同于其他有关这个主题的临床文献，让此书具有一种极佳的可读性。此书的叙述来自于一种真挚的智慧和真切的兴趣。我们能在文字中看到莫里斯的心灵——这是一种愉悦的体验，因为能让读者感到共鸣……这部书不仅写给那些经历过创伤的人，也写给那些想了解“9·11事件”后的美国人。阅读此书能让你成为一个更好、更人道的公民。

——《纽约时报书评》（*New York Times Book Review*）

作为一名患者和一名优秀作家，莫里斯以一种卓越的文学方式，揭露了创伤的秘密……这是本世纪有关创伤主题最为重要的一部书。

——《泰晤士报文学评论副刊》（*The Times Literary Supplement*）

关于创伤后应激障碍（post－traumatic stress disorder，PTSD），这是我读过的最好的作品。对我而言，此书相当于菲尔·克雷（Phil Klay）的短篇小说集《重新部署》（*Redeployment*）的非虚构版。

——《外交政策》（*Foreign Policy*）汤姆·里克斯（Tom Ricks）

《罪恶时刻》让我想起，我当初为何想成为一名作家……这是一次与PTSD的对话，既是与患有这种疾病人士的对话，也是与那些从未患有这种疾病的人士的对话。

——《纽约时报》（*New York Times*）
大卫·布鲁克斯（David Brooks）

极具可读性。

——《洛杉矶时报》（*Los Angeles Times*）

“创伤摧毁了正常的生活叙事”，莫里斯在这部充满激情、富含研究、文笔优美的自传如此解释道，这部自传所论述的疾病，我们直到最近才认识到。尽管他“讨厌将写作变成一种疗法这种观点”，然而阅读这本书还是能帮助那些受创伤者。《罪恶时刻》是一部非常必要的著作。

——《陶瓷碎片》（*Shards*）的作者
伊斯梅·普利希克（Ismet Prcic）

杰出且动人，莫里斯对这种恼人精神疾病的研究，提出了全部重要的问题。这部著作显现出苦难的意义，同时也给了希望的空间。

——《棍棒和石头》(*Sticks and Stones*) 的作者

埃米莉·贝兹伦 (Emily Bazelon)

这部书有一种令人着迷的真诚。莫里斯是一位作家、一名战士、一位患者，他的辞藻中包含着深刻的真理。他的故事从对创伤的质疑，到糟糕的回忆，再到科学解释的纠结。这本书具有一种别致的吸引力，能让读者投入其中。《罪恶时刻》揭露了心灵，深度惊人。

——《触及巅峰》(*Touching the Void*) 的作者

乔·辛普森 (Joe Simpson)

“我们生而负债，欠世界一次死亡，”莫里斯写道，“创伤，发生在你惊诧地瞥见死亡黑暗的时刻。即将到来的不仅是身体和心灵的毁灭，而似乎是整个世界的消亡。”《罪恶时刻》……不可否认，莫里斯跟随着西格夫里·萨松、越战老兵反战组织 (Vietnam Veterans Against the War, VVAW) 和其他人的步伐，将PTSD从一种隐藏的疾患提升到了一种普遍的道德问题。

——《华盛顿邮报》(*Washington Post*)

即便在今天，PTSD这个标签还经常遭到误解和误用……莫里斯那令人惊讶的著作以及他为理解这种疾病所做的研究给了我们极大的安慰。作为一名前海军陆战队士兵，莫里斯生动地描绘了他战后的生活，他也将视野转到了其他情况带来的创伤，包括性侵犯、濒死体验。

——风味儿连线网（Flavorwire）

同情、动人……一本在军队老兵的世界中开垦出了一道宽阔大路的著作。

——《俄勒冈人》（*Oreganian*）

本书精准地将个人痛苦放置在一个更大的社会、文化和历史情境中。莫里斯在这一点上做得很棒。

——《洛杉矶书评》（*Los Angeles Review of Books*）

《罪恶时刻》对于最近几年有关战争的著作而言是一份绝佳的补充，本书提供了一个必要的语境，从而理解那些时常无法言说或无法描述的事物。

——《每日野兽报》（*Daily Beast*）

一部清晰的病原学研究……自传的成分很好地整合进了书中，使得本书具有极高的启发性和可读性。

——《出版人周刊书评》（*Publishers Weekly*，*STARRED Review*）

对人类所遭受的战争代价的一次解析……一次对战争创伤的探究，令人大开眼界。

——《科克斯书评》(*Kirkus*)

莫里斯带来的不仅是经历，还有对这个沉重主题的洞见……本书对于那些患有 PTSD 的人及其所爱之人都是非常好的资料。

——《书单》(*Booklist*)

本书远非一部关于一种心理问题的自传，或是一部个人回忆录。它也是一份具有说服力的分析研究，分析了改变我们文化面貌的这种持续增长的现象。如果我们想要了解到底是什么塑造了美国，《罪恶时刻》是必读之书。

——《可爱的骨头》(*The Lovely Bones*) 的作者

艾莉丝・希柏德 (Alice Sebold)

这是一本我们一直期待的著作。此书无疑是与当今的老兵、老兵的家庭、与此相关的临床医生联系最为紧密的一部书，也是迄今为止有关 PTSD 主题的最好著作……此书前所未有地将人们联系在一起。任何一个受 PTSD 触动的人都会从此书中获益。

——《外交政策》

这是一部综合性的杰出作品。《罪恶时刻》将回忆录与战争的精神影响的文化史编织在一起……莫里斯展现出了一种广泛的视角，思索了牺牲、危险、以及“生存的秘密”。

——《太平洋标准》(*Pacific Standard*)

莫里斯是一位卓越的作家……本书令人惊叹的力量之一，就在于他能够冷静地总结争论双方相反的论点。

——《华尔街日报》(*Wall Street Journal*)

动人……具有时代性……一次迷人而调查充分的叙述。

——《芝加哥论坛报》(*Chicago Tribune*)

莫里斯认为自己能帮助我们以一种更为复杂的方式思考PTSD，因此《罪恶时刻》在我们的文化中占有符合时代性的重要地位。

——《明尼阿波利斯星坛报》(*Minneapolis Star Tribune*)

这是一部活在“恐怖阴影之下”的回忆录，充满着勇气和真诚，也是对我们这个时代的疾患在历史、文化、科学层面的一次思考……对于战争以及其他创伤的幸存者而言，《罪恶时刻》是一份充满洞见的礼物，对于那些对超过十三年的战争无动于衷的美国人，这部书也是一次行动的呼吁。

——《圣地亚哥联合论坛报》(*San Diego Union*－*Tribune*)

译者序

正是战争创造了我们。

古希腊先哲赫拉克利特（Heraclitus）的这句话，解读方式可以多种多样。本书的视角却是如此深刻而震撼。这种震撼并未因为我与作者之间文化、地域的差异而减弱，相反，作者似乎为我们打开了一扇窗户，这扇窗户通向一个未知而奇特的世界，身处那样一个世界，内心感到如此之熟悉。

我几个月的翻译过程也像是书中所谓的一场奥德赛，一趟旅途。在这趟旅途中，我不断在问自己，这本书到底是在谈论什么？刚开始的时候，我见到的是一位美军海军陆战队老兵娓娓道来自己的战场经历，那段经历琐碎却真实，读着读着仿佛就会置身其间。里面并没有什么惊心动魄的英雄故事，也没有铁血柔情的战地浪漫，甚至那些经历都算不上是一个完整的故事，只是一个一个片段，诉说着战争和生活的真相。

紧随其来的是 PTSD，这个词对于国人来说既陌生又熟悉。我们民族几千年的历史文化当中从不缺少战争和灾难，然而关于战争与灾难对个体和社会心灵的影响，似乎很少出现在学术和公众话语中。PTSD作为一种切实的影响，确实隐藏在灾后受害者的心灵当中。本书论述了PTSD作为一种心理疾病的演变史，这段历史充满了血泪与抗争，当中既体现了灾难的破坏性和悲剧性，又体现了某些伟大历史人物深刻的洞见与人道主义精神。

然而如何去理解PTSD，如何去对待PTSD呢？如果仅仅将之视为医学或心理学领域中的一种疾病、一项诊断，那么这无疑是在“器”的层面。在这个层面，我们能见到的仅仅是一项项症状，一个个现象，以及相应的处理“技术”。然而PTSD涉及的是灾难，是生死，是人类生命中最根本的哲学问题，即我们从何而来，又走向何方。行文到此，我方才理解PTSD不仅仅是一种灾后心理疾病，而是人类最深层次的苦难。或许我们大多数生活在现代和平社会的人并未经历过灾难，然而那种苦难却离我们并不遥远。正如佛家所言，生老病死皆是苦，生命中有太多事件远非我们可以控制。现代文明制造着一种幻觉，我们总是对生活有着某种期待和渴望，希望一切按照自己的意料进行。然而正如本文所言，经历过战争的人才会明白生活的创伤是随机的，这个世界有太多事物不在我们的掌控之中，反而我们最终都会成为命运的牺牲品。而PTSD正是这种苦难，或者说生活真相的集中体现。

当然，这种观念说起来有点悲剧，但悲剧不意味着消极。正如罗曼·罗兰（Romain Rolland）的名言：“世上只有一种英雄主义，那就是在认清生活真相之后依然热爱生活。”不论是本书的内容，还是本书的作者都体现着这样一种英雄主义。作者在经历了战争与PTSD之后，并未一蹶不振，而是走遍美国各个研究机构，采访各位专业人士，一方面是为了救赎自己，一方面也是让这种深层的苦难能够得以表达、得以分担。也正如本书最后的章节所写，有时候创伤和灾难带来的不仅是痛苦，也是一种人生智慧。在战争中，你唯一能失去的只有生命。也正是经历了灾难，认清了生活的残酷真相，才能最终洗去铅华，找到个人生命中最应该坚持和珍惜的人和事，从此更加专注而勇敢地走下去。不仅如此，对创伤的言说也就是一种分担，一种与他人的连接和共鸣。也许正是这种经历和诉说，最终造就了那种对众生苦难悲悯的精神，造就了历史当中那些改变时代的伟大灵魂。

译完此书之后，我内心五味杂陈，似乎有许多想说的，又不知该从何处开始。虽然我的人生经历中从未经历过灾难与巨大创伤，但仿佛心灵也跟随着作者一起走完了这一趟奥德赛。而这趟旅途中，我从书中得到的点点感悟和体会，或许读者们只有在阅读正文时才能细细品味到。我的语言功底和翻译水准着实还未到游刃有余的境地，翻译过程中的漏误，文笔上的不足还望读者包涵。最后，我要感谢出版社编辑对我的信任，感谢此书的作者在翻译过程中对我的帮助，也要感谢我心爱之人在这趟心灵旅途中的陪伴。

吴张彰

序：警告

长官，你经历过爆炸吗？

一切都好，直到那一天的到来。

关联症：寻找那些本不应该有的模式。

我在2007年10月9日的日记中写下这些话，在这之前的一天，我差点儿被巴格达（Baghdad）路边的炸弹杀死。在写完这最后一行之后，我又回过头来，用不同颜色的笔在这句话下划了线，就好像在强调我以一种不同的心态回来了。好像我在给未来的自己留下一条线索。我当时在伊拉克进行第三次战地报道，并且和进驻萨蒂亚（Saydia）的第一步兵师的一些士兵外出巡逻，萨蒂亚的街道至少在表面上看起来相对平静。在我们回基地的路上，一名士兵心不在焉地问我有没有遭遇过爆炸。我思考了这个问题一会儿，然后陷入了沉默，我感到有些东西出差错了。这句话来得很蹊跷，我解释道：尽管我在伊拉克最危险的城市拉马迪（Ramadi）过了一个夏天，但是我对这里还是不甚了解。

就像我的命运开口说话了：我之前从未遭遇过爆炸，但是悍马车里的每个人都明白，一切都会改变。

根据迷信的道理，我是受害方，但我觉得，那个向我提问的孩子要遭殃了。当时，悍马车里的士兵都来自拉丁美洲——秘鲁、墨西哥、危地马拉，然后他们开始用这种语言和口气责骂他。

当时，我感到无比尴尬，只希望这一刻快点结束。我不喜欢成为话题中心，我尽量避免去思考自己会被炸成碎片。这其实是我在伊拉克学会的第一个诀窍，完全忽略明显的事实：你一直处在可能会死的状态——忽略它。我没什么用，我的想法不对。当时我在伊拉克已经待了整整九个月，虽然我见过人们被路边炸弹炸死，我却从来没有遭遇过爆炸，我多少觉得我的运气在我掌控之下。然而在他提出那个问题的一刻，好似那位士兵偷走了我的掌控，将我扔在了机运的威力之下，以至于我很难摆脱。

之后，我采访了一位著名的精神分析家，他告诉我，创伤摧毁了时间的组织。在正常的时间里，你从一刻走到下一刻，从日出到日落，从出生到死亡。经历创伤之后，你的时间线变成一个圈，你会发现自己就像是一个奇怪的、弹跳的橡皮球，从此刻弹到下一刻，周而复始。八月就是六月，六月就是十二月。时间是什么？再猜猜。在创伤的世界中，事物的基本法则是不确定的：风扇可以是直升机，汽车尾气可以是芥子气。

创伤时间的另一个古怪之处在于，它不仅仅摧毁了从当下到未来的时间流，它也摧毁了之前的一切事情，吞噬了你之前生活中的人和事，直到你不再记得他们为何重要。

我之前觉得无法理解的东西，现在变成命中注定了：我在脑子里经历了太多次爆炸，以至于我没法想象一个自己没有经历过爆炸的版本。在这个问题的反面的那个人不是我。事实上，他从未存在。

如今战争已经结束了，但是那件事没有过去，它几乎抹去了未来的生活，因此也抹去了从前的生活。那个士兵的问题悬在空中，一直都悬在空中，也将会一直悬在空中。

长官，你经历过爆炸吗？

引言

在过去40多年的时间内，创伤后应激障碍（一种特点为高敏感、情绪麻木、不断闪回的疾病，下文简称PTSD）已经遍及我们文化的每一个角落。几千年来，有种疾病从未受到承认，直到1970年11月，几个愤愤不平的越战老兵“强暴”了位于曼哈顿市中心的反战小组办公室。这种疾病才进入公众视野，遍布全球各个国家，成为了一位医学人类学家口中的“世界精神病”。有种痛苦在人类历史多数时候都无人所知，这就是PTSD，而如今它却变成了美国最普遍的精神疾病[①]。据最新估计，约八成美国人（280万人）会在生活的某个方面遭受PTSD之苦。较之世界上其他任何组织，美国退伍军人管理局（Veterans Administration，下文简称VA）每年都要花费更多资金在PTSD的研究和治疗上，根据这个机构的研究，不论何时服役，PTSD都是美军老

① 瑞秋·耶胡达（Rachel Yehuda），《创伤后应激障碍》（*Post-Traumatic Stress Disorder*）。

兵中头号健康问题。2012 年，联邦政府花费了 30 亿美金[①]，用于老兵的 PTSD 治疗，这笔钱还不包括每年花费给前服役人员，用于处理 PTSD 致残的数亿美元。

自“9·11 事件”开始[②]，公众对这种疾病的关注就来自纪念性事件。对某些国际救援专家而言，当战争或其他人为危机频上新闻时，PTSD 已经代替饥荒，成了西方公共健康的关注点。PTSD 是最新尚待认识的主要精神疾病之一。然而至今，PTSD 进入公众词汇也只达到如此程度，即我们常常可以听到记者们描述道，整个世界都深受其害，并且长篇大论地写文章争论，蝙蝠侠是否也遭受其苦。有意向的消费者[③]们如今可以上网，花上 5.99 美元网购一本叫作《*P. T. S. D*》的纪念册，其中写道：**不是所有的伤痛都能被看到**。正如每一位创伤研究者们会告诉你的，PTSD 如今遍地都是。

然而如同很多心理疾病一样，到底什么是 PTSD，谁会罹患 PTSD，什么又是最好的治疗方式，这些问题存在着广泛的争议。

---

① 参见《创伤后应激障碍》，也参见艾琳·芬利（Erin P. Finley）的《战场》（*Fields of Combat*）。芬利提供了圣安东尼奥 VA 的一个极好的内部视角，跟我在圣地亚哥 VA 的经历可以做对比。重要的是注意 VA 这个庞大机构在各地中心提供的服务质量差异。圣地亚哥和圣安东尼奥的 VA 很不寻常，因为这两地的老兵比较多。2004 年，VA 报告称花了 43 亿美金在 PTSD 的治疗之上。

② 伊恩·沃特斯（Ethan Watters）在著作《像我们一样疯狂：美式心理疾病的全球化》（*Crazy like Us：The Globalization of the American Psyche*）中描写了对斯里兰卡海啸的国际反应：“到 2004 年，PTSD 已经成了人类苦难的国际通用语了。”

③ www. patchstop. com.

仍然有一少部分研究者们发声[①]，声称 PTSD 是一种社会幻想，是越战时期的遗迹，是被一帮心怀善意但受误导的临床学家强加于整个社会的产物，且本质上而言，是鼓励人们去遭受创伤而造就的，这一命名本身就损害了他们的康复。PTSD 生来就处于冲突之中，在其科学领域内，也同样由冲突所主宰。然而，那些遭遇强奸、战争、自然灾害、虐待（通常把这些当作导致 PTSD 的事件）的幸存者们，在事件发生之后所体验到的深刻甚至根本上的痛苦，却很少受到争议。这种痛苦如今已经广为人知，事实上，它已经转变了西方世界的道德指南，也改变了我们对“生而为人意味着什么，感到痛苦又意味着什么”的理解。

一位法国神经学家皮埃尔·让内（Pierre Janet）[②] 于 1925 年写道，他观察到对创伤事件的情绪反应可以非常强烈，以至于“产生分裂整个心理系统的效果”。他这部著作内容就是论述这种效果，以及这种效果带来的内部体验。很多年之后，PTSD 不仅

① 艾伦·杨（Allan Young）在《幻想的和谐》（*Harmony of Illusions*）中认为，我所知道的 PTSD 只是一种被“对这种疾病诊断、研究、治疗、呈现过程中的实践、技术、叙事”所“黏合起来的”。多伦多大学的爱德华·肖特（Edward Shorter）和《神经之战》（*A War of Nerves*）的作者本·谢菲尔德（Ben Shephard）都认为 PTSD 背后的诊断和科学都值得怀疑。在杰拉尔德·罗森（Gerald Rosen）编辑的《创伤后应激障碍：问题和争议》（*Post－Traumatic Stress Disorder：Issues and Controversie*）中能看到这种质疑声。

② 参见朱迪恩·赫尔曼（Judith Herman）的《创伤与复原》（*Trauma and Recovery*）。

改变[1]了人类理解丧失的方式，也基本上改变了人类理解自身的方式；我既对它作为一种心理状态感兴趣，也对它作为一种隐喻感兴趣[2]。人们对恐怖事件如何做出反应，常常取决于一种复杂的社会、政治、技术力量环境。在人类历史的大多数时候，对创伤的解释都是艺术家、诗人、巫师们的专利。一个民族处理创伤的方式是其政治和语言的体现。在古希腊时代，就有一些[3]由战争老兵所写并导演的戏剧作品上演，这些戏剧就是一种公开宣泄的方式。现今不论好坏，我们都仅能通过一组复杂、多少有点儿主观臆断的症状，如创伤后应激障碍来处理创伤和恐惧。古代，注意到创伤的古人却可以向史诗寻求答案，如《伊利亚特》（*The Iliad*）或《奥德赛》（*The Odyssey*）[4]。如今，我们则要去查询最新版本的《精神障碍诊断与统计手册》（*The Diagnostic and Statistical Manual of Mental Disorders*，*DSM*）。仅仅这个事实就值

---

① 参见唐·德里罗（Don DeLillo）的“后9·11时代”小说《坠楼者》（*Falling Man*），小说中主角说道：“自那件事之后的这些日子，一切都要重新被评估了。”伦敦大学的罗杰·卢克赫斯特（Roger Luckhurst）在其杰出的著作《创伤问题》（*The Trauma Question*）中也有类似论述。

② 参见凯伦·西利（Karen M. Seeley）的《恐惧后治疗》（*Therapy after Terror*）。也参见苏珊·桑塔格（Susan Sontag）的《疾病的隐喻》（*Illness as Metaphor*）。西利在“创伤的隐喻”这一章写道：“关于疯狂、道德、伦理、现实的概念一直在变。的确桑塔格主张身体疾病是隐喻，其代表着主要的社会主题、焦虑等，这也适用于心理疾病。正如身体疾病的标签，心理疾病的标签也暗指了他人的痛苦。”

③ 乔纳森·谢伊（Jonathan Shay）在《越南的阿喀琉斯》（*Achilles in Vietnam*）中写道：“古希腊有种独特的净化疗法，社会能够进行这种治愈和重新整合。我们知道那就是雅典剧院……雅典剧院是个由士兵组成的民主政体，可以给老兵提供一种社会化……雅典通过循环表演剧场的仪式，从而重新整合其归乡的老兵。”

④ 《伊利亚特》和《奥德赛》是古希腊最重要的两部史诗，统称《荷马史诗》。

得深入探讨：我们大多数人不再转头去寻求诗篇、家人或是那些抚慰遭受恐惧的神职人员的帮助，而是去寻求精神病学家的帮助。从历史的角度来说，这是一种不正常的状态。

2011 年之前，不论就我本人，还是一个一般性课题而言，我都从未严肃地考虑 PTSD 的问题。2007 年，在完成伊拉克随军报导之后，带着一种与同胞之间强烈的疏离感，我回到了家乡。我刚下飞机，从我们这一代人印象中的那个大事件中撤离出来，我们异常惊讶地发现，没有一个回国的人有这种感觉，或者看起来对战争有很多思考。正如《了不起的盖茨比》（*The Great Gatsby*）[①] 中从东方归来的尼克·卡罗威（Nick Carraway）一样，我回到家乡，期待着这个世界"保持道德上标准立正姿态"。然而事实并非如此，我感到十分失望。这场战争已经改变了我，以某种方式扩展了我的认识，让我感到，历史似乎确是一种我生活中的有形力量。而且每当看到这平常的生活、平常的人们、人们习惯性的健忘，我都感到很紧张。我内心的作家偷偷地希望历史会重演，或许是发生某些越战时期的事件：人们在街上游行，学生在校园争论着战争的意义，战争以某种明显的形式让人们在家就能感受到，损失以物质的形式出现。

这场战争已经伤害了我。我也希望国家感受到这种伤痛。我身上的一部分需要看到，需要提醒自己，这场战争都是真实的，

---

① 菲茨杰拉德（F. S. Fitzgerald），《了不起的盖茨比》。

而不仅仅是我闭上眼睛想象出来的。我想要知道，这些经历是有意义的，我所目睹的死亡真的事关紧要。然而，我所看到的却是，人们全然如往常一样，他们聊着工作，走去商场、体育馆、健康食品店，养生健体。我所看到的黄丝带几乎就像一场嘲讽，一种对我所目睹的恐惧的挑衅。

我很快意识到，谈论战争并非只是毫无意义的一件事，而是以其自身的权利所进行的伤害。在那些关于阿拉伯的种族歧视言论骚扰我之前，在某人阻止我进行这样的解释之前，即战争为何只是与石油有关，以及真正重要的是发展替代能源以便我们能从中东脱身，我很少去描述我所见到的战争。不久之后，我就意识到，**问题并不在于他们并不理解这场战争，而在于他们不愿意去理解它**。我想说的不仅仅是对心灵平静的一种影响，这也是一种对此的有形威胁。比起量子物理学而言，美国人更难去处理这场战争的事实。这不仅是由于这场战争超出了他们的理解，也是因为这种不理解本身也超出了他们的理解。当我试图突破这重重不理解时，我遇到了更多疯言疯语。有时，当我有机会找到某个人谈起我在伊拉克的所见所闻时，他们就会移开视线，好像我有语言障碍似的。他们会时不时与我对视，这时我看到的那种眼神，就像二战时期一幅名画《凝视在千里之外》（*Thousand Yard Stare*）的镜像。关于美国人在二战中的无辜，相较于我所了解的那些，这种眼神告诉了我更多。我不只一次被问到是否在伊拉克杀过人。每当这时，我内心的疏离感就变得十分强烈，以至于我似乎都成为了它的光晕，这就像一位陌生人盯着你，告诉你有些地方出问题了。

有时当我想到这场战争，想到它是多么糟糕，它犯了多少幼稚的错误，当权者多么逃避责任，多少人为这种无意义的事情付出了生命，多少人为这帮官僚的自私付出了生命——想起只是由于时间空间的巧合而死得毫无意义的人们，我就开始浑身颤抖。在费卢杰（Fallujah）北部，我曾跟随过的一个小队失去了一名战士，他在深夜使用马桶时被杀害了。他走出去大便，不知从哪儿抛出的一枚迫击炮弹飞了过来，结束了他的生命。这个小队进驻这个区域才几天而已。一位本该回家、念书、结婚、贷款、养孩子的战友，你如何告诉他，他还活着只是因为没有在错误的时间使用马桶？当他认识到这个世界除了运气，没有什么是真实的时候，你如何问心无愧？他余下的生命、他的梦想、他的计划、他对未来的理想，全都是某种飘渺无形、随时可能变化的运气的结果？当你见识过战争能给人类理性带来什么后果之后，你会问在这个世界上，这种理性到底处在什么位置？**战争上的教训很明显：生而为人注定渺小、脆弱，并受制于运势的威力。**

每一位老兵都深谙此道。

正是了解到这一点，所以我感到踏上飞机的路举步维艰；正是了解到这一点，所以我感到站在人群中无法自立；正是了解到这一点，所以我开车时感到难以驾驭。

“这场战争本身就是一个谜题[①]。没人知道这场战争与什么有关，为什么他们身处于此，谁发动的这场战争，谁会取得胜利，战争可能会如何结束。到处都是秘密——灌木从中的饵雷、红土地底下的弹跳地雷。还有那些人们，那些沉默的大叔，那些眼神空洞的孩子，还有那些喋喋不休的老妇人。这些人想要什么？他们感觉怎样？”提姆·奥布莱恩（Tim O'Brien）在他的小说《湖畔迷网》（*In the Lake of the Woods*）中如此写道。这本书透过一位遭受创伤的老兵闪回的记忆，剖析了越战的余波。

而在另一些时候，我觉得自己身陷痛苦，我怀念战场，怀念海军陆战队将士，怀念那种刺激，怀念他们那些粗俗言辞之美，怀念巡逻期间偶尔发呆，怀念遭遇敌人时的酿跄，怀念那种感觉，即你身处在一个地方，在这里每一秒都可以决定你的生死，即使最细微的一个动作都可能意义重大，因为你知道这可能是你最后一个动作。然而，家乡的人们只是看着我，好像我出了什么问题，这种眼神让我觉得我没有得到任何回报。

战争与家乡，这两个世界可以互相隔离起来，一者几乎完全忽略了另一者。这个事实肮脏到只有战争本身的肮脏能胜过它。这场战争一直以来都很艰难，但是能够活得比它久，似乎就会有意义。回到家之后，我感受到的是人们的麻木，他们对自己的漠然感到骄傲，这些似乎都消弱了那种意义，就感觉我的经历，仅

---

① 提姆·奥布莱恩，《湖畔迷网》。

仅只是一次背包客式的出国旅行。这样的事情怎么可以发生？如果从战场上回来的人里，没有一个对战争骂骂咧咧，那么这场战争真算得上是战争？很快，我决定去恨我曾经为之服务的这个国家：胖子、避难所以及那里多余的财产、包办一切的父母们、房地产中介们，这些人心胸狭隘、自以为是，除了自己的生活，几乎不管他人的死活。

事实上，每一位遭受创伤的幸存者，不论他们是否被确诊为创伤后应激障碍，当他们回归日常生活后，都会发觉一切都不同以往。人们的行为变得不同了。**他们会感觉到一种陌生感，这种感觉难以言传，好似从人群中被标记了出来**，尽管他们并没有冒犯任何道德律令。事实上，我们在事件中无辜或共谋的程度几乎与这一点无关，就好像我们的幸运或简单命运就是身处险境。通常这种视角的改变可以用物理或空间的术语来表达，这就像蒸发的范围如此之广，以至于可以改变一个人在世界中的物质位置。一位英国一战老兵[①]描述其战后生活好似生活在“心灵的囚牢”。艾莉丝·希柏德（Alice Sebold）的畅销回忆录《他们说，我是幸运的》（*Lucky*）描写了她在 19 岁所遭遇的暴力强奸带来的影响，她在这本书里谈到，她遭到强奸后不到一个小时，她看着大学同

---

① 埃里克·里德（Eric Leed），《命运记忆：工业化战争与创伤神经症》（*Fateful Memories: Industrialized War and Traumatic Neuroses*）。里德引用查尔斯·爱德华·卡灵顿（Charles Edmund Carrington）的话：“1916 年卡住了我，阻碍了我的心灵发展，以至于十年之后，我还是个愚笨的青年。我没法逃离战壕中的友谊，那对我而言已经变成了心灵集中营。”

学们的脸，感觉自己“已经身处他们所不能理解的事物的另一边。对此，我自己也没有理解。”

这种创伤后明显的无归属感[①]，感到“在事物的另一边”其实已经广为人知。研究部落社会的人类学家们将这种状态描述为一种“边缘态”，这个词来源于拉丁文，意为“阈限”。阿诺尔德·范热内普（Arnold van Gennep）在其1908年写的著作《过渡礼仪》（*Rites of Passage*）中创造了这个术语，这部著作论述了她对非洲西南各部落的研究。正如范热内普所观察到的，这种边缘态由于其社会模糊性和冲突性，而被视为“危险”而“不稳定的”。它将一种悖论式的需求安置在了个体和社会之上。在部落社会中，这种边缘状态，比方说像青少年，会受到一些仪式的干预，这些仪式旨在“陪伴着人们从一种状态过渡到另一种状态，从一个宇宙或社会世界走向另一个世界”。婚礼、毕业礼、受戒礼、成人礼都是范热内普所说的过渡仪式的例子，这种仪式强烈而果断地打开了一个人的人生新阶段，这对社会来说是明确无误的。然而，一位颇有影响力的人类学家维克多·特纳（Victor Turner）[②] 指出，现代社会没有这样的“整合仪式”来帮助人们从创伤的地狱过渡到日常的生活，他说道：“边缘态的人们，

---

① 我十分感谢纽芬兰纪念大学的卡伦·萨缪尔斯（Karen Samuels），她带给我这个将PTSD视为边缘态的观点。她的文章《作为一种过渡态的创伤后应激障碍》（*Post-traumatic Stress Disorder as a State of Liminality*）非常有帮助，并且给我打开了新思路。埃里克·里德在《无人之境》（*No Man's Land*）中对于过渡态和战争创伤的讨论也很不错。

② 维克多·特纳，《模棱两可》（*Betwixt and Between*）。

比如那些归乡的老兵，**他们既没有活着，又没有死去，而是处在一种非生非死的状态。**"

直到 2009 年夏天，离开萨蒂亚两年之后，我才第一次感觉到自己处在"事物的另一边"。当这块黑暗幕帘落到我头上时，我正在影院和女友看一部动作电影。整个世界都消失了几分钟。我看看四周，发现自己正在影院大厅来回踱步，我头晕目眩，我看着人们的手，以确定他们什么都没拿。我的灵魂堕入了黑暗，但我的身体却回到了伊拉克。

我勉强回到影院，坐回到我女友身边。我看看周围有没有其他人也发生同样的状况，但所有人都全神贯注于电影。

"怎么了？"我问艾丽卡（Erica)，她看起来和我一样迷惑。

"电影中出现了爆炸的情节。你就站起身来，跑出了影院。"

之后不久，我开始做爆炸的梦。有时是一些与萨蒂亚有关的爆炸；有时是一些无害的物品随机爆炸，比如一只苹果、一个垃圾桶、一份中餐外卖。慢慢地，我开始发觉，萨蒂亚正在渗入我当前的生活，即使渗入的方式带着些许伪装。就像爆炸的垃圾桶，我明白这与每周四早晨都会把我吵醒的噪音巨大的垃圾车有关。我做的那些关于萨蒂亚的梦都十分可怕，但是我有时候会将之视为一种事后总结，一种探索过去事件各种可能性的方式，以及一种思索，思索在那个中午，萨蒂亚的街上发生了什么，本可以发生什么。有时候，战车炮手会被炸得身首异处。有时候，旁边冒出来的一挺机枪会打得我们全军覆没。更常见的是，我曾待过的陆战队里有一位战友，在悍马车里，他总是坐在我身边，看着窗外，带着厌恶的表情摇摇头，或是对某次行动发发牢骚。

这些梦境总是以同样的方式结束。某些东西爆炸了，放出了一波黑色的冲击波，抹掉了一切事物，然后我心跳加速地醒了过来。我死了，这就是那种黑暗所意味着的。电影中的爆炸已经过去了，如同萨蒂亚的爆炸也已经过去，爆炸让我瞥见了自己的死亡。然而当一切还未走远之时，我的脑子就像是过载的输电网络，关掉了一切；一切都会走向黑暗，然后我会醒来。就像弗洛伊德在约一百年前所说的：**我们自身的死亡是无法设想的。**

看完电影四个月之后，我的无意识还像这样向我汇报。这种汇报虽不会每晚发生，但它出现得太频繁，以至于睡眠变成了一种折磨、一种不得不应付的事情，就像运动竞赛一样。准备上床就像是准备一次夜间巡逻。我会设好闹钟，拉上窗帘，关上并锁好屋子的每一扇门窗，然后再检查一遍，以确定屋内的每一条道都是通畅的，窗外的夜幕完全降临。做完这一切之后，我会依着我的心情服下安眠药，这药通常是处方药和非处方药的混合。然后我带上耳塞，盖上眼罩，祈祷我的心灵会在接下来八小时内保持安分。我的一部分会从中得到阴暗的快感，就好像被它纠缠多少是一种荣誉，好似战争如此深入地触动了我，以至于我得以进入心灵中那些最幽暗的房间。我的一部分会对这些梦感到羞耻，羞耻于我认识到自己陷入了一种陈词滥调：老兵总是谈着他的过去，甚至他的无意识每晚都要和那些过去求欢。

还有一些其他的征兆，暗示着我与世界的疏离。这些征兆通常发生在不确定或紧张的事情出现的时候，比方说当我在同一周收到三张贵得离谱的停车罚单时，当我乘坐的飞机经过科德角颠簸起来，当我吓得出一身冷汗时，当我发火（经常发生）之后看到艾丽卡一脸恐惧时。

战后几年中，艾丽卡和我都生活在一种战后的喜悦中，幸福地沉浸在我们爱情的时间胶囊里。在我最后一次去伊拉克之前，我们相遇了，当时我立马就被她的美丽、她的宽广心胸、她对生活的乐观、她的才情所吸引，这些特质让她看起来像是从冷峻的侦探小说中走出来的一位女士。从那天起，我们之间就有了情感纽带，那纽带似乎超越了生活和事业的正常规则。回到她身边，我的生活似乎得到了某种意义，就好像这个世界履行了它的承诺。2007 年那天，她来洛杉矶机场接我，我看到她站在行李领取处的门后面，气得满脸通红，抱怨着我让她受尽折磨。最后，她平静了下来，她用那标志性的“嘿，孩子！”来欢迎我，并疯狂地亲吻我。

女人常常在战后归来的戏剧中扮演着重要角色[①]。在荷马的《奥德赛》中，奥德修斯（Odysseus）在十年的特洛伊战争之后归

---

① 乔纳森·谢伊，《奥德修斯在美国》（*Odysseus in America*）。神话中充满了这种只有两性互相影响才能达到的平衡的主题。保罗·富塞尔（Paul Fussell）在《一战与现代记忆》（*The Great War and Modern Memory*）写道：“考虑这个问题几百年之后，古人总结到维纳斯（Venus）的爱人是马尔斯（Mars），厄洛斯（Eros）是他们的后代。经历过战争和爱情的古人，知道这两者之间有种有趣的关系。

来，当他回到伊萨卡岛（Ithaca）的家乡时，一切并没有结束，而是当他最终与妻子佩内洛普（Penelope）团聚时，一切才尘埃落定。男人若自行其是，则会变成情绪化的虚无主义者：野蛮、残酷、沉迷于死亡。回顾我从伊拉克回来后那段令人陶醉的时光，我把自己与艾丽卡重逢的岁月看作一段主要的经历，这段经历与战争同等重要，这段经历也是一场斗争，让我努力整合自身的两面——黑暗与光明，坚硬和柔软，战争所需的极度男性化的斯多葛主义与一种女性化的敏感。我时常赞叹艾丽卡外表的坚强，然而她的存在多少在我回来的几个月中软化了我的心灵，降低了我的戒心。我经历过这一切之后，就无法与他人相连，然而艾丽卡从一开始就一直陪伴着我。在我离开之前，她看过我为了几个月的战场生活所准备的装备。她读过我从费卢杰发来的令人紧张的邮件，听过我从巴格达打来的电话，我在电话里试图将每天的所见所闻与媒体的报道整合在一起。那种感觉就好像，我不必告诉她我经历了什么，她就已经理解了。我们活过了战争，不论之后发生什么，都真的不过一场儿戏。

2010年，在假期开始之前，艾丽卡不见了。她的车已经开走了，电话也没有任何回音。两周之后，她在平安夜从拉斯维加斯打电话跟我说，一切都结束了，她已经厌倦了我的秘密，她之后会给我解释。**“你已经逃离到了别处，我感觉不到你了。”**奇怪的是，尽管这件事确实让人失望，但完全没有震惊到我。甚至当我最终意识到艾丽卡再也不会回来，我们之间那甜蜜的爱情故事已经结束时，我也没有哭。我已经没有能力再去哭泣。在这一系列的状况中，我的所作所为确实就像我一直所受到的训练一样：**我已经麻木，等待着时间的流逝。**当我向朋友解释艾丽卡的离去时，他们惊得目瞪口呆。她就这么像吹灭蜡烛一样消失了？消失了两周？没留一句话？

这无疑是不公平的待遇。然而，我心中有些东西明白，艾丽卡一直都有能力处理这些事情。她在拉斯维加斯以打电话的方式出现，这一点完全就是她的作风。我一直都赞美她身上那种迷人的气质，因此我有什么必要感到惊讶呢？客观上而言，我很清楚，我已经见到了太多悲剧发生在太多人身上。因此当这样一位任性女人对我做出这样的事情，这并不出乎我的意料。**这个世界从来就是要伤害我们，摧毁我们，将我们所有人撕成细微的碎片。**我凭什么觉得自己是特殊的那一个？我是什么人，可以认为自己能幸免？这就像出门走到雨里，还希望自己不湿身。

这件事一直以来肯定还有其他原因、其他纠纷。我是一名作家，这种职业选择通常伴随的是安贫乐道，这也给我们的关系带来了不少压力。不论写作还能有什么其他作用，它都把我带到了很多老兵最终走到的处境：内心的黑洞，其中唯一的声音就是自己的回应。我花了很长时间才认识到，不论多么深入、多么丰富，没有一种思想可以帮助你定位这个黑洞。**从没有人说过，梦魇可以道出真相，甚至是部分的真相，尽管它的魅力让我们觉得它可以。**

我现在明白了，艾丽卡只是没有准备好接受要到来的事物，即我那一切未经处理的恐惧所带来的绝对重量。我也没有准备好。有谁能准备好呢？死亡在我身边环绕得太久，以至于我已经忘记了如何去生活。这让我想起曾经听一位越战老兵说过的话：只是因为你身体的安全不代表你心灵的安定。战争已经改变了我，使我膨胀，然而这种膨胀却似乎打破了我与这个世界、我与艾丽卡的平衡。我恨她离开了我，但是我又能做什么？

感情关系的结束并不像是汽车抛锚。在日常生活中隐藏的那些能量猛烈地释放了出来，摧毁了我们每天所依靠的、精心构造的身体。艾丽卡走了之后，一切都变得更加艰难。我第一次感到，我是一个人去应付生命中的一切痛苦和未知。我的梦魇以及我对世界的不满加剧了一倍。偶尔在日落时分，我会听到穆斯林的晚祷，纵然我住的地方离清真寺有好几英里远。在伊拉克做记者时，我最大的恐惧一直都是担心遭到绑架、虐待。艾丽卡不在的日子里，这种对周围环境的担忧愈发强烈，变成了一种强烈的偏执：只要我离开家，就感觉被人跟踪了。

我那些想象病态得让人吃惊：灾难和丧失一直与我相伴。战争教会了我一些物理知识，而我的脑子却把这些知识转变成了一系列图像：在平静的住宅街区上发生的汽车爆炸，焊接在路灯上的简易爆炸装置（Improvised Explosive Device，IED），失去动力后坠向郊外峡谷的直升机。有时，我特别想知道战争在我身上残留了多少，我会自己做这种毁灭的白日梦。我会构想一个喧嚣的超市的场景，然后在其中加入一个简易爆炸装置，看着空气中突然爆裂的一个火球，把购物者们炸得支离破碎。不论我走到哪里，似乎都能看到大量缺胳膊少腿的伤者、陆战队员的遗骸以及我差点失去的肢体。不知为何，每当我看到完全正常的人们，我总是会想象他们的肢体被切断。一截手臂连着一半臀部变成了拉马迪（Ramadi）简易爆炸装置的纪念品，变成了那位机枪手的纪念品，我曾见到他在卡尔马（Karma）失去了一只手。一切都成了死亡之无限力量的残余。似乎我的思想还坚持认为，**战争被带回到了家乡，而真正的和平只是荒谬、只是对贫乏的现实的侮辱。**早晨常常都非常糟糕，我会突然醒来，想知道艾丽卡在哪儿，为什么总是有架直升机在我家上空盘旋。

曾经有段时间，我相信人们应该期待生活中有一定的痛苦。这种信念的基础在于一个想法，即只要你愿意，从战争中回来的人们基本都能从这个世界获得一种简单的幸福，一种和平福利。作为一个出入战区多年的前海军陆战队士兵，我觉得自己有权利得到这种和平福利。在我内心的审判室，我认定我已经受够了痛苦。与艾丽卡关系的结束打破了这种错觉。2010 年冬天，在发现自己已经游手好闲了几个月之后，我决定寻找一种新的方式来理解我当前的遭遇，寻求一种解释，解释为何我好像完全无法控制我的记忆，为何我觉得生活无法前行，为何我无法睡觉，为何我总是发火。

回顾这段后伊拉克、后艾丽卡的生活，我想起海明威

(Hemingway) 早年写的一篇小故事《士兵之家》(*Soldier's Home*)[①]，故事中的一位一战老兵——我们只知道他叫克莱勃斯(Krebs)，他站在父亲家的门廊前思索自己的困境。在故事最后，克莱勃斯对简单生活的渴望，从一种模糊的期待变成了某种咒印。"他不需要任何结果。他再也不需要任何结果。他只想毫无结果地活下去。而且，他也不是真的需要个姑娘。军队已经教会了他这一点。"我也像克莱勃斯一样想要一种更为简单的生活，他身上那种远离日常生活的奇怪之处，我发觉自己身上也有。从门廊里看着时间流逝，他思考着："他喜欢对面沿街走过的姑娘们。他喜欢她们的容貌，那面孔比那些德国、法国姑娘漂亮多了。然而她们与他身处的不是同一个世界。"

突然而来的孤独，对身处世界的不确定，使我开始试探性、怀疑性地探索创伤后应激的概念，我首先是出于一种历史兴趣，之后更多出于一种个人需要。我真的已经遭受创伤了吗？我对这些事情简直一无所知。当然，我会有梦魇，会感觉被过去所纠缠，然而谁没有呢？PTSD？难道那些无家可归的越战老兵没有吗？我曾在多拉（Dora）和费卢杰待过一段时间，也曾遭遇过很多次爆炸和枪击，然而我知道，很多人见过的事情，比我所遭遇的要惨得多。然而我明白，**创伤的欺骗性之一就在于，通常我们很容易发现某些人所经历的事情，比你所经历的甚至更加糟糕，**

---

① 海明威，《短篇全集》。

因此你会忽视掉你自己的痛苦，以至于无谓地延长痛苦的过程。 我们很容易找到一些可以放置在损失最惨位置上的人——大屠杀的幸存者、波斯尼亚难民、非洲童军，然而在最惨之下的那些人们呢？他们是谁？是谁决定的？这让我想起一位参加过海夫吉(Khafji) 战役的老兵[①]，他由于一次友军的失误射击失去了十一个战友。他曾对我说："那很糟糕，但这并不像是斯大林格勒保卫战或类似的战役。"

作为一名海军陆战队中尉，总是时不时有人请我去图书馆。阅读。放聪明点。别白费力气做重复工作。看看历史。很有可能前人遇到过和你当下面临的同样的挑战。因此，我花了一天时间，从家里开车去了最大的图书馆，也就是位于圣地亚哥的加州大学图书馆，并且开始有条不紊地查阅文献。我的发现带来了惊喜。PTSD 也许成了世界精神病[②]，但对此的研究文献却出奇的混乱。看起来，创伤研究的世界就像集市的一条拱廊。一边是一系列精神病学家、心理学家、神经科学家的摊铺，另一边则是诗

---

① 这条评论来自我采访过的一位海军陆战队员。他当时在科威特（Kuwait）和沙特（Saudi）边境的 4 号前哨站。

② 这种分散的文本的印象来自于我与乔纳森·谢伊的谈话，他那突破性的工作结合了神话学、古典学、精神病学。谢伊谈起他有意忽略传统学科边界，认为自己是个"知识分子坏蛋"。他在《奥德修斯在美国》中主张道："大脑、心灵、社会、文化之间的差异最多都是一些广告清单——暂时对认知的指导，对西方哲学、政治、方法论历史的指导。"斯科特·斯多塞尔（Scott Stossel）在《我的焦虑时代》(*My Age of Anxiety*) 中提到了这种医学和科学中一直以来的不一致："这些不同视角之间的差异——精神病学和心理学、弗洛伊德主义和荣格主义、分子神经科学家和心理治疗师，变得越来越尖锐。未来一种稳定的专业建设将置于在某种主流理论之上。

人、传记作家、历史学家、人类学家的店面。每家店铺门口的小二都招呼你进去，叫卖着他们世界观的优点。然而这些不同的团伙之间却似乎没有多少重叠之处，都是在自说自话。对于一般的观察者来说，结果就是被一堆统计数据和轶事洗脑，还得不到有逻辑的切入点。

据我所知，PTSD 按照今天的理解，是一种非常多样化的疾病，其包括大量互无关联的症状，包括情感麻木、高度警惕（往往是高度兴奋)、社会孤立以及一种受侵表现，比如梦魇和幻觉。而创伤研究领域则体现了这种破碎性，每位研究者都很少从他们自己的小铺里伸出头看看（继续这个集市隐喻)。这种专业“孤立”在学术界是常见现象，但是对于创伤问题，这种做法只会适得其反。因为，正如一位先锋的创伤理论家乔纳森·谢伊所指出的：“创伤影响了所有生灵。”[①] 他通过这句话，表达的是创伤影响了个人生活的方方面面。

在接下来的几个月里，我参与了 VA 的治疗，参与了三项研究，拜访了三家历史档案馆，采访了全国大量的研究者们，我寻求的是一个问题的答案：什么是 PTSD？我看得越多，我越是发现我的第一印象没错。心理健康非同寻常，它需求各种工作的混合。然而，我感到惊讶的是，很少有临床学家对越战的文学作品熟悉，而 PTSD 正是从那时开始，甚至他们对全球反恐战争也缺

① 与乔纳森·谢伊的采访。

乏基本的了解。我曾经交谈过的一位 VA 研究者[①]，她甚至从来没有读过提姆·奥布莱恩的任何作品。同样，很多写过此主题的历史学家至今都仍然被有意忽略，甚至有些创伤后应激的科学研究公开忽视这一部分。一位研究军队精神病历史的英国作者[②]，完全抛弃了神经科学领域，并认为现代创伤研究是“全然可疑的”。

这种整合的缺失也打击到了我，因为除了我个人的困难，我开始认识到，很多类似于战斗疲劳症（PTSD 的一种前身）在一战后的欧洲和英国蔓延，因此 PTSD 现象也在我们现今的文化中蔓延。作为一种文化基因，PTSD 如今到处都是，成了我们这个历史时刻无法避免的部分。PTSD 作为一种更深层焦虑的表达，它定义了我们这个时代，这就像女性癔症定义了十九世纪的欧洲一样，而弗洛伊德的同代人认识到了那种现实。正如弗洛伊德的一位学生奥托·费尼谢尔（Otto Fenichel）[③] 所说：“神经症并不是像生长那样……源于生物学上的需要，神经症是一种社会疾

---

① 这位知识渊博的研究者研究了 PTSD 二十年，发表了十几篇关于这个主题的科学论文。有趣的是，她抓住了军队生活的细节，并且认识到伊拉克战争的基础也不存在。这在我接受 VA 治疗师的治疗的经历中可以证明，好像整个美国的医疗机构都有着一种狭隘的专业性，并且基本没有跨学科研究。这种过度专业性导致一些研究文献与在其他学科中研究同一主题的文献不协调。正如一位英国历史学家最近的评论：“如今的研究者都不用英语写作了。”实际上所有对创伤研究的领头研究者都是通才，他们都精通哲学、生物学、社会学、历史、心理学、文学。里弗斯（Rivers）、罗伯特·利夫顿（Robert Lifton）、沙坦（Shatan）、谢伊就是几个例子。

② 本·谢菲尔德。

③ 凯伦·西利，《恐惧后治疗》（*The New American Militarism*）。

病……它与一种既定的历史发展的社会环境相适应。相应的社会环境不改变，神经症就无法改变。”

将整个国家的人都诊断为心理疾病是很愚蠢的[①]，然而苏珊·法鲁蒂（Susan Faludi）在她 2007 年的著作《恐怖之梦》（*Terror Dream*）指出：“后 9·11 时代”美国的恐惧和幻想，整个国家都持续体现出创伤后应激的一面，其中包括：不断地在电影电视中重演事件，以及强迫地加强国土安全和监督，许多军事分析家认为，这种行为其实已经超出了实际的威胁，像是一种国家的高度警觉。不仅如此，美国文化正在军国化[②]（形式包括射击游戏、书籍、电影、其他媒体上升起的海豹部队的“旗帜”、以勇敢为主题的耐力比赛，比如强悍泥人（Tough Mudder））都表现出了“后 9·11 时代”高度雄性化固着，以及遍布各处的疾病带来的暴力回忆。

在相关领域，有些观察者们已经勾画了“9·11 事件”和近

---

① 苏珊·法鲁蒂在《恐怖之梦》写道：“没有一部关于“9·11 事件”的电影、电视剧、戏剧或小说体现了创伤对国家心灵的影响。只是重演了物理的攻击，只是再现了‘9·11 事件家族’的一些新产品，或是再现了灾后救援的成功。《联航 93》（*United* 93）这部电影几乎实时重演了那次劫机事件，但只是重复了我们已经知道的东西。”纵观全书，法鲁蒂描述了美国在“9·11 事件”之后倾向于赞颂那些“男子气的男性”，并且认为这是“最伟大的一代爱国主义”的返回。也参见安德鲁·巴塞维奇（Andrew Bacevich）的《新美国军事主义》（*The New American Militarism*）。尽管巴塞维奇主要关注美国外交政策，但他也描述了美国流行文化是如何受那种“士兵的浪漫化视角”和“军队理想的乡愁”所影响的。

② 让我想起一战老兵罗伯特·格雷夫斯（Robert Graves）在《告别一切》（*Goodbye to All That*）中的观察，当他从西线战场回家时：“英国对我们这些归乡的士兵来说看起来很奇怪。我们没法理解那种战争的疯狂，其到处蔓延，寻求着伪军事成功。平民说着外语，那是种报纸上的语言。”

来包办父母现象[1]之间的联系，这些父母保护孩子的欲望太过强烈，所以竭力避免任何可能的危险，这种程度使得我们将他们与世界孤立了起来，并且阻碍他们获得那些理所应当获得的经验。另一些研究者指出，书籍和电影中越来越多的丧尸题材，就是一种偏执型“文化 PTSD”的症状。(丧尸很像恐怖分子，因为他们的相貌与我们并无太大不同，但是被死亡所感染，他们可以随时随地发动袭击。所以有了这种思路。）确实，我们都无需提到成千上万遭受创伤后应激障碍之苦的老兵和他们的家庭，以及数百万每天生活在敏感、麻木、纠结的强奸受害者，就可以把 PTSD 看作核心，从而非常容易建构出一套关于当代美国文化的理论。PTSD 就像 20 世纪 90 年代的百忧解（Prozac)：如果你听过一次，你就会听到无数次。我们如今生活在一个战后余波的文化里，可以假定这种经受创伤的文化只是对影响巨大事件的恰当回应。唐·德里罗（Don DeLillo）一部关于“9·11 事件”的小说《坠楼者》（*Falling Man*）中的一个人物说道：“这就是后来的日子[2]，如今一切都受其影响。”这带来更大的问题：为何是现在？为何是在美国？这个在任何意义上都是全世界受创伤最小的国家之一，难道这场直接牵涉到我们当中不到 1%的人的反恐战争，其中有什么将我们所有人都变作了蝼蚁？难道那场更大的反伊斯

① 科马克·麦卡锡（Cormac McCarthy）是一位医生和博客博主，他的观察发表于 www.intelihealth.com。

② 唐·德里罗，《坠楼者》。

兰极端主义的战争，其中有什么让我们看起来是恐惧外面的世界？**如果战争是一种象征性的暴力**[①]**，PTSD 是一种象征性的赎罪吗？**我们是不是太过容易信奉这种源自于某种“白人罪恶感”的诊断，就因为我们没有按照某些人建议的那样去海外服务？还是说现代治疗文化如何强行进入我们的生活并教导我们如何认识正常人的不幸，PTSD 及其威胁只是对此的另一个范例？

为了解答这些问题，并且平衡不同学派的主张，这些主张带给我们对创伤后应激的理解，接下来的几页可能显示出对文学的一种偏爱。这部分是因为我是一位作家，也是因为大量的人类历史、文学[②]一直以来就是关于战争、饥荒、种族屠杀、自然灾害的知识的储藏库。从《伊利亚特》到一战诗篇，再到越战文学，作家们一直在努力（我觉得努力的效果很好）揭露创伤的秘密。从某种意义上来说，一切都没有改变，如今的创伤幸存者可以非

---

① 心理治疗师加里·格林伯格（Gary Greenberg）是第一次带给我这个观点的人，即 PTSD 对平民大众具有某种补偿性。他用了“mitzvah”这个词，这是一个希伯来语词汇，意为“善行”。在《无人之境》中，里德写道：“平民—士兵一直是所谓的‘社会罪疚经济’和公众牺牲中的核心。整个社会都欠他血债，他可以要求对‘他自我牺牲’的赔偿，以及要求对他死去兄弟的赔偿……因为暂时丧失了小我，士兵可以要求以荣誉、特权、经济奖励的方式要求赔偿。”

② 创伤的文献很丰富。如果没有《奥德赛》、威尔弗雷德·欧文（Wilfred Owen）的诗、库尔特·冯内古特（Kurt Vonnegut）的《五号屠场》（*Slaughterhouse－Five*）、PTSD 概念的推动者之一罗伯特·利夫顿，PTSD 这个概念将无法想象。利夫顿在 1973 年的著作《从战场归来》（*Home from the War*）中写道：“我在格伦·盖伊（*Glenn Gray*）的《战士》（*The Warriors*）、盖伊·萨杰（*Guy Sajer*）的《被遗忘的士兵》（*The Forgotten Soldier*）以及埃里希·玛利亚·雷马克（Erich Maria Remarque）的《西线无战事》（*All Quiet on the Western Front*）当中都看到了我从越战老兵那里听到的东西。”

常方便地了解到自己所面对的恐慌，这种恐慌，四千年前的阿喀琉斯也同样面对着。不仅如此，所有的治疗师基本都会告诉你，创伤带来的长期影响其实是受害者对事件做出的情感解读的产物。这种解读出自各个文化中的原型叙事，这很明显就是文学。正如一位颇具影响力的精神分析家罗伯特·史托罗楼（Robert Stolorow）的主张："创伤经验依赖于情境。"[①] 这意味着创伤的本质存在于受害者的主观体验；换言之，在于他们给自己讲述的故事。

那些幸存者们阅读海明威、艾莉丝·希柏德、提姆·奥布莱恩的故事，不仅仅是一种享受，他们也是在实现文学的基本功能：提醒我们，我们并不孤独，并且展示出我们的先代是如何处理创伤的。医学本身就建立在讲述某种故事之上，悉达多·穆克吉（Siddhartha Mukherjee）在他的著作《众病之王：癌症传》（*Biography of Cancer*，*The Emperor of All Maladies*）阐述道："患者借讲述故事来描述疾病[②]，医生借讲述故事来理解疾病，科学讲述故事来解释疾病。"在我写这本书的过程中，我所交谈过的许多创伤工作者将我的注意力吸引到了这一点上，即创伤的一

① 与罗伯特·史托罗楼的采访。

② 悉达多·穆克吉的《众病之王：癌症传》。在此书开篇，穆克吉就写道："要命名一种疾病来描述一种痛苦——文学应该先于医学。一个患者成为医疗检查的主体之前，应该首先成为一个故事讲述者、讲述痛苦者。要缓解疾病，我们先得从吐露故事开始。"

部分侵蚀能力源于其摧毁叙事的能力[1]，那些书写下来、讲述出来的故事对于讲述者和听者而言都有巨大的疗愈作用。以文学形式表达的故事有助于我们以某种方式理解幸存的秘密，这没有其他技术能做到。简而言之，**文学可以在混乱中创造意义**。我曾经交谈过的一位弗吉尼亚资深精神病学家，已经治疗 PTSD 超过三十年，他的研究十分深入，以至于他说“创伤后应激障碍的核心图景[2]就是，在《白鲸》（*Moby-Dick*）的结尾，以实玛利（Ishmael）坐在魁魁格（Queequeg）的棺材上，漂浮在海面，望着无垠的大海。”

不论好坏，PTSD 的大众图景主要来源于受战争摧残的美国老兵。有许多理由能说明这一点。PTSD 这个观念变得广为人知，就是因为一群越战老兵在越南的反战活动。这群老兵组成了“越战老兵反战组织”，他们发起了长达十年的运动，与被官方精神病学认定患的疾病斗争。没有他们，我们所了解的 PTSD 就不存在。在 PTSD 出现的前九年，事实上我们所了解的“PTSD”指代的是“越战后综合症”（Post-Vietnam Syndrome）[3]。在现代

---

① 乔纳森·谢伊在《越南的阿喀琉斯》中写道：“严重的创伤会摧毁意识的聚合性。当一位幸存者建构出一种叙事，这种叙事可以将破碎的事实黏合起来，事件的意义可以唤起情绪，物质事件可以创造身体的感受，幸存者的碎片可以聚合到意识当中。”

② 与一位匿名的 VA 高级精神病医生的采访。

③ 杰拉尔德·尼科西亚，(Gerald Nicosia)《回到战争》(*Home to War*)。罗伯特·利夫顿经常被归功创造了术语“越战后综合征”，尽管他与这个术语的关系并不愉快。他在 1973 年的著作《从战场归来》(*Home from the War*) 中说道：“越战后综合征是值得怀疑的，是很容易被滥用的范畴，尤其是在把战争影响等同于临床条件的时候。”

精神病学圣经《精神障碍诊断与统计手册》中，PTSD的内涵和条件一直以来多少有点儿去军事化，然而PTSD与19世纪最为分裂美国的内战依然有着紧密关联。这种军事联系持续到了今天[①]。尽管大多数PTSD患者并非老兵，也从未上过战场，但仅次于美国政府的第二大机构——美国VA，依旧是一所全球性的PTSD研究中心，其每年在心理健康上的预算大约有七十亿美金。

我已经总结了PTSD与其他疾病不同的一些方面，包括强奸、种族屠杀、虐待以及自然灾害，但是还较少关注童年和家庭暴力所导致的PTSD，以及像心脏手术和出生创伤导致的PTSD。我把视野缩小，以期望能把讨论缩减到根源的问题上，即某些未来"传记作家"可能仅仅称之为成人创伤后适应问题的根源。我这么做的部分原因是出于实际：一本书倘若尝试去阐述每种创伤的原因和影响，那这本书会厚达千页，而且充斥着对每项主张的限定和例外，以至于书不再以故事的方式叙事，而成了一套百科全书。不仅如此，随着PTSD的定义越来越宽泛，囊括了越来越多压力源类型（比方说，某些美军精神病学家开始将无人机操作员诊断为PTSD），研究团体只能勉强跟上。作为一名试图在这个主题中建立某种一致性（这个主题确实十分需要）的作者，我已

---

① 在《创伤后成长：研究与实践》（*Post－Traumatic Growth：Research and Practice*）中，丽塔·罗斯内（Rita Rosner）和斯蒂夫·鲍威尔（Steve Powell）认为："迄今为止，被研究得最好的士兵群体就是美军，他们可能不能代表世界上其他的士兵。至少在最近十几年里，在美军的情况中，参军是个深思熟虑的选择，这意味着一种控制感。此外，美军士兵时常在海外作战，这意味着他们的家人是安全的，他们的家园环境相对稳定。"

经排除了这种疾病的某些最新类型，这些类型在科学上还存在着争议，而且我所关注的也就是某些人所称作的“经典”创伤源：战争、强奸、自然灾害。这不是说，我试图认为一种类型的创伤类型比另一种要重要（尽管创伤研究领域仍然极其偏重于战争创伤）；而是说，这是一种尝试，我通过控制材料的数量，而从新兴科学领域的嘈杂中总结出一些意义。

本书是一部传记，其中的内容包括我个人自传中的材料。这本书是我对讲述 PTSD 故事的尝试，我的尝试以历史记录中的一瞥开始，之后作为一名朝圣者继续走向我们的文化为 PTSD 所树立的破败庙宇，即那些研究机构，尤其是老兵管理局、美军军队医疗机构以及各种民间学术团体。然而，在我讲述 PTSD 故事之前，我要明白那类造成 PTSD 的恐怖经历的意义，以及一个人在这种事件中的感受。而这正是下一章的主题，其章名“萨蒂亚”与巴格达南部接壤，而我在 2007 年曾在巴格达做了一周战地记者。第二章“恐怖阴影之下”稍微回顾了 PTSD 带来的更广泛的医疗问题：谁在遭受 PTSD 之苦？为什么有些人会遭受它的痛苦，而其他人不会？第三章选取了创伤的早期历史来讲述，从前科学的视角开始，此章考证了后创伤症状在西方历史中的最早痕迹，而西方历史恰好始于古美索不达米亚(Mesopotamia)，这可真够讽刺。在“被纠缠的心灵”一章中，我们转向讨论创伤幸存者的体验，包括那些幻觉、梦魇以及其他可以定义创伤后状态的意识状态。这类纠缠状态的故事在创伤文学中是基本主题，而在本书中，我认为创伤后状态是一种边缘态，即一种夹在中间态的存在，这种存在给幸存者以及所在的社会都带来了巨大的困扰。第五章中，我们探讨了创伤的现代历史，包括其在美国内战、两次世界大战、越战中的影响，此外我们还探讨了在心理创伤历史上某些最重要的事件。

写下本书出于一些非常自私的理由，即尝试着回答某些非常基本的问题：为何我从伊拉克回来之后，感觉世界完全不同了？一个人要如何处理那些从濒死经历中获得的知识？作为一位前海军陆战队队员，我怀着一种巨大的愿望，想要知道当今战争带来的创伤后应激是如何被处理的，我想要知道 VA 以及更大的医疗机构是如何处理的，我想要对前人做出自己的评估、自己的重新认识。本书《罪恶时刻》的后半部分主要讲的就是关于这种重新认识的故事。在“治疗”这一章，我们会看到领先的治疗技术和这种技术的起效方式，我是基于第一人称对这种技术的体验以及我个人对引入这种技术的科学和哲学的研究而阐述的。在“药物”这一章，我们探讨了各种药物的干预，即为了治疗 PTSD 而发明出来的现代药品。但令人震惊的是，这些干预最终却鲜有成效，只有一种除外，即广为人知的一种 β－受体阻滞剂——心得安（propranolol），这种药太过老旧，以至于其专利已经到期三十年了（最终，大制药厂还是没能找到从 PTSD 身上赚钱的方法）。得知了这些事实，大量在主流医学之外用来治疗 PTSD 的各种治疗方法的出现，可能就不那么让人吃惊了。在“另类治疗”一章，我们能看到，另类治疗方法的领域丰富得令人吃惊，我们也能看到这些治疗方法是如何挑战我们西方对医疗的基本假设的。事实上，在大多数对创伤的成果治疗中，有一些并不完全是一般临床意义上的“治疗”，而这些治疗只是用在了实践和活动上，其中某些可以在创伤幸存者身上进行尝试。比方说，日渐被视为一种极其有效的 PTSD 治疗方式的瑜伽，其实并没有将创伤当作一种正式主题来谈论。反而，瑜伽只是旨在将身心整合到更和谐的状态——完整的句点。

本书的首要目标，就是让读者从创伤的地狱、创伤黑暗而复杂的深度中，了解创伤所带来的余波的不同阶段；以及去思考科学家和其他学者是如何花费数年的时间来概念化创伤；进而提出可能极其激进的主张：事实上，人们的创造来自于创伤，变得更好很可能是因为接近了死亡。创伤后发展这个观念，我不太愿意提起。就像很多前沿临床学家一样，我发现满脑子都是“PTSD 糟透了，PTSD 需要在情感的屠杀中寻找一线希望”这种观念，而这一开始就是污蔑。然而，在采访了一些有过濒死体验的幸存者之后，我惊奇地获得了这样的结论：我们所谓的“创伤后应激”事实上只是我们文化的失败，我们没能鼓励人们在丧失和不幸中去寻求智慧；我也开始意识到，创伤不能只在狭隘的医学领域去思考。

我称本书为 PTSD 的一个“传记”，一种对罹患这种疾病的生活的恰当描述，一种越战老兵反战组织发起人可能从来都无法想象的生活。本书试图讲述 PTSD 的故事，试图重述其基本的历史以及混乱得令人吃惊的科学，同样本书也试图去在更大的角度上去探索这种疾病在文化中的其他生活，去讨论为何 PTSD 已经成为了一种全球通用语[①]、一种标签、一种身份、一种理解自己的方式、一种文化基因、一个政治利益群体、一种科学神话甚至是一种时间理论。

① 在《像我们一样疯狂》中，沃特斯写道："PTSD 得到世界的关注才过去二十年。这个概念在美国第一次得到了决定性的确认，然后开始传播到全球，于是被用在战争、大屠杀和自然灾害之后。到 2004 年，PTSD 已经成为了人类苦难的全球通用语。"沃特斯引用艾伦·杨的话："我们如此有效地将 PTSD 传播到了全世界，以至于它成了全世界认识心理创伤的一种方式……PTSD 诊断传播到全世界最终可能是全球化的最伟大胜利。像德里克·萨默菲尔德（Derek Summerfield）就批判这种 PTSD 的全球化，他认为 PTSD 诊断如今在文化上并非一个中性词，而有贬低家庭、社团、宗教所扮演的重要角色的倾向。

目录

第一章 萨蒂亚

透过狭小却厚重的悍马车窗[①]，我看着这座灰蒙蒙脏兮兮的城市，宛如地平线上的一幅炭笔素描。沙尘在柏油路面飞扬，道路两旁，路灯一个接一个都已经不再发光，早已中断电力的输电线无力地垂在中间，就像死去了一般。阳光暴晒着一切：棕榈树、煤渣砖房、脏乱的大马路，不知道从哪儿延伸而来，也不知道指向何方。这座城市的布局几近绝妙，它能以某种方式吞噬掉整个军队，将之削弱到混乱，就好像骄傲地说，我们这座城堡不需要围墙。

“你什么时候服役的?”一位坐在前排，名叫沃尔默(Vollmer)的上尉问起我。

“94年到98年。”我答道。

---

① 本章根据我在伊拉克做战地记者的回忆写成。我从德国施韦因富特（Schweinfurt）进入萨蒂亚的1—18步兵师。我从1994到1998年服役于美军海军陆战队。在匡蒂科（Quantico）完成军官训练之后，我到了彭德尔顿营的第五陆战队第三营K连。我在冲绳服役了6个月，那里的连队隶属第31陆战队远征军（特种部队）。我服役的最后一年当了第一海军陆战队学校的一名助理主任。我去伊拉克采访了三次：2004年4月到6月，2006年6月到8月，2007年7月到11月。我为《沙龙》（*Salon*）、《弗吉尼亚评论季刊》（*Virginia Quarterly Review*）、美国国家公共电台（NPR）写报导。

"步兵?"

"是。"

"去过冲绳（Okinawa）吗?"

"去过，我在那儿待过三五年。我曾经驻扎在上岛的施瓦布军营（Schwab)。"

"不是胡扯?"

"第三侦察营。我加入陆军之前，可是一名锅盖头（海军陆战队)。"

我已经退伍很久了，想起那些经历，我感到有点儿羞耻。我在海军陆战队的经历简短而平淡，甚至可以说无聊——没发生什么有意义的事情，这甚至让我后悔至今。我没有参与战争，没有参与过夜幕下的奇袭。我大多数时间是穿着军装在驻地度过的，常常到处巡逻，从彭德尔顿营（Camp Pendleton）的山丘，到冲绳的丛林，偶尔我们也会训练从直升机上索降。我们待命于这种训练，但是我们只能等待，等待着从未到来的召唤。四年之后，我在隐约的失望与不完整感中退伍了，就好像我的一些秘密一直还没有揭露出来。

我是个不怎么上进的上尉，不是最差的那一个，只是有点儿懒。我的大多数同僚都想去当指挥官，指挥陆战队去战斗。他们像前人一样相信，一旦子弹飞起来，他们就能永远摆脱生活的琐碎和平凡。"领袖"观念、无止尽的装腔作势、冷酷的眼神交流，这一切都让我厌倦。军队的领袖是一种庄严的责任，然而在和平时期，它似乎显得可笑，而且也是一种法西斯主义。我当时才二十三岁，刚从大学毕业，我并不想要责任。我想要的是冒险及其带来的故事。我想起一个故事，那是我们连队一名狙击手讲述他于20世纪80年代在贝鲁特（Beirut）的故事。他当时隐藏在城市的某个位置，当巴勒斯坦解放组织（Palestine Liberation Organization，PLO）领袖护送亚西尔·阿拉法特（Yasir Arafat）穿过难民营的时候，他曾将十字瞄准器在阿拉法特身上放了几分钟。他的准心一直跟随着阿拉法特，他开始调整呼吸，想象开枪的那一瞬间，这一枪可能会改变历史。当然，他并没有扣动扳机，但是瞄准这个大人物一会儿，就已经给了他一种巨大的兴奋感。那是我绝不会忘记的感觉。

回过头看看，我能看到我真正想要的不仅仅是冒险、经历、奖章，同时还有某些不那么荣耀的东西：我想成为那位狙击手一样的人。当然不是成为一个杀手，而是一个见证历史的人。人们会羡慕我曾经的目睹，人们会嫉妒我能讲出的故事。当然，我也有些更加荣耀的欲望，然而**我最梦寐以求的就是那种沉默的力量**。当整个房间都沉默下来，一位老兵娓娓道来："曾经在湄公河……"

我从海军陆战队退伍的第一年当中，这种欲望仍然伴随着我，并且甚至变得更为强烈。当"9·11事件"爆发，我还在攻读研究生学位，那时我依然向往着远方。同很多人一样，我在"9·11事件"第二天突然醒悟，看到了一个不一样的世界。我开始当起临时作家，正是我内心的那位作家而非陆战队员感觉到了一次机会。这个世界处在战争当中，我发现此时最合理的事情就是成为一名战地记者。这是一次修改过往、改变过去疏忽的机会。我可以体验到作为一个年轻人最为渴望的经历，又不用穿着制服遵守命令。我可以深入战争，但又是站在我自己的立场上。这感觉就像我及时地打开了一道门。

如今已经是 2007 年 10 月，正是风浪的高峰。我正跟着第一步兵师的一帮士兵在河流西边邻近巴格达的地方巡逻，这个地方我之前从来没有来过，即便我来伊拉克已经三年了。自打有人记事起，萨蒂亚就是逊尼派（Sunni）的地方，然而如今却被什叶派（Shia）一个街区一个街区地占领。《纽约时报》（*New York Times*）称这个过程为“慢动作的种族清洗”[①]。这种更为宏大的战争叙事、逊尼派和什叶派之间的差异、政治上的风波，士兵们对此并没有太多兴趣。他们存在于此的真正原因似乎与这些都无关，他们只是想确保，他们所占领的那一部分城市不会被全然炸毁，仅此而已。

这是在巴格达的一天，在那个时候，每晚的第一次枪战准时得你都可以用来校正手表的时间。通常这只是一帮孩子坐着皮卡，拿着 AK 对着邻居扫射。我并不是很在意枪战。枪战的道理我明白。要么你中弹，要么没有。我更担心的是街上埋着的炸

① 我第一次看到这个词是在《纽约时报》上看到的。

弹。倘若你走近一枚155毫米炮弹改装的炸弹，不论你对战争有多少了解，不论你多么爱国，不论你受过多好的训练，不论你在新兵营地是否是优等生，结果都一样。一年之前，我曾看到，一对毫无破绽地埋在水泥路面下的155毫米炮弹，把一辆三吨重的悍马车炸得飞出桥面，掉到底下的运河里。那辆悍马就像一匹受惊的马，直接面朝底摔到了肮脏的河水里，车内两名成员溺水而亡。我们其他人呈扇形散开成为一个圈，等待着并未到来的伏击。**战争的发生就在转瞬之间，然而对此的记忆却永远回荡。**

我的思绪回到了车内，悍马车发出嘎吱嘎吱的声音，活像一艘老船。一间间屋子从车窗外滑过。偶有一棵桉树、高高的土灰墙、粉笔写的神秘阿拉伯文标语。伊拉克生活的秘密不为外人所知：街区足球赛、穆拉们、死去叔叔的名字。我的目光从左至右移动，我看到街区的景象在厚重装甲车窗玻璃上弯曲扭结，最后变成蓝色的光影，消失在车窗边缘。这就像在伊拉克的一切：你对事件的看法取决于你的视角。在伊拉克，除了死亡和高温，没有什么是一定的。我试着去想象居住在这些房子里的人们，但是我做不到，即便我已经花了几个月像今天这样外出去街上巡逻，即便我曾经坐在和路边同样的房子里喝茶。甚至狗都似乎带着敌意看着我们，当我们路过时，它们透过一辆辆被焚毁的车辆底盘看着我们。

“时间，”我旁边的士兵说道：“时间在这种地方是他妈什么鬼？”

他的名字叫约拿（Jonah），然而在听到他的无线电呼号之后，人人都叫他“收割机”。他戴着一条印花头巾，绑到他钢盔的后面，成了他的一条小马尾。一个美军步兵排就是一座各色人物的避难所，甚至步兵排更甚于一般的军队，它是各种性格创造的实验室：宫廷小丑、田野牧师、偏执狂、神叨魔术师、幸运二流子。“收割机”是排里的哲学家。

“时间，”他演戏般地停顿了一下：“时间就在旁观者的眼睛里。我5月睡觉，我9月起床。好了，现在就是9月。我在1900年睡觉。我一个月之后起来，那就到了1901年。”

“那按这么算过了多久？”我戏谑地问道。

“一整天，长官。”

时间对于“收割机”而言是个问题，因为他已经跟着这个步兵排在伊拉克度过了十三个月，这在战争中其实就是永恒。在伊拉克，哪怕一秒钟都可以让你迷失在这个国家的广阔无垠中，这个国家的边界延伸到你的想象之外，在这里的十三个月到底有多长？正如“收割机”在前一晚向我解释的，整个战争其实只是两种不同时间之间的战斗。在伊拉克大片田野中，人们的生活遵循着仪式化的晨祷，朝暮与春夏，周而复始。在美国，我们的生活依靠着钟表的每一秒，依靠着资本主义的鼓点、依靠着每周四十个小时的工作、依靠着互联网的二进制代码。当我们那天早上离开巡逻基地，当我看到水泥防撞栏上固定的胶合板，上面写着这一天的主题，就像家乡周日布道的主题一样，这一切就仿佛验证了他的观点。胶合板上写的内容，类似于戈多（Godot）的主张：**每一天都是同一天。**

“我觉得我可能是个和平主义者，长官。”

“哦，真的吗？那你干吗来干这个活？”我说。

“好吧，不算个和平主义者，那算个什么？算个被流放者。”

“你从到这儿一开始就是了。”

“我是认真的，长官。我受不了美国人。”

你能感觉到：“收割机”需要有人和他聊天。仿佛我俩是失散多年的双胞胎，如今我们终于再次重逢，有许多话要聊。我从心底里以一种不言自明的方式理解了他：当兵会让人麻木，而乘车时有个记者同行就代表着一个巨大的交流机会。我既是他的一种消遣，又是他的一名听众。

“收割机”已经二十六岁，在步兵中算个怪人。他的单位驻军在德国，他娶了一个当地的女孩儿。她是一位个子高高、面相红润、满头金发的北欧美女，当然这也可能只是他随口一说。“收割机”来自得克萨斯州东部，所以他在见到那个女孩后的第一句话，当然就是一句玩笑，说她是优等民族，而他如何注定要和她繁衍后代。“收割机”描述她的方式，让我这样想象，她就像一辆骄傲地奔驰着的敞篷版福特野马，在微风中飘荡着秀发。你能感觉到，德国已经展示给他世界的某一面，消磨了他对军队的热情，你也能感到他的脸上露着不悦。

说回巡逻基地，“收割机”告诉我，有一件事他反复在想，那就是十年以后带着他的妻子重回伊拉克。也许是回到这个国家的北边，回到那个青草长满山坡的地方。“只是回到那里，真正地与那些人们聊聊。你明白的，真的当作人来聊。”

“长官，你有没有读过萨特（Sartre）?”“收割机”摆弄着他的头巾问道。

“嘿，收割机。”沃尔默说话了。

“怎么?”

“消停会儿，有活儿要干了。”

沃尔默面相古怪、刻板、又沉默寡言。这种感觉可能来自于很久之前——也许来自于他第一次来伊拉克的时候。如今他这种性格已经形成了，而且直到死的那一天都会是这样。情绪的缺乏让他说的每句话都显得有种权威。这就像我们行驶的这条破破烂烂的道路，你很想知道到底发生了什么让他看起来是这个样子。这是个秘密，一个始于戏谑、归于伤痛的秘密：是特定的非常糟糕的某一天，还是一段单调的岁月，单调到每一天的差别都不再重要？再回应无线电呼叫的间隙，沃尔默点上了一根烟，朝手里的可乐罐吐了口痰，这个习惯从他当兵以来就有。

“你在这儿肯定很渴望得到一个故事。”沃尔默一直盯着路面，用低沉的声音说道。

我不喜欢别人说我很渴望，但是他说的也没错。我只是花了一个月待在多拉（Dora）[①] 这座城市，基地组织（Al Qaeda）以他们那迷人的方式在网上称其为“在巴格达的最后一座堡垒”，而我的神经需要放松一下了。我在多拉的第一次巡逻本来是一次情报搜集行动，但那次巡逻因为附近的一个排遭到伏击而被打断了。当我们抵达伏击地点时，我看到一位韩裔美军士兵被子弹击中了生殖器。我躲在附近残垣断壁背后，拼命地试着不去想到底发生了什么。我无意中听到他轻声喊着他的军士长，跟他说尽管自己之前还半信半疑，现在完全成了无神论者，因为哪样的上帝会让一个士兵被射中生殖器？在多拉的每一天都会发生各种类似的超现实事件：这一天这个家伙被射中生殖器，另一天我们的悍马车路过一个因某种原因没有爆炸的金属“披萨盒”简易爆炸装置，再一天我跟随的一个巡逻队去检查一栋住宅废墟，里面已经装满了炸弹，房子可能倒在任何一个走进去的人身上。

每次幸免于难，就像海洋里翻滚的泡沫，波澜只在一瞬，水下却危机四伏。你继续航行，但可能最后见到的图景却一直陪伴着你。战争一直都是诡异的。然而，对我而言，战争就是首迷人的歌曲——奇怪事件的发生，由于长时间接近死亡而带来的秘传知识，对更深智慧的希望，我在那些名为卡尔马、费卢杰、加伊

---

① 我在多拉加入的部队是2—12步兵师，这个步兵师最近被重整，也就是从伞兵部队变成了轻步兵部队，这次整编没有人喜欢。当这支部队回到美国时，他们患PTSD的概率是美军其他部署到伊拉克部队平均数的三倍。他们所在的这几个月所遇到的危险难以描述。我仍然记得一幅图景，当我走进他们的指挥所，就看到墙上贴着16张照片，每一张都是在多拉被杀死的士兵。

姆（Qaim）的城市接近死亡的体验。这些地方如此遥远，如此远离正常道德的地域，以至于在那里一切都似乎是可能，一切的一切。

长官，你经历过爆炸吗？

寻找那些本不应该有的模式。

在多拉的士兵也各不相同。某个著名的空降部队，他们就像是古老的贵族家庭般努力不辜负前人的荣誉。他们努力寻找机会，就像在证明他们的价值。那是一个自我救赎的循环，他们每次幸免于难都确证了他们受到祝福。他们每杀的一个人都让他们觉得自己在做着特别的工作。在这种生活中，还有什么别的更令人激动的工作吗？一天接一天地挑战死亡？我发现，我自己已经被这里的时间、一次次经历的死亡、骨子里的疲倦弄得精疲力尽了。最后一次走出多拉的营地指挥所时，我感觉血管里流淌的鲜血已经不同了。这就是战争教会我的一课：心灵搞懂一些事情之前，身体就先行一步了。那个月，我等待着“自己”的那颗简易爆炸装置，那时伤害已经造成了，恐惧就像毒素一样积累在我身体里[1]。

---

① 之后，我了解到我并不是唯一一个被多拉改变的人。在记者大卫·菲利普（David Phillips）2010 年的著作《致命勇士：当新兄弟连归乡》（*Lethal Warriors：When the New Band of Brothers Came Home*）中，他描述了为何相较于在伊拉克其他地方的类似军营，在多拉的老兵患 PTSD 的概率要高三倍。

在我准备去安巴尔（Anbar）西部之前，还有些时间可以打发。在安巴尔，我加入了海军陆战队，我的老连队。回到绿区，有人告诉我萨蒂亚非常安全，因此我决定在前往沙漠之前，去那儿逛逛。我很疲惫，需要一点儿自己的时间。在安全的地方过几天安静的日子，从而填补我那些有关什叶派巴格达的知识空隙，这座城市脆弱无比。当我在热浪中摇摇欲睡时，我决心把这当成我在巴格达的最后一次巡逻。在这儿之后，我要休一周假、乘飞机回家、填几张报价单、拿我的薪水。

悍马车仪表盘上的无线电响了起来。沃尔默拿起话筒，平静地进入了状态。一分钟之后，他说了几句听起来像“明白，完毕”之类的话。

“好了，听着，大兵们。我们北部有些屋子着火了。我们要过去看看是怎么回事。”

最有可能的是一些什叶派信徒放了火，用这种方式来逼迫他们逊尼派的邻居另找住处。在伊拉克，这是令人恼火的事情之一。这里几乎从没有直接的战斗，几乎从没有敌人之间互相决斗的一天。一旦发生战斗，那通常都是间接的——躲在某个蜘蛛洞里的某个狙击手一整天都在朝你开枪，而你花上几个星期可能都找不到他。或者说基地组织分子雇上本地的无业游民装个炸弹，其引发的爆炸可能是他从未见过的。

我们行驶了很长时间，高温从悍马车底盘的缝隙中渗透了进来。我已经在这座城市里走过了很多道路，以至于不一会儿就很难说你到底是醒着还是睡着了。道路一直往前延伸，而你的灵魂却留在悍马背后的沙漠里。某些时候，我注意到街道似乎更加空旷了，纸杯和垃圾在高温中飘了起来。一会儿，我听到行驶在我们前方的布莱德利步兵战车开始转弯，我能感觉到悍马车的轮胎在柏油路上摩擦发出的刺耳声。

“好，减点儿速。”当我们转弯进入旁边的街道时，沃尔默跟司机说道。

在我们前方，街道上已经一片火海。黑烟滚滚，从一排屋子沿着对角线飘到我们的左侧，整个街区都暗无天日。布莱德利步兵战车从烟墙中撞出了一个洞，然后消失在了浓烟里。就好像我们正在进入一个山洞，驾驶员指示我们进入一个不那么黑暗的地方，他一句话也没有说，就好像哑了一样。

“我们进去之后，放轻松点儿。”沃尔默说道。

“明白。”驾驶员说道，他重复着这个词，好像能让他自己安心。

我专注地拍照，把我单反相机的镜头抵在装甲玻璃上，以减少车窗玻璃带来的成像扭曲。我们从浓烟底下穿过，突然就好像有一张沉重的网遮蔽了天空，周围的一切都像喷上了墨汁。我仍然可以听到前方布莱德利步兵战车引擎的低吼，轰隆轰隆地好像一列正在倒车的火车。浓烟散开了一会儿，我能够更清楚地看清街道。房屋被一道道青灰色的煤渣墙环绕着，那是一些中等级别的住宅，和我多年前在墨西哥看到的屋子几乎一模一样。那街区空旷得可怕，只有日常垃圾和棕榈叶点缀着柏油路面。这一切都带来一种奇怪的失落感，就像置身一座空旷的屋子，房间里没有任何家具。世界好像一片沙漠，连最后的人类都抛弃了这片土地。不知怎地，浓烟又加厚了。我身边的“收割机”非常安静。我抬头看看炮塔的机枪手。我一直跟他说，如果他需要的话，我可以给他递弹药。不知道为何，我开始一点点变得紧张了。我脑子里什么都没想，但是这里就是在发生某些事情。

“嘿，沃尔默，哥们儿，我知道我只是你们带的行李，然而这条街糟透了，现在我们连鬼都看不清。”

他没有回应我。他一直处在沉思之中，把头从一侧转向另一侧。我们开始减速，只是谈论着停车后卸下侦察兵去调查火灾。当布莱德利有人转身叫我们时，我们已经停车了。我们已经到了一条死巷子里，深陷瓮中。“我们正在掉头。”他们说道。

“明白。”我听到沃尔默疲倦地说道。“我们也掉头。”

驾驶员挂上了悍马车的倒挡。

“搜索我们的六点钟方向，”沃尔默抓着机枪手的小腿，朝他喊着：“我们正在中心点，让布莱德利……”

而这就是我听到他的最后一句。

事实上，每个经历过创伤的人都能回想起某个事件周围的那些特定细节，**这些细节显得尤为生动，似乎带着一种难以描述的强度在想象中发出光辉**。极端事件需要极端的解释，就好像心灵甚至一刻也无法忍受那种观念，即这种荒谬的事情竟然会发生，整个世界都是随机的、一种“狂怒的不和谐音，但又没有任何意指”。在创伤唤醒之后，心灵似乎会发展出一种令人沉醉的渴望，渴望着有意义的事件，渴望着那些可以构成一个故事的原始材料。正如有点儿强迫的小说家伊萨克·迪内森（Isak Dinesen）曾写道的：“**倘若你把伤痛放在故事里，或者说出一个有关伤痛的故事，那么一切伤痛都是可以忍受的**[①]。”

有时，尤其是在那些创伤性的叙事里[②]，这些故事可以带来某些预示和征兆，就好像创伤以其纯粹的力量就能穿越时间、扰乱当下；在菲利普·阿雷兹（Philippe Aries）的著作《面对死亡的人》（*The Hour of Our Death*）中，他在亚瑟王（Arthurian）的神话中观察道：“死亡的到来并不是个意外，即便死亡是一场伤痛事故的结果，或者说是某种太过强烈的情绪的结果，就像在某些情况中一样。死亡的基本特征就是它到来之前就会提前给出警告。”他指出，西方文学充满了这种警告：占卜、预兆、幽灵、死兆，信念的召唤——死亡永远存在于地平线之上。在《罗兰之歌》（*Chanson de Roland*）里圆桌骑士（Round Table）的故事中，高文（Gawain）骑士被问道：“啊，我高贵的大人，您想过很快就会死去吗？”高文答道：“我告诉你，我活不过两天。”

长官，你经历过爆炸吗？

---

① 汉娜·阿伦特（Hannah Arendt），《人的境况》（*The Human Condition*）。

② 菲利普·阿雷兹，《面对死亡的人》。

我还记得这个士兵的问题，只是因为之后发生的事情吗？因为我需要从一件无意义的事件中找到有意义的故事？

对于科学家们而言[①]，这些观念只是一种典型的关联症（Apophenia），是人类渴望的一种延伸，渴望从生活中寻找模式，关联症是一种意义创造的异常形式，而意义创造在极端形式下，可以归于病态，比如偏执型精神分裂症。关联性思考最经典的一个例子就是，1976 年美国航空航天局（National Aeronautics and Space Administration，NASA）的科学家在火星表面发现了类似于人脸的地貌。有些观察者将之视为火星上有智慧生命的证据，是火星上先前文明在这颗红色星球表面留下的一张欢迎卡。从火星探测器（Mars Explorer）上发回的最新照片显示，这张人脸其实只是最初那张照片拍摄时的异常光线条件导致的结果，而其实际上看起来更像是一块曲奇饼。

在伊拉克的那几个月，我变得执着于一个观念，即关联症背后隐藏着一些东西，这是因为离死亡太近必然会提高人的觉察力，有很多人在伊拉克会达到一个更高的意识水平，就好像一位物理学家盯着粒子加速器的微光。正是这种思维让我年复一年地重回战场，让我的朋友和同事一次又一次紧张。我以自己独特的

---

① 我第一次看到关联症这个症状，是在威廉·吉布森（William Gibson）的小说《模式识别》（*Pattern Recognition*）中。这个词是德国神经学家克劳斯·康拉德（Klaus Conrad）在 1958 年有关精神分裂的一部著作中提出的。

方式感觉到，我就像一位经历过德国一战的老兵画家奥托·迪克斯（Otto Dix），他曾写道："我不得不蒙受这种经验：我身边的某个人是如何突然倒下死去了……我就是现实。我必须见证这一切。我需要体验生活中的一切深渊。这就是我为何入伍的原因。"

之后，这种想要见证一切的习惯、试着通过极端审视来从我的经验中创造意义的习惯，主宰了我的战后生活。那时，我觉得我自己陷入某种卡巴拉（Kabbalah）信仰，这种信仰的主旨在于探索他人所忽略的事情、那些若隐若现的模式以及上帝之手，只要你愿意。这种沉思的习惯、寻找模式的习惯、寻求一切事物的意义的习惯在每个人身上都存在，然而它在被创伤唤醒后会变得过度强烈。

正是这种强迫性的寻找意义、这种无意的关联症给了弗洛伊德很大的触动，那时他首次在一战老兵的梦境里观察到了这一点，这种观察改变了心理学的进程。在他于一战休战后不久所著的《论元心理学》（*On Metapsychology*）中，他[①]发现战争神经症患者"通过发展出一种焦虑而竭力内在化地控制那些刺激，而这种焦虑的缺席正是创伤神经症的病因。（在弗洛伊德著作的某

---

① 弗洛伊德《超越快乐原则》（*Beyond the Pleasure Principle*），彼得·盖伊（Peter Gay）在《弗洛伊德传》（*Freud*）里写道："弗洛伊德注意到了'命运神经症'患者身上这种单调、毁灭性的重复，这些受害者的命运不止一次地遭受过同样的灾难……弗洛伊德评论道，显示出这种强迫的患者基本活在痛苦和伤痛中，而且会在分析完成前打破分析。他们想要找到被鄙视的证据……似乎他们从来不知道，这种强迫重复带来的不悦。这种是他们行为的'恶魔'。'恶魔'一词无疑是弗洛伊德的想法。他视这种强迫重复为一种最原始的心理活动，在'一种很高的程度上'展现除了一种'本能'的特性。"

些译本中，这种现象甚至可以牵涉到“命运神经症”，因为它似乎可以主宰患者到这样一种程度，以至于它变成了一种宿命，一种创伤和再次创伤的模式很可能会主宰患者余下的生命。）在战争之前，弗洛伊德的无意识理论一直都主要谈论他所谓的“快乐原则”，即认为所有人都最终欲求或渴望着其生物性的冲动、性的需要以及主宰环境的需要。而有些人纠缠于那些不悦的回忆，这种观念出现在了弗洛伊德所相信的一切思想上。正如他所观察到的，这些糟糕时刻的回忆变成了某种类似于道德义务的东西，一些寡妇就是因此为配偶之死而陷入憔悴。我们能在诗人威尔弗雷德·欧文（Wilfred Owen）的诗词中见到这种义务[①]，这位诗人在他临终前不久写了一首诗给他的母亲：“我承认，我想起了所拥有的一点战争之梦，完全是因为我夜间有意想起了战争。我这样做，是因为我有责任在我脑海里重演战争。”

威胁生命的经验[②]不受“掌控”或几乎游离于幸存者的控制之外，这一点是创伤后应激的核心问题之一。正常而非创伤的记忆会被整合进自我持续进行的故事中。这在某种意义上有点像群居动物，他们服从于控制，有迹可循。相反，创伤记忆则完全独立，有点像野狗，咆哮、凶狠、无法预测。在某种程度上，这就

---

① 保罗·富塞尔，《一战与现代记忆》。

② 与罗伯特·史托罗楼的采访。参看史托罗楼的《创伤与人类存在》（*Trauma and Human Existence*），他写道：“患者跟我解释，通过重新讲述每次创伤片段，她能把原始创伤放到另一个时间和地点。当她走到我的办公室时，她说自己完全陷入了摧毁她生活历史的时间维度。听到这一点，我只说了三个词：‘创伤摧毁时间。’”

像我采访的那位精神分析家所谓的“创伤摧毁了时间的组织。”这些无法整合的记忆固着在那儿，它们的固着纠缠着幸存者的心灵，摧毁他们的时间知觉。

在库尔特·冯内古特关于二战的小说《五号屠场》中，主角在德累斯顿（Dresden）一场爆炸中的濒死经历导致了他的“时间紊乱”。一位退伍军人管理局的管理人员称这本书为“终极 PTSD 的小说”，书中的时空连续体似乎都跟着德累斯顿城一起被摧毁了。至于书中的主角比利·皮尔格里姆（ Billy Pilgrim ），他完全就是一个 PTSD 案例。小说这样开头：“比利睡去的时候是一位苍老的鳏夫，醒来的时候正是他婚礼的那天。他于 1955 年走进一道门，于 1941 年从另一道门出来。他已经于 1963 年回过头穿过那道门去寻找自己了。他已经见证自己的出生和死去许多次了，他说，他已经看到了这一切事件……比利对时间已经麻痹，他无法控制自己接下来要去向何方，而这路途可不是那么有趣。他说，他一直处在惊慌之中，因为他完全不知道接下来要过的生活是哪一部分。”

有一种知觉机制可以让人们的时间紊乱，不让那些无法整合的经验进入正常的记忆网络，这正是心理学家所谓的解离，本质上就是心灵分裂成两部分。这种另类的意识状态，当威胁生命的情景出现时，解离会让你出离于自身之外，就好像一位司机突然在远处看到了自己的车，好似在剧院观看着一场喜剧，这种感觉就好像自己变成了观察者而非参与者。事实上，这是一种很普遍的情景，当多拉的士兵们谈论他们所经历的战事时，我经常能从他们口中听到——“那就像我在看一场电影。”特别血腥的某一天总是和电影《黑鹰坠落》（*Black Hawk Down*）一样的东西联系在一起，好像只有通过动作电影这种叙事框架才能将之回忆起来。有趣的是，这种距离感似乎甚至在事件之后还会持续。“我们自身的死亡的确是无法设想的[①]，”弗洛伊德于1915年写道，“而且不论何时，当我们试图去想象死亡时，我们总是以观众的角度来观察它。”这种存在的威胁必须突变、转化或者颠覆，以便心灵能够继续存在。

解离最共通的形式之一就是异常的时间流逝，就像大脑以不同以往的速度在处理这个世界的信息。对大多数人而言，这种现象始于危险最大化的那个时刻。事实上，所有经历过创伤的人都会说，世界开始以“慢动作”运作。阿伦·罗斯顿（Aron Ralston）是一位徒步探险者，他在2003年到犹他州东南部进入一条狭长峡谷探险时，被困在了一块巨大圆石之下。他写到石头翻滚着压向他，他在回忆录中写道：“时间膨胀了，就好像我在做梦，我的反应减慢了。”罗斯顿在其著作《生死两难》（*Between a Rock and a Hard Place*）描述了整个过程，就像是以“慢动作”发生的。我曾经采访过的一位海湾战争老海军陆战队士兵回忆起遭遇交火时，身边飞过的曳光弹就像一只只萤火虫穿过沙漠的空

---

① 弗洛伊德，《我们自身的死亡不可设想》（*Our Own Death is Indeed, Unimaginable*）。

气而向他爬过来。他的左腿伸在他所驾驶的悍马车外面，突然他感觉左腿好像着火了，就像中弹了一样，即便子弹还没有飞到他的车上。在子弹飞来之前，他本能地拉回腿收到车里。这一切都发生在一秒之内。

解离也可以有更为极端的形式，这种形式似乎完全是超自然的。美国海军对生存学校学员所做的一项研究发现，在极端应激的情况下，有超过一半的人都报告他们经历了“无法用理性解释的不现实事件”。解离故事成为了战争文学标准中的基础成分。迈克尔·赫尔（Michael Herr）在其经典的越战报告文学著作《派遣》（*Dispatches*）中，描述了他所经历的溪山战役（Battle of Khe Sanh）：“它每次都以同样的方式回来，令人恐惧又受人欢迎。皮球和内脏翻滚在一起，你的感觉就像闪光灯，自由落体掉到地面，又飞起来很快地聚焦，就像注射了裸盖菇素（Psilocybin）之后摔了一跤之后最开始的剧痛……每一次之后，你会感到非常疲倦，感到空虚，然而你还活着，却无法回忆起一点儿东西。”这种类型的解离会导致某种一个人能够体验到的最为私密、最为深入的个人经验，有无数词句可以描述这种体验，**创伤的那一刻就好似整个世界都拉上了一会儿幕帘**。赫尔的著作回应了那些令人惊讶的黑暗中的一些景象：“对内心深处的狂喜。”“时间之外的时间。”“你从遥远而又可及的地方听到的故事，那里没有思想，没有情感，没有事实，没有合适的语言，只有清晰的信息。”这种意识状态不出意料地一直纠缠着极端事件幸存者的思想。

解离本身并不是坏事。人们经常在应激的时刻“出离”，发现自己在紧张的谈话时强迫地盯着挂历，或者在飞机遇到气流时陷入对曾经恋人的思念。精神病学家们认为解离其实有一种保护性的效果，类似于鸦片对大脑的效果，它可以为意识屏蔽那些可怕事件带来的伤痛。（赫尔似乎在《派遣》一书末尾暗示了这种观念：鸦片空间、大写的0、时间之外的时间、发生在几秒内但度过了几年的旅途。）然而倘若解离太过深入而变成慢性的，那么它就会产生一种问题。正如一位知名的神经学家、作家奥利弗·萨克斯（Oliver Sacks）在其著作《幻觉：谁在捉弄我们的大脑?》（*Hallucinations*）中的观察：“PTSD的解离是更加极端的类型，因为那些由于可怕经验所带来的无法承受的信号、声音、气味、情绪会被锁在心灵当中一个隔离的地下室里。”

PTSD通常被认为是一种过度记忆的综合征，其记忆工作就好像发了疯，过度地记住了那些本该被忘记的事情。事实上，在创伤后解离或创伤中解离的案例那里，情况也可以完全相反。那几乎就像威胁事件还未被体验到或者被错误地记忆了，因为那些事件太过于令人痛苦。大脑对此太难处理，就把那些经验埋藏在心灵仓库的幽暗角落里，远离了一切，而心灵似乎也遗忘了这件还能增值的货品。这种逻辑的倒置一直是幸存者们的悖论之一——它总是无意中回来纠缠，就好像在重申大自然的第一法则：你要小心危险。正如集中营幸存者本·赫夫考（Ben helfgott）一句简单的话所言：**“那些‘忘却’的人，一定会在之后**

受苦。”

我能很快想起那些，回忆起那声音，然而让我去重述遭遇爆炸时的故事，能唤起的只是内心一片空寂，就像我的耳朵还在等待着噪音的到来。我脑海中关于“我的”简易爆炸装置的记忆，最开头的就是沃尔默坐在前排，转过头来，傻子式地喊道“那是什么鬼?”说得好像爆炸并不明显似的。我们当时已经身处在恐怖的时刻。我们被烟雾误导，从着火的屋子开到了一条死胡同，我们倒车踩到了隐藏在路边垃圾堆里的简易爆炸装置。

爆炸的气流冲到了“收割机”的右耳，击弯了他脑袋后面的金属板。我看着他，他脑袋被烟雾所环绕，我感觉他的面庞十分陌生，感觉他脑子里空空如也。当我转过头来，我感觉我已经不在这儿了。但我还在，我坐在座位上一动不动，我黑色的数码相机还在我腿上。我的幽灵在上空盘旋，无法移动，无法说话，无法与他人联系，好似一堵无形的墙立在了我们之间。我脑袋后面的空气中没有一点儿声音，只有水底的暖流，好似我在爆炸里面游泳，屏住呼吸，等待着彼岸的到来。之后几年，我才发现那一刻创造出了两个我：**一个我听到了爆炸，对此完全了解；另一个我更为狡猾，难以相处，他并没有听到**。哪一个才是真实的我，哪一个是冒名顶替的假货?

当爆炸结束，这一刻过去，我才像之前那样回到了我的座位之上。时间并没有减速多少，只是变得更为粘稠，细节更为丰富了。我坐下看看四周，发现我们身在火海，厚重的浓烟正在从

“收割机”脑袋后面那块金属板的裂口灌进车舱。他看起来还好，我看看他后面，浓烟滚滚，就像一道宽阔的山泉，边缘卷起了浪花，中心还在流动。裂口的碎片已经飞到了车舱前部的长关节杆上。其边缘精致的卷曲就像是黑暗中一个个小星系，那团黑暗的空气渐渐变厚，就像要吞掉遇到的一切光明。

我的眼睛正在适应，我透过车窗看到左侧的房屋还在燃烧，烟雾沿着路面移动。我突然觉得会有人躲在烟雾背后朝我们开枪。这种想法让我变得激动起来。毕竟我们身处险境。这应该会有场伏击，为何没有敌人出来干掉我们？我们此刻的注意力都在自己这儿，炸弹刚刚爆炸，我们处在一个完美的位置，等着被全部歼灭。就好像魔术一样古怪，一排枪口焰透过烟雾开始朝我们眨眼，就像嘉年华的焰火。我坐在那儿好一阵子，迎接着子弹的洗礼。我的屁股粘在了椅子上，我开始试着相信接下来发生的事情：当下的任何一刻都可能是最后一刻。结束的痛苦似乎可以持续永远。有一刻我感到后悔，沙尘从房屋那边翻滚了过来。

我眨眨眼，突然意识到什么不同了，好像我脑子里已经过了很长的时间。我看看周围的屋子，我才意识到没有人在朝我们开枪。我们很安全，而且都还活着。而这一切来来去去都在同一瞬间。

就在那一刻，我怒了。我就在这儿，被困到装着一车蠢货的悍马里。我们都等着被一帮狗日的暴徒杀掉，还有比这车蠢货更二的吗？

“他妈的怎么没人打开车门，看看外面有没有拿枪的？狗日的布莱德利去哪儿了？怎么没人组队成快速反应小组？”我胡乱地喊叫着，用着军事术语呼叫救援班，其中每个单位都会在攻击中随时待命。

沃尔默转过头喊道：“大家都没事吧？”他似乎并没有听到我说的话。

我拍拍自己的大腿，草草地看了一下周围，然后收了收腹股沟、腋窝的肌肉，然后是脖子处主动脉的肌肉。我想起了那个在多拉被射中生殖器的士兵，然后再次检查了下我的胯部，只是为了确定一下。我拿起我的装备，发现我的手正在车门把手上，只是将之作为我的支撑点。我看看“收割机”，发现他的眼睛在烟雾中一片血红。他骂骂咧咧地抱怨着：“在这鬼地方只要待两个月了，却出了这档子事！“

“所有人都待在车里！不要出来！”沃尔默向大家喊着。然后他朝机枪手喊着，把他的脖子推向炮塔，问他能不能看到烟雾是从哪里飘来的。机枪手什么也没说。

正如约翰·勒卡雷（John le carré）[1] 的观察，每一桩爆炸事件当中都会有奇迹。对于有些人来说，正是最细微的细节救了一条命：霰弹打穿了某个家伙的钢盔，却从另一边穿了出来，他本人则毫发无伤。每一颗简易爆炸装置的爆炸，背后都有十几个故

---

① 约翰·勒卡雷，《小鼓女》（*Little Drummer Girl*）。

事，有些故事很悲剧、有些很奇迹、有些很诡异，但所有的故事都超出了人类的理性。一年前，我采访过一个海军士兵[①]，他告诉我，有位海军陆战队士兵在费卢杰被杀害，而在同一个小时，他自己的儿子在美国出生了。我们的奇迹更为平常。首先是，爆炸的力量打穿了悍马车厢，而没有击中“收割机”的屁股，正是偏离的这十二英寸救了他的命。其二是，除我之外，悍马车上所有人都被爆炸震聋了，尽管爆炸离我坐的地方只有不到九十厘米远。

这似乎让沃尔默清醒了过来，他朝司机吼着，让他回到驾驶席，开车送我们回巡逻基地。司机照他的命令做了，尽管沃尔默朝他吼了两遍，他才听到。接着我们又发现了问题：简易爆炸装置已经炸坏了我们右后方轮胎，当司机踩油门准备开车时，只听到挂着点轮胎碎片的轮毂在地上摩擦发出刺耳的吱吱声。司机反复挂着倒档和前进档，但要把我们的悍马从弹坑中拖出来，并带回巡逻基地估计永远不可能。巡逻基地此刻在我心中闪闪发光，就像是座圣城。

不论如何，我们还是安全回去了；不论如何，悍马车还是集合在了一起；不论如何，再没有人要炸了我们；不论如何，我们都设法避免了遭遇第二颗路边炸弹。我回基地的那些记忆很古怪，就像是一部遗失的相册中的照片。其中有些节点关于我们所

---

① 参看我的文章《大坏事：秘密海军陆战队日志》（*The Big Suck: Notes from the Jarhead Underground*）。

忽略的伊拉克士兵，有些节点关于当地街上似乎遗忘了我们的混乱交通，有些节点关于悍马残破的车轮在地上磨出的吱吱声。

然而，有一段记忆仍然很清晰。我还能感觉到当我瞟了一眼“收割机”时，他看着我的眼神，他让我一直都记得。

“你他妈来这儿干嘛了?”他吼道。“我他妈就不明白。他们肯定给了你很多好处让你来这儿。”他转过头去，然而在此之前，我就已经看到他的眼神中充满了愤怒。就好像简易爆炸装置已经让我们之间的关系变了味儿，不论那是怎样的关系，好像都在爆炸中被摧毁殆尽。无疑他的言辞中透露着一种厌恶。他又开始了。“你是个记者，哥们儿！你哪儿都可以去，世界上的任何一个地方都可以，**你选择了这儿，而我只能在这儿**。我不知道你有没有发觉，我们这里没有人想待在这鬼地方。你觉得我在这儿是因为我爱国？哥们儿，我参军是因为我穷！我参军是因为我无处可去!”

我想要回应他，但还是放弃了。我能说什么呢？爆炸已经足够震撼我，以至于我无法思考，无法有条理地争论，再说与被震聋的士兵争论有什么意义呢？除此之外，他说的确实有道理，即使这种观点并没有沉淀数年，但我对他也无话可说。我转过头，看着窗外，这座城市在缓缓地移动。“收割机”在此之前已经负伤三次，而且都平静地应对了过去。或者说，正如他的战友告诉我的，我在萨蒂亚的存在，我在这次巡逻中的存在，将他推向了边缘，就像简易爆炸装置释放了他内心某些秘密的疑惑，他无法设想，究竟是什么人闲着没事在战争中自愿跑到巴格达这样的地方。

之后，我意识到“收割机”一直执着于某件事，这正是问题所在。我来这儿了解这场战争，它得到了理解，然而为什么它能得到理解？这场战争已经给“收割机”带来了许多早来的智慧，这些我在这场爆炸之前就已经看到了。如今，这第四次接近死亡的经历震撼到了他，于是他将这些智慧归结到我身上，这种智慧伤害了他，尽管他花了很长时间去理解。或许在正常环境下，他什么都不会说，或许他本不该说。简易爆炸装置偷走了很多东西，包括他的克制。又或许这场爆炸是一件礼物，坦诚的礼物，这也许是爆炸带来的最后一项奇迹。

或许是几个小时之后，我们回到了基地，我抬头又看到那条标语：每一天都是同一天。我尽快瞄了一眼。战争的一部分已经结束，另一部分才刚刚开始。

三十分钟之后，我回到了隼鹰前线基地，坐在开着空调的外科诊室里，接受头部检查。一周之后，我回到了加州。

第二章 恐怖阴影之下

我们生而负债，欠这个世界一次死亡，这种黑暗熄灭了每一根蜡烛。当你对这黑暗投出一瞥时，创伤就到来了，这种即将到来的毁灭不仅仅在于身心，也很可能在于这个世界。创伤是这个世界的野蛮自身对我们的显露，它摧毁的不仅仅是意识的整合、自我之谜的神话、对时间的经验，也摧毁了我们与他人和平相处的能力。创伤就像是一种病毒、一种病菌，它几乎什么都不做，除了在这个世界上不断地繁殖下去，直到世界上只剩下这种东西。创伤是对真相的一瞥，而这真相却向我们撒谎：这个谎言就是，爱是不可能的，和平只是一种妄想。治疗和药物可以缓解痛苦，却不能抽出血液中的毒液，不能让幸存者对那种黑暗视而不见，不能让他们对潜藏在生活表面之下的事物熟视无睹。不论现代神经科学发出了多少堂吉诃德式的主张，现实就是，创伤没有办法治愈。一旦它进入你的身体，它就永远留在那儿了[1]。创伤会启动一系列复杂的化学机制，不仅改变受害者的生理，也会改变其后代的生理。正如战地记者迈克尔·赫尔在其著作《派遣》中的论证：一个人无法简单地“让意识倒带”。创伤是赠与我们的特殊遗产，它就像一种有情感的生物，背负着我们自身无常的知识；正是我们对此象征化的经验将我们区别于动物世界。只要我们还存在，这个世界就想方设法清除掉我们。我们最好设法包容这种痛苦，给它画个圈、给它命名、让它得到驯化，并且试着将那条线另一端的东西转化成一种知识，一种关于丧失机制的知识，这种知识可能会让我们的后代获益无穷。

创伤并不在别处，也不是什么只属于贫困地区的东西。它在现代并不特殊，尽管历史已经证明，我们应对它的方式在发展，

---

① 瑞秋·耶胡达在2002年的一篇文章《创伤后应激障碍》中写道：“研究PTSD的生物学机制已经描述了大脑中的物质改变，比如杏仁核和海马，也描述了身体对应激的反应中激素、神经化学、生理系统的改变。”耶胡达在2007年的文章《PTSD的胚胎相关性》（*The Relevance of Epigenetics to PTSD*）中发现，相较没有患PTSD的父母的后代而言，PTSD父母的后代的皮质醇水平低于平均。尽管在医学领域内还有些争议，即应激是否损伤了大脑，然而无疑的是，主要创伤事件确实改变了大脑激素系统，并且这种改变遗传给了后代。也参见安克·卡尔（Anke Karl）的《对PTSD脑结构异常的元分析》（*A Meta－analysis of Structural Brain Abnormalities in PTSD*），也参见瑞秋·耶胡达的《暴露在世贸中心袭击中怀孕妇女的创伤后应激障碍对孩子的代际传递》（*Transgenerational Effects of Posttraumatic Stress Disorder in Babies of Mothers Exposed to the World Trade Center Attacks during Pregnancy*）。大多数证据都证明，创伤幸存者的后代在生物学上就异于那些未受创伤者的后代。斯科特·斯多塞尔在《我的焦虑时代》中写道：“研究者们在创伤受害后代身上发现了类似的证据：大屠杀幸存者的子孙都显示出了更明显的应激和焦虑唤起，各种应激激素水平更高。当呈现给这些后代与大屠杀无关的应激图片时（比如索马里的暴力图片），他们都在行为和生理上表现出了更为极端的反应。正如专攻创伤受害者的精神病医生约翰·利文斯顿（John Livingstone）告诉我的，‘好似创伤经验可以穿越身体组织到下一代身上。’”

但创伤本身——一位先驱研究者称其为“死亡印记”，却是不死的，是普遍存在的。耶鲁大学历史学家杰·温特（Jay Winter）阅读了大量一战的文化史资料之后说道：“**创伤是民主的**[①]**，它摧枯拉朽般地选择了所有人。**”古希腊的万神殿里也有战神，这就不足为奇了：历史学家威尔·杜兰特（Will Durant）计算过，在人类历史中，世界各地都没有战争的时间只有二十九年。

这个数字令人惊讶：2010年司法部的一项研究发现[②]，在美国有18%的女性曾经遭到强奸，其中有一大半都会患上PTSD，总数大约为一千四百万。大型的人口普查，比方说像美国国家共病调查（National Comorbidity Survey）发现，美国有55%的人口在一生中会遭遇至少一次创伤事件，比如军事战争、强奸、精神袭击、自然灾害、汽车事故，这个数字几乎等于美国拥有智能手机的人数。当人们问起艾莉丝·希柏德，为何要在她的畅销小说《可爱的骨头》（*The Lovely Bones*）中描写一位十四岁的女孩遭到强奸并被杀害肢解时，她回答道：“因为这就是生活的一部分。这种文化当中所存在的经验就是其中很大一部分。这种事情一直都在发生。”在普利策奖获得者科马克·麦卡锡（Cormac McCarthy）的著作《血色子午线》（*Blood Meridian*）开篇，他也表明了类似的观

---

① 杰·温特《炮弹休克》，（*Shell—shock*）。

② 《全国亲密伴侣和性暴力的调查：2010年总结报告》（*The Numbers Are Staggering：A 2010 Study：The National Intimate Partner and Sexual Violence Survey：2010 Summary Report*）：“大约有1/5的女性和1/7的男性被强奸过。”在瑞秋·耶胡达2002年的文章中，她说：“PTSD受害者中有55%的人报告曾被强奸过。”

点，这是一部有关美国西部黑暗暴力的杰作，参考了 1982 年 6 月 13 日《尤马县太阳报》（*Yuma Daily Sun*）[①] 上刊登的一篇文章，文章谈到发现了一颗 30 万年前被剥掉头皮的头骨化石。

创伤难以形容[②]，但是可以做个类比，将创伤比喻成一种能量的转移：就像一颗子弹射入身体，它愤怒地急于把其剩余的能量传递出去，传递到它所触碰到的每一块血肉，完成这一切之后它会离开，留下一副受伤的躯体，它走的时候拖出了一长串记忆、希望、纯真，于是又开始寻找下一个肉体来侵入。逻辑告诉我们，子弹越大，伤害越强。实际上，现代创伤研究的一个基本原则就是基于“大子弹、小子弹”这种观念，这也就是研究者们所谓的“剂量－反应曲线”[③]。通俗点说，剂量－反应曲线的意思就是，事件越是糟糕，可能带来的伤害就越大。用一个现实世界的例子来说，剂量－反应曲线告诉我们的是，一位三十一岁、名叫琳达的女士在一次地震后被压在书柜下面一个小时，相较她被

---

① 《尤马县太阳报》写道：“克拉克（Clark）与加州大学伯克利分校的提姆·怀特（Tim D. White）去年在埃塞俄比亚北部发现了 30 万年前的化石头骨，也显示了这个证据。”

② 在《我们能说，就不能保持沉默：创伤、政治唯我论、战争》（*Where of We Can Speak*, *There of We Must Not Be Silent*: *Trauma*, *Political Solipsism and War*）一文中，政治学家卡林·菲尔克（Karin Fierke）将创伤定义为“一种‘脱位’，并且伴随着无法言说的创伤。”有趣的是，尽管创伤被很多学者认为是几乎无法表达的，但是一些视觉艺术，都可能帮助我们解释 PTSD 与电影电视的深层关系。

③ 朱迪恩·赫尔曼，《创伤与复原》。退伍军人管理局 PTSD 国家中心的第一位执行主任马修·弗里德曼（Matthew Friedman）说道：“最有趣的一项发现就是所有创伤工作都遵循剂量－反应曲线。暴露在创伤中越严重，越可能患 PTSD。研究者在非西方文化下也观察到了这种剂量－反应曲线。”

压在书柜下二十四小时，看着躺在旁边的丈夫的尸体来说，前者更可能不会带来创伤后应激症状。

剂量一反应曲线能解释很多。比如，它能解释一个还比较明显的事实，即**并非所有的创伤都带来同样的效果，而且创伤具有一定的累积效果**，在这个意义上，一次糟糕的事件可能会“软化”一个人，使得他更加容易受到之后创伤的伤害。然而就像所有优雅的理论一样，这个理论在用到现实生活中时漏掉了某些事实，某些受忽视的真相仍然是隐藏起来的。对那些曾经参与过战争或目睹过战争的人而言，他们的梦和边缘的家庭史都被创伤消耗殆尽。而这个理论的问题很明显：我们如何准确地量化创伤？这个理论中，是什么有权赋予创伤“剂量”？换言之，我们能把多少毫升痛苦、丧失、道德迷惑倒进实验室的烧杯？

还有一个挑战就是，如何将这种“剂量”的因素归结到经历创伤的人的身份之上。正如一位后来选择去宣讲的越战老兵，某一天对我吼道：“战斗并不是发生在身体内部，而是发生在人们身上。”在我上文所举的书柜倒下的例子中，这个问题因此变成了：“到底谁是琳达？”她来自于一个怎样的家庭？[1] 她经历了怎样的童年？一个安全而爱护她的家庭，还是一个暴力而虐待她的家庭？她很外向吗？她易于接受新经验和感受吗？她是一个容易受暗示的人吗？地震之前的片刻，她周围发生了什么？在经历折

---

① 朱迪恩·赫尔曼，《创伤与复原》。

磨时，她在多大程度上暴露在危险之中？她在那一刻失去意识了吗？地震之后，她的朋友、家庭、社会支持系统是如何回应她的？另外，也许是最重要的一点，地震之后，她给自己叙述了一个怎样的故事？她是如何将这个恐怖的事件整合进她的生活故事中的？她是如何用实际经验中那些图景来创造一种完全不同的叙事，如何将那些图景整合入她自觉形式独特的故事中？

这种难题似乎超出了科学头脑能处理的范围，而且某种程度上，事实也是如此。基本上，我们并不知道为何有些人会受恐怖事件的伤害，而有些人不会。创伤的一部分力量仍旧是一个谜题，事实上，这部分仍旧在正常人类认知范围之外，就如同那最先进的望远镜也望不到的遥远星系。它仍旧是一个谜，这是因为人类本身就是一个谜。然而最近几年，科学家们却发展出一个新的理论来解释创伤后应激障碍。如果你想给某个人惊喜，抓住他，以某种方式从身体上折磨他（比如强奸），然后让他暴露在这种恐怖因素下一段时间，很快你就能看到我们所谓 PTSD 的印记。根据《综合精神病学教材》(*Comprehensive Textbook of Psychiatry*）的说法，心理创伤的共同特点就是感到**“强烈的恐惧、无助、失去控制、毁灭的威胁。”**

创伤给心灵带来的最主要伤害就在于扭曲与其相关的记忆。面对恐惧时，心灵会直接跳过一些事情，却偏执地过度记录下了另一些事情；研究者们能看到的一种模式就是：在恐惧中，心灵正常记录新颖视觉刺激的能力会变得过度亢奋，会制造出早期心理学家所谓的"固着观念"（idée fixe）。创伤最致人混乱的一种特点就是怪异感——人们进入战争地区或目睹车祸时会有这种感觉，也就是说，心灵的功能会变成怪异而奇特的疯狂监护人，记录下那些最令人恶心的人类暴力场景的种种细节。心灵为了反抗其关于自身毁灭的想法，会粘着在他人毁灭的图景上，就好像在收集它自身死亡的线索。我们能够想起过度经历事件之后的悲剧性哭声——"要是我内心能摆脱那些画面就好了！"比方说，我就无法摆脱头脑中那副画面，那位在多拉胯部受伤的士兵的画面。我也无法忘记，在费卢杰北部，翻倒的悍马车泡在河道的脏水里，车里还有两具宾州国民警卫队士兵的尸体，旁边还漂浮着一个红色的饮料箱。很奇怪，相比于那个红色的饮料箱（这是一种美国式便携娱乐的象征），两具被装上救援直升机的尸体的形象却不那么生动、真实。那个饮料箱漂浮在悍马车旁边的涡流中，时不时地被冲得碰到岸边的蕨类植物。

似乎某些特定类型的事件[①]——血腥的、夸张的、壮观的、不和谐的，这些事件几乎在生物学上就不会随着时间自然消退，而是永远被塞入大脑灰质中。事实上，一个人进入战场的第一个月，要学的一件让人心慌的事情就是：公路边人们伸着脖子看交通事故的那种恶心冲动，在战争地带甚至会更加强烈。你并不想看，然而你不得不看。如果你这么做了，那么你就会陷入我一位

① 约瑟夫·勒杜（Joseph LeDoux），《情绪大脑》（*Emotional Brain*）的也参见詹姆斯·麦克高夫（James McGaugh）《记忆与情绪》（*Memory and Emotion*）。

海军陆战队兄弟所谓的“心灵刺青”中。最终，这种事情会变成人类认知中一种奇怪的把戏，而你要学的另一课就是：PTSD是一种时间疾病[①]——**世界上最糟糕的事情一瞬间就进入了你的大脑，然而你却要花余生去理解你所看到的事情**。

从一个有利的角度来看，有一点很吸引人，那就是说创伤就是创伤，这本身就是创伤，而事实上真相与此相反。创伤类似于癌症，对每个个体带来的影响都不同。对于人类创伤体验而言，最有趣的部分就是观察人们是如何应对自然灾害的。由于自然灾害无法解释，比起那些人祸，如强奸和战争而言，像海啸、飓风这样所谓的“上帝的旨意”给人类心灵带来的侵害就更小，结果就是其幸存者患PTSD的概率更低。似乎我们人性深处仍然残留着兽性，它能接受物理世界那不讲道理的任性。尽管自然灾害也能致人疯癫，但比起人为灾难或人际暴力而言，心灵对它的理解更为平和，这种关系带来了一种观念，即创伤的力量不仅如此，甚至不光影响着人的社会环境以及人对此的理解。从更具象的角度说，身体常常会把自然理解成一个杀手。但对于人类，我们却从来说不准。

一项发表在《新英格兰医学杂志》(*New England Journal of Medicine*) 的研究表明，自然灾害中女性受害者患PTSD的概率为5.4%，而强奸中女性受害者患长期PTSD的概率为45.9%。索纳莉·德拉尼亚加拉（Sonali Deraniyagala）在她的回忆录

---

① 艾伦·杨，《幻想的和谐》。

《浪》(*Wave*) 中写道，在 2004 年的海啸中[①]，她从未咒骂过上帝或是海洋，她把愤怒抛向了搬到她旧居的一个荷兰家庭，而当她为失去的家人感到哀伤时，她的旧居被一位舅舅无情地卖掉了。德拉尼亚加拉从来没有想过去责难宇宙，或是在她生命的灾难中找寻上帝存在的证据。在面对自然时，人有一种有趣的道德悬置：她只是想念她失去的孩子们，看到轿车后座那空空的果汁盒时，她会伤心地哭起来。同样倘若我们回过来想想琳达，那位在设想中被压在书柜下的三十一岁女性，如果将她与另一位被“压在”伊拉克接连不断的迫击炮火下四个小时的三十一岁女性作比较，那么后者可能患创伤后应激障碍的概率要高三到四倍。

在野蛮自然的威严之下，似乎能找到一种安慰。我们绝对不会去讨论龙卷风的“罪恶”或是风暴的“暴力”，享受这种崇高自然力量（即便极其危险）的冲动似乎是有益的，就好像这种理解能提醒我们自己在宇宙中所处的位置。每一年，父母们都会花巨款去动物园，告诉他们的孩子什么是老虎、熊、鲨鱼。我于 2007 年 10 月从伊拉克回家，我和我兄弟去看了圣地亚哥的老街区，其中很多地方都毁于一场火灾。在废墟闲逛的过程中，布什总统就宣布那片地区为国家受灾区，几小时后一种丧失童年的乡愁就压

---

① 德拉尼亚加拉在第 77 页写道：“当我开始不断地去荷兰的家之后，我就很少去耶鲁大学了。直到 12 月，海啸的第一周年日临近，我就有了这个新固着点。陌生人会搬到我荷兰的家，当我第一次听说房子被租给陌生人时，我发怒了。我很沮丧，我尖叫着，我解释道：那所房子连接着我的童年，告诉我他们是真实的。我需要不断地蜷缩在里面。”

向了我，这种感觉持续了好几天。我家房子的形象、街上残存的建筑框架，仍然在我内心回响。然而，我多少已经理解，这种灾祸是在意料之中的。我从小就看着郊区的山岭上升起巨大的烟雾，这场特定的大火无法控制，这个事实对我而言似乎完全合理。

然而人为创伤则不是如此，尤其当犯罪者是你很熟悉的人，在那种情况下，持续的伤害可能甚至更加强烈。事实上，社会创伤的主导原则可能是：**越亲密，“创伤剂量”越高**。在我们举的例子中，琳达倘若是被友军迫击炮误击[①]，也就是所谓的友军误射，那么比起被敌军攻击，她受到的创伤可能更强烈。在创伤研究领域，这些不同的因素共同揭示了一个很少被承认的张力：自然逻辑和文化逻辑之间的张力。这种本质上是人际之间的犯罪，反映了在一定程度上，经常被视为一种神经科学问题的创伤后应激障碍，也许更应该被理解成一种社会伤痛，一种对于复杂社会关系网络的伤害，正是这种网络保证着一个人的健康，保证着一个人与世界的联系。

这些流行病学因素在人们的现实生活中扮演了怎样的角色，或许最容易理解这一点的方式就是去看看，卷帙浩繁的创伤研究中最著名的一例：北越的“河内希尔顿”（Hanoi Hilton）战俘营，

---

① 1998年10月，在《皇家医学会志》(*Journal of the Royal Society of Medicin*)上，马丁·德尔（Martin Deahl）举了海湾战争的例子，在友军误伤的事故中，一群幸存者患PTSD的概率达到了56%，这是他所记录的最高概率。查看我于2004年写的有关海夫吉战役的书《地平线上的风暴》(*Storm on the Horizon*)中，我发现最容易被战争纠缠的老兵是那些战友死于友军误伤的人。

当中关押了591名美军服役人员，其中包括未来的参议员和总统候选人约翰·麦凯恩（John McCain）。这群人是美国历史上被关押最久的一批战俘，其中大多数是飞行员，被关押了十几年。（麦凯恩在里面呆了五年半。）这批战俘在河内希尔顿经历并忍受了不计其数的糟糕的事件，他们定期受到折磨，定期被延长单独拘禁的时间，而单独拘禁是一种异常有效的虐待方式。其中北越南人最喜欢用的一种方式是当地特有的吊刑（strappado），其可以追随到西班牙宗教裁判所（Spanish Inquisition）的刑罚。这种吊刑就是把人的双手吊在天花板上持续几个小时。正是因为反复不断地遭受吊刑，所以参议员麦凯恩的双手至今举不过肩膀。

奇怪的是，河内希尔顿的受害者们是有记录以来的受害者中患终生PTSD概率最低的，仅仅为4%。（作为对比，一项研究表明，二战中被日本人关押的美国战俘中有85%患上了PTSD。）更让人惊讶的是，有相当一部分战俘一致表示，他们其实在这段经历中有所获益。麦凯恩描述他在河内希尔顿这段所谓的“转变”[①]时期时写道：“囚禁强化了我的自信，我拒绝提前释放，这教会了我相信自己的判断。我因为这些发现而感谢越南，他们给我的生活带来了巨大的改变。我获得了一种严肃的目标，这种目标是我早年生活的观察者难以察觉到的。”

我们如何解释这种对残酷行为的回应？难道麦凯恩和他的超

---

① 约翰·麦凯恩，《父辈的信念》（*Faith of My Fathers*）。

级英雄同志们受到了什么超自然力量的加持，从而超越了这种暴行？当面对这种可以摧毁大多数人的环境时，这帮人是如何不仅仅能够容忍，而且大多数还从中得到了成长？

约翰·麦凯恩的故事被反复传唱，以至于变成了一种世俗版的美国人启示录，在某种层面上，把河内希尔顿的故事记作神秘的英雄主义，这就很有吸引力了。事实上，约翰·麦凯恩和他的同志们享受着大量的社会心理优势，这能让他们在面对难以言表的恐怖时还能保持心理健康。如果科学家们打算设计一群能抵御创伤带来的痛苦和愤怒的人，那么河内希尔顿那帮人可能就是他们的杰作。他们作为一个团体，年龄更老，地位更高，比一般的服役人员心智更为成熟（这帮战俘比美军服役人员的平均年龄高十五岁）。事实上，这帮人全都上过大学，而且作为飞行员和空勤人员，他们受过当时最为严格的军事训练，这种训练方式包括在飞行学院学习超过一年，并且接受综合的医学检查筛选。他们当中大多数甚至还参加过模拟战俘营训练，其旨在帮助那些被俘人员在敌人的囚禁中活下来。毫不夸张地说，美国政府在其中每个人身上都花了数百万美元的训练费。

其二，河内希尔顿在战俘营历史上也是独一无二的，这是由于它的地理情况相对稳定，而且形成了一种支持性的战俘文化。其中地位最高的战俘之一詹姆斯·斯托克代尔（James Stockdale）后来获得了荣耀勋章（Medal of Honor），他描述道他在战俘中的角色就像是“这个特殊社群中的主席”。这个社群建立在一种相互关怀、团结、面对困境保持乐观的理念之上，新被捕的囚犯会得到更有经验的囚犯的“辅导”。

重要的一点在于，河内希尔顿的这帮人在战争结束后最终被释放时，他们被看成英雄，受到了隆重欢迎。**当时很多越战老兵回家时遇到的是质疑和敌意，而这帮人却被看成是回归地球的宇航员一样。**尼克松（Nixon）总统在他们的回国接待问题上大费周章，在白宫为他们的荣耀而举办了一场特别的晚宴，其中还包括了鲍勃·霍普（Bob Hope）、约翰·韦恩（John Wayne）、小萨米·戴维斯（Sammy Davis）的表演。他们中间大部分人回国都结了婚、成了家、赚了钱。每个人都得到了完善的医疗检查、免费的医疗保险甚至终生免费的美国职业棒球大联盟（Major League Baseball）通行证。许多前战俘，比如在1966年被俘的海军飞行员乔治·寇克（George Coker），在回家时得到了民众的游行欢迎，明确成为了“家乡的明星”。他们经常受邀去做正能量的演讲，去分享他们在被俘期间学到的人生哲理。简而言之，尽管他们的创伤“剂量”极其之高，但这帮人不仅在回家时受到了英雄般的礼遇，而且他们的痛苦受到了他们文化的认可、处理、思考甚至是庆祝。创伤工作者常常说，创伤后的重新整合过程可以说是一个“得到理解的时机”。从这一点看，这帮越战战俘可是相当幸运的，正如约翰·麦凯恩之后写道：

> 自回家之后很多年中，我都设法阻止那些糟糕的回忆入侵我现有的幸福。我三十六岁时重获自由。当我的飞机被击落时，我已经

受过很多训练，正如任何人能做的准备一样，我已经对接下来的经历做好了准备。我不是那种十几二十岁的孩子，他们被拖入了一段奇怪而糟糕的经历中，又被唐突地遣返回一个不欢迎他们的国家。

河内希尔顿是创伤史上的一段奇特经历，在这个案例中，糟糕的环境造就了这样一群藐视命运的人，而这种案例基本无法复制。然而，这段故事却指明了无数个人及社会因素，这些因素决定了哪些人会患创伤后应激障碍，而哪些人不会，同时也指明了社会反应在这个过程中所扮演的角色。在大多数创伤后情景中，幸存者们遭遇的是"正常人"困惑、怀疑的眼光，在某些情况下遭到的是完完全全的敌视。对于那些心理受伤的人们而言，他们回到正常世界，完全就是回到了这种怀疑和敌意之中，这种情绪基本上使他们处在一种社会孤立之中。一个退伍军人管理局的研究小组总结了二十五年的研究，写道："**创伤后最主要的因素就是受创伤的人是否得到了社会支持**。也就是说，得到社会支持是最重要的因素，这能避免创伤个体罹患 PTSD。"

治疗师喜欢说"小 t"创伤和"大 T"创伤[①]。小 t 创伤在正式词义上而言并非创伤，然而它们又是一种刺激，足够改变你的时间知觉并且震撼你数天，就像在午夜被一只觅食的熊所吵醒。这只熊到来之后，你就无法在营地安心睡觉了，哪怕是最小的声响，比如树枝折断的声音，都会让你心跳加速。就此而言，小 t

① 我分别从三个心理治疗师那里听到过这种表述，其中两个是圣地亚哥 VA 的治疗师，一个在丹佛私人开业。

创伤或者说危险，使得你大脑的门卫——杏仁核（amygdale）出错，杏仁核是一块小杏仁状的灰质，用于处理当下的威胁（“杏仁”的希腊语单词就是“amygdale”[①]），以后当你遇到相似的情形——相似的外观或相似的气味，你的杏仁核就会想起第一次遇到的熊。很多小的细节在当时可能被忽略了，这些却成了临床学家口中的触发器，你很可能在那一晚无法入睡。小 t 创伤在大脑中打开了一间商铺，改变了你对那些能使你回忆起熊的一切事物的反应，创造了某种情绪标签。这种标签积累到一定程度之后，你就会出问题。当小 t 触发时，杏仁核就会启动一系列极其复杂的化学机制，使得你的心跳加速，血管收缩，肾上腺分泌肾上腺素和皮质醇，这是两种强效压力激素。表面上，这个过程经常被心理学家描述为“战斗、逃跑、僵住”其中之一。小 t 创伤发生的时候，你的智商会下降到猩猩水平，而你的身体会选择这三种情况中的一种，之后你的意识大脑才可能注意到到底发生了什么。时间膨胀了，事情自动地发生，而你注意到了之前看不到的东西。你发生了反应，但并没有思考。

《西线无战事》（*All Quiet on the Western Front*）的作者埃里希·玛利亚·雷马克（Erich Maria Remarque）极其精确地描述了这种效果，尤其在他那个年代，只有少数科学家才懂关于杏仁核的知识：

---

① 我这里做了简化。人类的恐惧反应牵涉到大脑的其他很多部位，但是研究者们发现主要的还是杏仁核。

在炮弹打过来，嗖嗖地发出第一声时，我们身体的一部分就回到一千年前。我们身上所觉醒的动物本能引导并保护着我们。这并非意识的，这种本能比起意识而言，速度更快、更为确定、更为可靠。我们对此无法解释。一个人走着，没有留心也没有注意，突然他趴到了地上，一阵弹片从他上空飞过，而他毫发无伤。然而他不记得自己听到了弹片飞来的声音，也不记得让自己趴下的想法。但他却没有抛弃自己的本能，否则他现在已经成了一堆烂肉。正是这个异类，即我们身体里的预见力推着我们趴到地上，并救了我们，而我们对整个过程一无所知。

当然，雷马克并没有在这个事例中准确地描述“小 t”创伤。他所描绘的只是一次炮火攻击，这只是人们在战争中发现的各种刺激中的一种，在这一例子中，一切都好，没人受伤，没人阵亡，也没有人被拳打脚踢。然而经过长年累月的积累，这种小 t 事件也会变成完全不同的东西。

大 T 创伤可以摧毁心灵[①]。大 T 创伤有关疯狂、永久失眠、幻觉。大 T 创伤不只是在短时间内损伤杏仁核，而事实上是让它过载，以一种可以预测的方式损坏它的反应能力，让它变得像一台坏掉的恒温箱。倘若我们想象小 t 创伤是身体中开的一间商铺，那么大 T 创伤就像是一条街的跨国连锁店、一群大卖场，其中每一间里都有看不见的员工在整日工作，从不休息。这时，这些店

① 朱迪恩·赫尔曼，《创伤与复原》。

铺就会把社区里的其他东西挤出去。患有慢性、长期性 PTSD 的人们常常被描述得像是有多重人格，似乎创伤已经分裂了他们的心灵，然而又给这些碎片建立了独立的身份。以某种说法来看，这就是连锁店效应。强奸，身体袭击，飞机失事，军事战斗，自然灾祸——飓风、地震、海啸、龙卷风，这些都是大 T 创伤事件。这些创伤突出的因素就是让你感到无助、感到被压倒了。当抵抗和逃离恐怖变得不再可能，意识就会倾向于碎片化，并失去整合。好像心灵为了有效地处理自身灭亡的景象，不得不把意识切成更小的碎片，以便能更好地管理。这种碎片化或是某种情况下的解离，都发生在恐惧最大的时刻，它们都对之后的生活产生了巨大的影响。

恐怖就像美人一样，只存在于观察者的眼中。事实上，我们所感受到的控制感会决定我们产生有害创伤反应的可能性。这种对个人困境的高度主观性感觉创造了一种奇特的并存。一般说来，战斗部队中，每次物理伤亡都会造成一次精神创伤。在 1973 年的斋月战争（Yom Kippur War）中，大多数前线的以色列部队都符合这个比例。然而奇怪的是，以色列后勤部队暴露在更少的危险下，但每次物理伤亡会造成三次精神创伤。

主要的创伤既是死亡，又是重生[①]，是一种意识的消亡，另

---

① 在艾莉丝·希柏德的《他们说，我是幸运的》中，她在被强奸不久后写道："早年认识的细微差别，需要花很多年去面对。我没有和我童年的朋友或者是我认识的人分享我的生活。我和强奸犯分享了我的生活，他就是我命运的丈夫。"她后面写道："我记得我同意我母亲的看法，我在一年里已经经历了死亡和重生。"

一种意识的开始。正如任何一位幸存者能告诉你的，遭受强奸或简易爆炸装置的那一天不仅仅是他们某段生命章节的结束，比方说青春期或单身期，而是他们之前身份的消亡，某种新的未知身份的出现。遭受创伤之后，你心灵的运作完全不同了，身体也在某种程度上改变了，以至于需要对此考虑一种全新的理解。这时，就像人们会在生活故事的转折点走进心理治疗或者反思生活的历程，那些日子也就是成长的关键时刻、图腾般的时刻，这些时刻似乎不仅仅包含着新生活的某些秘密的成分，也包含了这个世界结构的关键之处。科马克·麦卡锡在他的经典小说《穿越》(*The Crossing*) 里描绘了一位心灵受纠缠的幸存者，他写道：

> 重大灾难中，人们幸免于难，总会感到其幸运源于造化——上帝之手。这人会再次看看自己，身上有什么可能已被遗忘。许久之前，他曾脱颖于普罗万众。如今他求索的正是为何他能再次鹤立鸡群。这是为何？你不会觉得每次都会走运，因为并非如此。幸免之后，先人和后代都与他天各一方。他孑然一身，对平凡生活的渴求已化为梦幻泡影。他已是无根之木，也再无新芽。

创伤存在于那个时刻，就好像它摧毁了自己；数不清的日期都可能变成一种诅咒，因为它们反复出现，不仅在心灵中，也在日历中出现。这些数字是非时间性的，比如 9/11 和 7/7（7/7 是 2005 年发生于伦敦的恐怖袭击)。西方幸存者们对这些事件所使用的语言如此一致，以至于形成了某种律法。这种律法令人惊叹地揭示出关于重生和复活的宗教意象是如何依旧主宰着想象的。

一战老兵马克思·普罗曼（Max Plowman）如此描述从前线出发时的感受："离开战壕真是不可思议，那种感觉就像是重生。"河内希尔顿的幸存者迪克·坦格曼（Dick Tangeman）在菲律宾的克拉克空军基地（Clark Air Base）与家人重逢，他为那些"欢迎我们回家、见证我们重生的好人们的温暖及真诚"而感动不已。艾莉丝·希柏德对被强奸之后回到父母家的那段描述，似乎就是对《哥林多前书》（*First Corinthians*）的回应："我的生命已经结束，我的生命才刚刚开始。"（有趣的是，以非西方人的视角来观察时，重生的主题意味又有轻微的不同。2004 年斯里兰卡（Sri Lanka）海啸中，一位印度幸存者[①]说她在灾难之后感到喜悦，因为这绝对意味着她在来生会得到奖赏。）

随着我与 PTSD 社群的交流越来越深[②]，习以为常地就能听到他们把这些日期视为"幸存日"或"重生日"。在 2010 年 3 月 25 日，专业登山运动员斯蒂夫·豪斯（Steve House）[③] 在攀登加拿大西部 11600 英尺的高峰——圣殿山（Mount Temple）时，曾从八十英尺的高处掉落，摔碎了骨盆和六根肋骨，而后来他却将

---

① 与瓜塔利·费尔南多（Gaithri Fernando）的采访。2012 年在《跨文化精神病学》（*Transcultural Psychiatry*）上，费尔南多写道："在我拿到富布莱特奖学金去访问斯里兰卡时，我遇到了一位 34 岁的泰米尔妇女拉达（Radha），她被斯里兰卡军队严酷地折磨过。在我对她的评估中，我发现当她描述现状时，并没有多少痛苦……我问她折磨经历对她意味着什么。她说'嗯，我在向前看。我肯定做了什么事情才有这样的报应。我知道在我的余生，我都将过上美好的生活。这让我很幸福。'"

② 参看 2007 年 HBO 的纪录片《幸存日记忆：从伊拉克归来》（*Alive Day Memories: Home from Iraq*）。

③ 与斯蒂夫·豪斯的采访。

这件事描述为一种“重生”。直到今天，豪斯和他的妻子伊娃（Eva）都将这一天视为其生命中的特殊日子。他仍然到处登山，并有种强烈的与自然和谐共处的意识，他觉得在每年3月25日，自己都会变得对环境极其敏感，就好像宇宙以某种方式在观察他。在“重生的三周年纪念日”，他在博客上写道：“在我去加拿大庆祝事故之后的三年的纪念日时，我相当清楚地认识到了，如何去登山，与“阿尔卑斯教练”（豪斯在事故之后建立的一个登山训练组织）的小伙伴分享经验。天气预报似乎是个好兆头，我们在做正确的事情。”

创伤所构成的死亡和重生并不会同时发生，尽管这个次序我们很熟悉。我们能瞥见死亡的那一瞬间，但那一瞬间之后的发生过程，可能会持续几年甚至十几年。我的一个朋友曾经在年轻的时候遭到强奸[①]，她说她完全丧失掉了遭到强奸之后的那五年。她在外游荡了很多年，在国外做过杂七杂八的工作，之后她才回到美国，也重新得到了某种意识。这种重生也并非是线性的过程。罗伯特·史托罗楼描述道，对于幸存者而言，时间总是有种循环的特点：**生活向前发展，然而我们总是会不断地与我们丧失的记忆相遇，发现这些记忆在情境中的印记与过往并不相连。**在某些情况下，可以把生活想象成一系列重生，而非单一的一次，就好像最初的事件还有新的侧面尚待揭露。

---

① 与伊莉斯·科尔顿（Elise Colton）的采访。

科学支持这种重生的观点。在经历创伤之后，身体会被锁定到一种永久警惕的状态，对每一种可能带来威胁的刺激都高度敏感。这种慢性发作的状态是创伤后应激障碍的一种主要症状，在这种状态下，受害者很容易受惊吓，持续易激惹，并且睡眠很差。事实上在一战期间，最初探究战争创伤根源的那些精神病学家们，其中有一部分人认为战后心理疾患的整个基础就在于植物性神经系统的这种慢性变化，这个神经系统可以被我们的门卫——你可以将之想象成一只凶狠的斗牛犬，朝着每个路人狂叫——所激活。大量最新的研究在研究战争老兵的睡眠模式时，验证了最初的这种印象。简单地说，长期暴露在创伤事件中的人的睡眠完全不同。正如精神病学家朱迪思·赫尔曼（Judith Herman）在其著作《创伤与复原》（*Trauma and Recovery*）中的解释："比起普通人来说，患创伤后应激障碍的人要花更长的时间入睡，他们对噪音更为敏感，他们在夜间会更频繁地醒来。**因此，创伤事件似乎更新了人类的神经系统。**"

受创伤的人们时常感到破碎，他们的神经系统活在过去，但身体的其他部分却活在当下。这种暂时的迷失感如此强烈，以至于很难仅仅将之描述为记忆（当你心跳加速，眼睛开始搜索菲尼克斯市中心屋顶上的狙击手，难道这种感觉真的和你回忆高中毕业的感觉一样?）。换言之，倘若你身体的化学水平还基本停留在伊拉克，这难道仅仅只是一种记忆？诗人罗伯特·格雷夫斯

(Robert Graves) 详述了[①]他是如何在文明社会依然表现得像是在一战的战壕中："我的心灵和神经依然像是在战争中。炮弹常常在午夜飞到我床上，即便南希（Nancy）与我共同承担；白天看到的陌生人都像是被杀害的那些战友的面孔。"在当下为了过得幸福，当这种情况出现时，人们也不得不享受生活。在最糟糕的情况下，创伤几乎不但能完全摧毁一个人的时间感，也能摧毁一种非常西方化的时间观念——即一种线性时间观，从一分钟走到下一分钟，不断继续下去。

对于某些人而言，一个创伤事件是如此强烈，以至于有了一种催眠的力量。尽管到底该如何准确定义催眠尚不该现在讨论，然而这种催眠效果似乎适用于所有类型的重大事件。在某种程度上，我们所谓的创伤后应激只是一种心理本质的延伸，这种本质对于每一个对此有过反思的人都很明显：我们的伤痛定义了我们。加州大学欧文分校（University of California at Irvine）的研究员们采访了 1993 年拉古纳海滩火灾（Laguna Beach wildfires）的幸存者们，并发现从家园疏散的那些人们都报告说有种时间方向上的紊

---

① 引用罗伯特·格雷夫斯的回忆录《告别一切》(*Goodbye to All That*)，他在此书中描述了一种"告别英国的愁苦"。下面是完整的引文，也是很多伊拉克战争老兵的回忆："我不仅体验到了一种对文明社会的依赖，而且直接从学校走向军队：我从心智上适应了战争。炮弹常常在午夜的床边爆炸，即便南希告诉过我这一点；白天，我会把陌生人看成我死去的朋友。当我有种强烈的冲动登上哈莱克城堡背后的山丘，重回我最爱的祖国时，我就忍不住视之为未来的战场。我知道我还要很多年才能面对一切。我很多方面都很无能：我不会用电话，我每次坐火车旅游都很烦，一天见到两个以上的新面孔就会让我睡不着觉。我因为拖南希的后腿而感到羞愧，然而我在退伍的那天就发誓，余生不再听候任何人的差遣。"

乱感：过去就像是当下，未来似乎与当下失去了关联。在大火发生后，立刻就有这种暂时迷失感的人们，尤其可能在六个月之后还一直反复思考过去。在此，我们看到了**创伤的一种悖论：伤害发生在你记住太多的时候，伤害也发生在你记住太少的时候。**

主要的创伤就是一种死亡和重生；在某些情况下，创伤消灭了当下，同时它也创造了第二个自我、一个幽灵和一个影子，这个影子有着独特的身体化学过程，以及对过去和当下的独特感觉。战争之后，一个人绝不会保持不变。那些受创伤者的爱人，都有一首共同的曲子：他回来后变成完全不同的人。结果表明，这些感受在经验上十分准确。经受创伤后，一个人基本上会被迫重新开始，并且身体会受到改造以处理那些外界投过来的刺激。这种过度记忆从存活的角度上来看是有意义的。大脑的一部分，比如说杏仁核竭力存活，储存尽可能多的信息，以便之后用来参考。你可能想丢掉这些信息，但是某些深层次的存活机制埋藏在大脑最古老的区域，它们并不能用人类理性来解释。正如一位研究者的称呼，它们是“大脑的僵尸子程序”①。

在我的后伊拉克的新生活中，我发觉自己也经历了一种幸存者洗牌的过程，在憎恨过去和怀念过去中徘徊，两者之间的张力将现实歪曲成了一种未来片段的闪回。过去总是当下，就像对于“收割机”而言，每一天都是同一天，甚至更糟的是，明天也都

---

① 大卫·伊格曼（David Eagleman），《隐藏的自我：大脑的秘密生活》（*Incognito: The Secret Lives of the Brain*）。其他神经科学家称之为“外星程序”“僵尸机构”“僵尸系统”，这都是在强调我们的意识无法触及到这一部分。

是同一天。2014 年就是 2004 年。我曾经觉得自己身体上有两种状态，如今发现其实是一种：从这个世界撤退，感觉自己的一部分永远在令人紧张的当下巡逻。尽管我在很多年之后才注意到这一点，只要有人走在我后面，让我觉得他要袭击我的后背时，我还是容易被惹怒。在街上，我会看着屋顶，甚至不是有意如此，我会搜查路面是否有简易爆炸装置，我会注意沥青路面上坑坑洼洼不规则的地方。每当这时，我都觉得我从未从伊拉克回来，而是一直都生活在边缘，而我感到什么？不悦。一般没有经过训练的美国人，他们只是随波逐流也不关心世界，他们绝对不会理解我的神经质。我存活着的大脑，已经被在陆战队和伊拉克的多年生活训练并改造了，它建立起了一种对记忆的保护性外壳，但是其中大部分早已失去了作用。

战争已经结束了，然而却永远活在了我大脑深处。它就是我的一部分。与记忆做斗争就是与一个古老的梦做斗争，对我而言，这个梦就是一种旧有看待世界的方式，也就是一个观念："没有杀死我的只会让我变得更强大。"有些想法非常顽固，而我现在能看到这种想法是多么愚蠢了。就像我的很多朋友一样，我曾经很珍惜我的濒死体验，像童子军徽章（Boy Scout badges）一样收集它们。死里逃生并不仅仅洗刷了死亡的可能性，它是一种经历、一段故事、一段小说里来的桥段，而我在这部小说里扮演着英雄。如今，当我想起被枪击、被简易爆炸装置炸成碎片、在直升机猛烈坠地时被烧死，所有这一切摆脱尘世的方法都变成了某种忧愁。你第一次看到某人被枪击，那几乎是你生命中最令你震惊的一天；

当你第三次看到这种事情，它就开始变得忧伤起来，忧伤并且出奇得无聊。因为你意识到，与敌人的遭遇全然随机，其中并没有什么内在的意义，也没有什么形而上的道理。现代社会的科技强化了人类，我们可能活得像上帝，但死得像畜生。

你年轻的时候很容易相信你怀有一种使命，容易假设，只要你选择身处伤害，那么这个世界等待着你揭示它最深的秘密。像很多美国人一样，当我决定去伊拉克的时候，我也很年轻，并且误以为自己对危险的渴望是一种对万物本质的真实洞见。我从来不鼓吹战争，但是我相信，战争能让我清楚地知道我的生活有哪里不对。最终，伊拉克确实给了我某种清晰的认识，它逼迫我正视自身人性的弱点以及他人的弱点，然而这种洞见的出现并非只是因为我去过伊拉克，尽管它指引我写下了这本书。我在战后所获得的一切知识和智慧，都是因为我开始阅读，开始内省，开始思考我生命中的选择以及我如何适应这个更大的世界。

思考 PTSD 的方式有很多种。PTSD 作为一种结构涉及很多方面，然而其中最重要的一点就藏在其正名的第一个字母 P 的简单意义里面。丧失、洞见、破碎感、道德晕眩，这一切都只能发生在“后来”（post）。在事件发生之后，我们才会惊讶地发现，我们已经不是从前的自己了。这么说可能有点草率，但对我而言，每一位幸存者的第一要务只是去承认创伤的存在，去接受这个世界上有很多事情可以摧毁我们。在这之后，我们才能开始寻找发生的这一切的意义。

第三章 创伤的宗谱

大多数第一次了解 PTSD 的人①会以为高敏感、社会孤立、闪回和梦魇都是普遍的问题，古老得像山岭一样。事实上，真相完全相反，我们所谓的 PTSD 的症状和概念都是相对较近的历史产物，它来自于一个非常特定的时间和空间点——20 世纪 70 年代的美国，这段时期处在漫长的越战阴影当中，其特征包括社会剧变、信仰危机、性别身份以及思想方式受质疑。琼·迪迪安(Joan Didion) 称这段时期为“发热的节奏”②。毕竟，70 年代给我们带来了水门事件（Watergate)、派翠西亚·赫斯特（Patricia Hearst)、肯特大学惨案（Kent State)、吉姆·琼斯（Jim Jones)、“地下气象员”组织（the Weather Underground)，也许最重要的是越战的结束。越战这段冲突不仅急剧地改变了美国人看待创

---

① 艾伦·杨《幻想的和谐》，本·谢菲尔德《神经之战》。PTSD 并非无时间感，这项诊断在某种程度上卷入了文化环境，这种观点饱受争议，并且让老兵感到失望。一位阿富汗老兵如此写道：“否认在伊拉克或阿富汗服役的美军士兵中有 20%～30% 遭受 PTSD，这很奇怪。这就好像否认二战时期纳粹德国的大屠杀。”正如麦克纳利（McNally）在 2003 年《心理学年鉴》(*Annual Review of Psychology*）的一篇文章中写道：“创伤后应激研究领域从未有平静的时刻，发现经常伴随着重大社会争议。”

② 琼·迪迪安，《我们讲述自己的故事》(*We Tell Ourselves Stories*)。

伤、老兵社会角色的方式，也改变了美国看待世界的方式。

即使有这些数据让我们把握，试图理解 PTSD 如何融入更大的历史阶段也是一种极其困难的任务，因为人类对战争和灾难的反应，就像得克萨斯州的天气一样难以捉摸：持续、善变、急剧。可以举一个例子来解释文化如何影响我们思考创伤的方式，比如说闪回这个症状。一般看法认为其是 PTSD 的典型症状[①]，而事实上闪回是借用自电影领域的一个术语。这个词最初是由 20 世纪早期的电影制作者创造的，用它来描述在一段叙事中不同时间点之间的跳跃。闪回如此深入地植入到了公众的想象当中，以至于难以想象没有这个概念的世界。然而在 2002 年，伦敦国王学院（King's College in London）的研究员们通过挖掘追溯到维多利亚时期（Victorian era）的战争记录，发现**在电影时代之前，参战的老兵当中实际上根本就没有闪回症状。**（内战老兵遭受的痛苦包括被强迫侵入内心的画面，但他们并不将之称为闪回，他们更倾向于将之描述为被死去战友的幽灵、灵魂、恶魔附体。）由于有这种混乱，所以这个术语被广泛地应用到 20 世纪 60 年代和 70 年代的人工致幻剂（Lysergic Acid Diethylamide，LSD）文

① 爱德华·琼斯（Edward Jones）等人《闪回和创伤后应激障碍：20 世纪的疾病》（*Flashbacks and Post－Traumatic Stress Disorder：The Genesis of a 20th－Century Disorder*）。夏威夷大学的巴特利·弗勒（Bartley Frueh）在 2012 年的文章《北军中的自杀、酗酒、精神疾病》（*Suicide，Alcoholism，and Psychiatric Illness among Union Forces*）中也有类似的观点。在《焦虑症杂志》（*Journal of Anxiety Disorders*）中这样写道："有趣的是，对经典 PTSD 的重新经历的症状，比如梦魇或'闪回'，都没有在数据中找到。"弗洛伊德对梦魇的发现很难理解，正如南北战争的文学中充满了声称遭受梦魇和超自然现象的老兵。也参见卢克赫斯特的《创伤问题》（*Trauma Question*）。

化中。总之，闪回成为今天对创伤理解的基础成分，其原因就是一些工作团体于1980年直接将PTSD引入了《精神障碍诊断与统计手册》，这些团体中有一位著名的旧金山精神病学家马蒂·霍洛维兹（Mardi Horowitz），他恰好对应激综合症和致幻剂感兴趣。

有些学者，比如伦敦大学的罗杰·卢克赫斯特（Roger Luckhurst）研究得更深入，他说电影对于想象的主宰如此强势，以至于它“塑造了心理和文化上对于创伤的言论”。回顾我在伊拉克的经验，不难看到卢克赫斯特是从哪里得到的这些观点。安巴尔（Anbar）省到处都有海军陆战队士兵提到《斯巴达 300 勇士》(300)，这是一部关于斯巴达人（Sparta）的电影。在多拉，当那些士兵描述他们遭到伏击而幸存下来的场景时，他们总是会说那是他们的“黑鹰坠落日”，好似伤亡人数都统计不过来了。回想从那天开始士兵们的故事，我很想了解，是否电影、电视、甚至游戏大量地填充了我们现代的创伤词汇，是否这些东西教会了我们如何看待自己的记忆，就好像摄影教会了我们如何观看（以及不看）日落，就好像一战英军士兵的记忆受到吉卜林（Kipling）和哈迪（Hardy）的诗作意象的影响，就好像内战时期的基督教新教引导了我们对于死亡与濒死的态度。

事实上，你挖掘得越是深入，PTSD在历史上的位置就越是不稳定，而且它愈发是一种文化的产物，也是一种固有的生物学事实。也正是这种历史上的不稳定，致使麦吉尔大学（McGill University）的医学人类学家艾伦·杨（Allan Young）宣称PTSD是一种“发明”，他认为“这种疾患是时代性的[①]，它并没有一种固有的实体。反而，它与现实、技术及叙事黏合在一起，它正是通过这些因素而得到诊断的，同时它也与多种利益、机构和道德主张黏合在一起，而这些因素带来这些影响和资源。”

根据《牛津英语词典》（*Oxford English Dictionary*）：“创伤”这个词最早出现在1656年，它曾用来指代某种“伤口或对伤口的治愈”（我们今天在很多大医院了解到的那些花费数百万美元建立的现代创伤研究中心都参考了这个早期的定义）。其实“创伤”在英语历史的大部分时间里都一直保持着这个早期的意义，直到两个世纪后，这个词才第一次表达类似于今天用法的意义，即某种“情绪的紊乱或痛苦”。这种意义转变的催化剂明显就是技术，即铁路。1866年，一位名叫约翰·埃里克逊（John Erichsen）伦敦的外科医生出版了一部著作，名为《论神经系统的铁路症候群与其他损伤》（*On Railway Spine and Other Injuries of the Nervous System*），他在这部著作中以一种典型维多利亚时期的风格描述了火车事故带来的震惊是如何“耗尽受害者的神经能量”，并且将受伤的脊髓比作马蹄形磁铁，认为其磁力被“震动、震撼或震荡”耗尽。

换言之，深受创伤后应激观念所影响的当代，成为一位幸存

① 艾伦·杨，《幻想的和谐》。

者的意义、这个我们用来讨论暴力的影响的基础词汇（即一些观念，它们是现代美国媒体的分类，且是理解那些无可争辩的人类状态的基础），事实上甚至还没有美国这个国家古老，也没有铁路古老。

然而，某些给 PTSD 带来了历史先例的概念以及对这些创伤性的回应，确实在某种情况下就像创伤记忆自身一样，遭到了长时间的忽略和有意地遗忘。这个事实使得追寻 PTSD 的过去的任务变得更为困难。假设给各类心理疾病拍个合影，**创伤后应激障碍就像个处在画面边缘的古怪小孩儿，他总是跳来跳去，导致相机对他永远失焦，而他的形象总是模糊地混到了周围的人当中：抑郁症、忧郁症、广泛性焦虑症**。而作为一个大器晚成者，PTSD 在 1980 年之前的存在似乎经历了一系列混乱，包括变更名称、取消定义、遭到否认以及被完全忽略。直到美国的尼克松时代，PTSD 终于在 1980 年被归类到《精神障碍诊断与统计手册》中。

举个例子，抑郁症[①]在精神病学当中有着清晰而高贵的血统，它可以直接追溯到希波克拉底（Hippocrates）时期或西方医学的萌芽时期。相较之下，创伤后应激障碍却面庞模糊，在历史的透镜面前踽踽独行，经常只是作为一种有点意思的失常或一件有趣的轶事而存在。这件轶事无法和更大的现象联系起来，比方说希罗多德（Herodotus）提到过的那位雅典士兵，他在公元前 490 年

---

① 安德鲁·所罗门（Andrew Solomon），《正午恶魔》（*Noonday Demon*）。

的马拉松战役（Battle of Marathon）中由于恐惧而永久失明，这个案例在几千年来一直被认为太过独特、太过奇特、太远离实际经验，而无法接受更深入的研究。

然而，尽管创伤后应激概念的形式多变，对其的态度和文化主题不定，用以描述的语言闪烁无常，还是有某种不变的主题跨越了历史。接下来我们就能看到。

我们所了解的创伤的历史大多数来自于军事史。战争如潮起潮落，永不休止，带来了一种相应的创伤历史循环、一种社会无知并否认的循环——一段短暂的理解，接着又是另一段无知。子弹一飞，炸弹一炸，有关恐惧对于心灵的影响的知识就能极大地增长一段时间。先前漠不关心的医生们和其他博学的群众们被卷入到了战争的影响中。新的治疗技术出现了。然后枪声一停，有关创伤的知识就与那些惊悚的暴力步调一致，社会继续发展，只留下那些幸存者自生自灭。

打破这个循环，或者至少真正改变了其周期的转变的，就是PTSD于1980年被引入《精神障碍诊断与统计手册》。尽管在这本美国精神医学学会（American Psychiatric Association）出版的电话本大小的手册中，对于PTSD的描写只有三页纸、大约一千五百字的篇幅，但西方却开始与创伤建立了一种新的关系，先前精神、伦理、艺术领域所关注的创伤得到了医学的关注，西方医学开始引导幸存者们进入一种现代的交易关系，即医患关系开始期待那些幸存者像患者一样行事：去找医务人员、接受治疗、服用药物，然后获得康复。

遗憾的是，性创伤的受害者却没有这样的循环，这些创伤倘若可以完全在历史中被甄别出来，它们也几乎全部受到社会主张的规定，以至于这些创伤受害者仍旧不为人知，而这种社会主张无疑严重地加深了那些伤害。正如社会学家乔治·维加雷洛（Georges Vigarello）[①] 在2001年的主张："从来没有书写过强奸的历史。"不仅如此，正如苏珊·布朗米勒（Susan Brownmiller）在其研究性侵犯的著作《违背我们的意愿》（*Against Our Will*）所指出的，对于强奸进行系统性的抹除遍布于人类历史。"不可强奸"并非十诫（Ten Commandments）中的一条，但觊觎邻家妻子并与之通奸却受到禁止。正如她所指出的，这个盲点一直持续到现代：弗洛伊德、荣格、阿德勒、马克思甚至卡伦·霍尼（Karen Horney）都只是在他们的著作中对强奸进行了粗略的讨论。

这种知识缺乏的另一个原因在于，女性远比男性更可能成为强奸受害者（91％的强奸受害者是女性），而在历史学家的关注中，女性的挣扎却没有士兵（主要是男性）的挣扎有价值。当然，20世纪70年代的女权主义运动的一个主要目标就在于让社会认识到，强奸比我们的历史教科书所教导的更加普遍。总体而

① 乔治·维加雷洛，《强奸的历史》（*History of Rape*）。琼·迪迪安在《我们讲述自己的故事》中写道："隐去强奸受害者名字的习俗假定了这种暴力本质上就应该保密，强奸受害者会感到一种羞耻感，以及对施暴者的一种厌恶感，好像是受害者和施暴者之间的一种特殊合同……男性的侵入行为好像涉及了一个潜在的秘密，即女性被永远地标记了……19世纪的故事中，经常有女人被印第安人'糟蹋'。"

言，这种创伤的性别化持续到了今天。尽管强奸是最普遍、最具伤害性的一种创伤形式，大量的PTSD研究都直接转向了战争创伤和老兵。我们所了解的PTSD大多来自于研究人员：PTSD研究当中最大的机构就是美国退伍军人事业部（U. S. Department of Veterans Affairs)，这是一个旨在服务于占优势的男性群体的政府机构。甚至是创伤研究的初学者都会在本书中发现这种偏见：为了解释创伤后应激的各个方面，我一直不得不依赖于那些带有深深偏见的文本。只要一有可能，我就试图给这些创伤去性别化，去讲述女性老兵和强奸受害者的故事。然而由于为了使得观点清晰，我也被迫陷入了这种令人遗憾的习惯，这种习惯已经将创伤的历史性别化了很长时间。正是因此，我也祈求读者的谅解。

"PTSD是一种时间的疾病。"人类学家艾伦·杨在其创伤历史研究著作《幻想的和谐》中如此说道。尽管艾伦·杨谈论的是一种创伤的个体经验，但他认为创伤是某种打破正常时间流的东西，并且它触及到了书写创伤历史的核心问题，即我们该从哪里开始？一种可能的起点①就是从时间观念自身的起点开始，在这

① 这部分的大多数材料来自哈利法克斯的《萨满之声》。在杰瑞德·戴蒙德(Jared Diamond）的著作《昨天以前的世界》（*The World until Yesterday*）中有证据显示，某种PTSD症状是无时间感的，而且战后梦魇在新几内亚的前科学社会非常常见。"很多人承认有梦魇，梦到他们在战斗中与别人隔绝开了，并且没有退路。"很多人类学家认为新几内亚的部落是一扇研究史前人类的窗子，我们有理由得出结论，战后梦魇是一种人类经验的本质成分。戴蒙德还提到，新几内亚的战士经常夸耀自己杀掉的人，这和今天的西方战士的态度形成了鲜明对比。他认为这个事实可能是现代社会PTSD概率相对较高的原因，现代社会中，流血很少发生在个人生活中。

里就是西伯利亚狩猎采集的史前历史，以及墨西哥中部的惠考尔(Huichol) 部族，这两者都被人类学家视为属于一种带有萨满巫术特点的文化。这些以及其他一些史前文明，其核心都有一种所谓的萨满的形象，一位研究者将之描述为一个“神圣的政治家”。这类社会有些在今天依然存在，它们倾向于去重视危机旅程和创伤过程——濒死事故、严重的疾病、暴露在创伤中，它们将这些过程视为人类生活循环的一部分，当代创伤疾病模型都在它们脑子里基本成型了。

萨满这个形象可以追溯到旧石器时代（the Upper Paleolithic period)，其角色在部落社会中有着宽泛而不明确的定义。人类学家琼·哈利法克斯（Joan Halifax）在她的著作《萨满之声》（*Shamanic Voices*）中这样描述萨满，她将之视为“主宰死亡的治愈者、预言家和先知”。要加入这个神圣的族群，应征者必须直接经历过濒死体验或是进入过精神中的极端领域。这种跨越边界或“投入死亡领域”的经验，被视为潜在萨满应该具备的特殊知识：人类危机的内在机制，这种知识可以用于对其他患者的治疗。这种创伤观念不仅构成了部落治疗的基石，也成为了引导这类社会的传统智慧。在 20 世纪 80 年代，极地探险的黄金时代，一位卡里布(Caribou) 萨满依格加卡加克（Igjugarjuk）曾告知北极探险家克努德·拉斯穆森（Knud Rasmussen)：“**一切真正的智慧都只能从远离人类聚居之地获得，只能在伟大的孤独中获得，只能通过痛苦而获得**。只有丧失和痛苦能打开人类的心灵，让他们看到那些对他者隐藏的事物。”换言之，创伤无疑会带来巨大的痛苦，但它同时也会带来关于人类存在的更深层次的知识。

这类观念并没有直接进入我们现代对创伤的理解，然而这种观念是一种生活经验的转变、一种超自然知识的源泉，它是一种难以言语的暗流，潜藏在对恐怖事件的表面理解之下。我们当今对创伤的理解带着一种秘密的怀疑①，怀疑受害者受到性侵犯或暴力的污染或感染，这种观念可以追溯到另一条古老的知识脉络，其最好的范例就是早期犹太教律法以及对自由流动血液的偏执，这些血液包括经血和战场上流出的血液。正如《旧约－民数记》（*Old Testament in Numbers*）第 31 章第 19 节写道：“凡杀了人的，和一切摸了被杀者的，你们要在营外驻扎七日”。

因为这类萨满社会（也许某处仍然现存）存在于其自身的时间循环中，他们远离了正常的西方历史进程，而且他们以口述神话传说的形式传递其传统，因此很难将他们放进一般的历史情境中，也很难评判他们对我们今天的影响程度。然而，有意思的点在于去思考这些社会、这些文化是如何摆脱现代技术和犹太－基督教信仰的影响；去反思我们当代对于创伤的理解：创伤幸存者不“正常”，他们被认为拥有某种特殊的知识。医生是受创伤者，

---

① 文森斯大学（Vincennes University）的伯纳德·J. 维坎普（Bernard J. Verkamp）在《中世纪早期和现代战士归乡的道德治疗》（*The Moral Treatment of Returning Warriors in Early Medieval and Modern Times*）中写道：“在那些最原始和古老的人群当中，包括犹太人，那些归乡战士的苦行的背后有种强烈的感觉，其有种恐怖的血统。任何与血液接触的人，尤其是流血之人，都会被视为被玷污的。因此，由于战场上的杀戮，战士会被视为不洁的，而且在回家或从事任何宗教行为之前都需要净化。”

而患者是未受创伤者。将创伤知识转化为一种宗教教义，这远没有你想的那么荒谬：对于那些你无法逃避更不用言说的古老伤口，有什么会比对此的理解更加神秘的呢？那是人类意识边缘无边无际的黑暗、真空永远未知的领域。然而古人尽管缺乏对心灵或自然的认识，但他们可能通过将创伤转化为一种宗教治疗传统，从而理解创伤后体验带来的梦魇和恐惧。

在这一点上，我应该很清楚，我不是在主张这种处理更适合于当代创伤治疗。比如，我并不认为应该告诉那些心灵受伤的老兵，他们被神秘力量附体，而这样就可以治愈痛苦。现在是时候指出，这些类似的古代文化也倾向于把一些神经疾病，如癫痫，视为一种神圣力量附体。（事实上在希波克拉底时期，癫痫曾被认为是“神圣的疾病”，而希波克拉底就嘲笑过这种看法）然而，古代社会选择某种独特的方式来组织对幸存者的叙事，他们有一种能力认为创伤这种生死边缘的体验其中暗含潜在的智慧（这种理解，今天我们几乎没有听到过），思考这种独特的方式以及他们的能力十分有价值。**战争等于创伤等于丧失等于悲悯等于一无所有**。正如一位善言辞的伊拉克老兵最近告诉我的：“有时候，感觉美国公民把整个老兵的经验都归于病态。某天有人这么对我说，‘我没见过哪个人去了伊拉克，回来没得 PTSD 的。’”

还有一点很有趣，这些神话般的萨满之旅，似乎与很多创伤幸存者今天所描述的死亡和重生的循环一致（回想起艾莉丝·希柏德感觉她的生活在遭受强奸之后就结束了，之后才感觉到“重生”)。暂时用神话的方式思考创伤，我们会很想了解是否在某种程度上，我们所谓的PTSD并不能代表一个不完整的过程，即从死亡而黑暗的冥界重返到一种更完整的意识，意识到个人在世界中的未知，即一种对存在更为广延的理解，一种对安全、舒适、社会连接价值的理解。现代医学也像其他文化一样拥有其神话，这种神话也像惠考尔神话一样，谁能说它就没有盲点、想象的缺陷、犯错的众神?

在美国文化中，士兵变成作者，这种事情司空见惯（比如诺曼·梅勒就抱怨过，在他二战中服役过的步枪连里，每个人都在写小说)，然而我所知道的大部分老兵，除了觉得战争的绝大部分都很糟糕之外，他们也找到很多可以升华的部分，其中很多人都在回家数月之后觉醒，并且突然想要拷问生活的重大问题。就好像战争已经深深地植入他们内心，逼迫他们直面自身某些长久以来被忽视的方面。这种现代而又古老的看待创伤的方式，在有关的临床文献中几乎完全不存在。

文史学家保罗·福塞尔（Paul Fussell）观察到，战争一直都是讽刺的，创伤可能也是如此，因为我们从历史记录中获得的对创伤后应激障碍的第一印象，就来自于苏美尔（Sumer）地区，那片土地的古代文明存在了几千年，而我们今天称之为伊拉克。在美国表面上因为大规模杀伤性武器而入侵伊拉克的四千年之前，曾经有两支军队会合到一起，也就是埃兰人（Ilamites）和苏帕图人（Subarians）的军队，他们为了寻找战利品而入侵了苏美尔城乌尔（Ur）（有些学者认为乌尔或者乌鲁克（Uruk）就是我们所谓的“伊拉克”）。这个事件的结果被匿名地记录在石碑上，也就是我们所知的《乌尔悲歌》（*Lamentation of Ur*）。

他们把城市化为废墟，人们在哀嚎。

女人哭道："呜呼我的城市，呜呼我的家。"

在其高贵的大门前，他们骑马漫步，尸横遍野；

在其林荫大道上，他们四处摆宴庆祝。

……夜晚，我心中升起一首痛苦的悲歌，

尽管那晚我吓得颤抖，但我没在那晚的暴行中逃走。

风卷楼残——恐惧真的填满我心。

因为在我沉睡之地的苦难，

我的沉睡之地，那里我得不到平静。

显然，这则故事的作者不可能接受采访，谈论这种“苦难”的本质，谈论为何在其“沉睡之地”得不到平静，然而有趣的是，《乌尔悲歌》的作者好像的确看到了“恐惧”和之后的“苦难”之间的因果联系，将这一事件与失眠连接在了一起。今天在面对这种古代故事片段时，我们很愿意将之视为科学历史中的一例个案研究——我们感觉到，我们在观察一种临床心态的诞生，这是一种抽象观察现象的能力，可以将物理事件与症状的结果连接在一起。至少，我们从这个古代案例中得到了创伤后应激障碍最恼人的症状——失眠存在的证据，而这个问题至今都没有改变。一位VA的心理学家[①]治疗了数百个伊拉克和阿富汗战争老兵，正如他最近告诉我的："睡眠是PTSD中最后要解决的一个问题"。

相反，希腊人对战争对心灵的影响采取了一种完全非临床的处理方式[②]。有些当代研究者甚至认为，古希腊人以及他们的神话都代表着创伤研究的黑暗时代。然而就像与生活的神秘相关的很多事物一样，古希腊人也教会了我们很多关于恐惧和丧失的知识。退休的VA精神病学家乔纳森·谢伊对《伊利亚特》和《奥德赛》进行了开创性的研究，这些研究著作能开启经典创伤研究中的一次文艺复兴，他在这些研究中主张"荷马看到了我们在精神病学和心理学中或多或少所忽视的东西。"有关战争带来的心理伤害，荷马的史诗其实就是一座知识的仓库。尽管诗人自己在《奥德赛》的开篇就宣称，他的意图在于庆祝，在于歌颂奥德赛的行为，而不是教导或给出任何一种临床分类。对于希腊人而言，英雄式的理想简直就是一种宗教，而荷马的作品关注战斗、关注刀枪棍棒，这一点在今天的有些人看来很幼稚。因为今天的

---

① 圣地亚哥VA的心理学家阿比盖尔·安可（Abigail Angkaw）评论。在本·以斯拉（Ben－Ezra）2013年的文章《应激和健康》（*Stress and Health*）中，他写道："对创伤事件的反应的某些方面似乎有共同点。其基本包含着睡眠障碍、明显的躯体问题。睡眠障碍是心理创伤和PTSD症状的核心。"杰瑞德·戴蒙德（Jared Diamond）从新几内亚部落得到的证据证明了本·以斯拉的观点。

② 本·以斯拉，《创伤反应》（*Traumatic Reactions*）。本·以斯拉认为："荷马的观察和经验让他理解了人类对创伤事件的核心反应。然而，他的理解仍然停留在史诗的层面，而非医疗范畴，这正如我们在苏美尔和巴比伦观察到的。这也许可以解释，为何创伤概念相较其他心理疾病而言，在医学世界出现得很晚。"

人不习惯他那种典型的希腊风格，即详细地描写竞争中的失败者。正如传奇的牛津古典学家博拉（C. M. Bowra）所说："希腊人认为胜利很光荣，而英雄式的失败则不是那么光荣。"冲突以及我们说的恐惧就是希腊人世界观的核心，这种世界观是一种信仰系统，这在希腊人的著作中如此普遍，以至于好像他们看待战争的方式，在道德意义上类似于我们今人看待自然灾害的方式——视之为人类能动范围之外的事件，视之为上帝的作为，即希腊中的众神的作为。诗人赫拉克利特（Heraclitus）描绘了冲突是如何定义那个时代的：

正义在我们心中即是斗争。

我们无能为力，只是认识到，

正是战争创造了我们。

在希腊社会，在战场上光荣地战死是最确定的一条获得名望和荣耀的道路，尽管《奥德赛》也勇于关注英雄的角色以及战争的影响。将苦难牵强地与疯狂联系在一起，这与基本的希腊生活观念完全不同。

有趣的是，希腊人对其他类型的心理疾病，比如抑郁，也有着精细的思考。当时的医学基于体液学说，这种学说视人格为四种基本元素的动态平衡：粘液、血液、黄胆汁、黑胆汁。比如，古代医学界恩培多克勒（Empedocles）就认为抑郁是由于黑胆汁过多［在希腊语中，黑胆汁这个词就是抑郁（melaina）胆汁，我们用的“忧郁”（melancholy）这个词就来自于此］。医学之父希波克拉底对心理疾病有着一种令人惊讶的生物学观点。“正是大脑导致我们疯狂或神经错乱，让我们产生恐惧和害怕，在白天或夜晚让我们心生睡意、失误、无目的的焦虑、走神，并且引导我们做出与习惯相反的行为。”这种关于疯狂的哲学/宗教观念与战争或灾难带来的心理伤害之间的沟壑，十分明晰且纯粹，这也有助于解释，**为何数千年来创伤一直都处在医疗范围之外。不得不说，这其实是个政治问题。**将崇高的战士视为疯子，这对希腊人而言是无法理解的。

同样，古代世界的这种残酷政治也有助于理解，为何历史纪录中对于强奸的记录比较少。女人在古代被视为类似于财产的东西，尽管在古代文献中偶有强奸事件的出现，但记录这些事件的方式与记录偷盗家畜、受风暴摧残并无不同，（就像李维（Livy）在著作《罗马史》（*History of Rome*）中所描写的卢克丽霞（Lucretia）受强奸的案例中，受害者称自己已经不洁，并且在丈夫和父亲面前自尽）更清楚地说，强奸受害者在古代并没有被视为英雄式的受害者而值得尊敬。事实上，在古代文献中某个引人注目的强奸案例中，作者似乎将女人那可悲的脆弱描绘成某种需要修正的东西。我们可以在罗马诗人奥维德（Ovid）的《变形记》（*Metamorphoses*）看到这一点，其中俗名为凯妮斯（Caenis）的受害者就遭到了海神尼普顿（Neptune）的强奸。完事之后尼普顿问她自己能做什么来取悦她，凯妮斯回答道："我想要的是再也不要被强奸，永远……我会严肃地祷告，正如你刚刚对我所犯的错误那般严肃。我希望你让我变成男人，以便这种事情不会再次发生。"尼普顿准许了她的请求。正如她的诉求："她的声音开始变得浑厚……她的身体开始变成男性，而且给予了她更好礼物。尼普顿让她永远不受武器的伤害。凯妮斯重生而变成了凯纽斯（Caeneus）……"所以，强奸在古代世界被转化成了一种福利。

西方文学起始于斗争和创伤，起始于苦难和战斗，起始于悲痛和《伊利亚特》中的努力。在荷马作于公元前8世纪中叶的史诗《伊利亚特》中，他描绘了一位英雄阿喀琉斯，他是理想中的战士，有着绝佳的战斗天赋；他是人类的斗士，他带来了一种强烈的感觉，即他一定遭受着我们今天所谓的创伤后应激障碍的至少两种症状（希腊世界和我们今天之间最大的差别之一，就在于人类的情绪在公众中的表现形式。希腊不仅忍受这种情绪，并且还将之视为一种高度的荣耀，一种应对重大事件的合理方式）。而阿喀琉斯最好的朋友、副官、战友帕特洛克罗斯（Patroclus）在战场上阵亡。在取回帕特洛克罗斯的尸体，为他的死举行当时最为严格的军事仪式时，阿喀琉斯发现自己无法处理丧失好友的情绪：

> 阿喀琉斯继续哀悼他的好友，他止不住地思念帕特洛克罗斯，从而丧失了一切睡眠。他辗转反侧，一直思念着他死去的帕特洛克罗斯的男性气质和灵魂……与敌人战斗，在汹涌的海上的征途。记忆占据着他的脑海，温热的眼泪流淌在面颊。

每当我读起荷马史诗中类似的片段时，我总是会想起一些朋友，他们在伊拉克或阿富汗失去了战友，他们曾竭力保护他们的兄弟，却最终看着对方死去。多年来，我看到了这些善良而值得尊敬的人们慢慢因为愧疚而掏空了自己，他们最终相信自己已经玷污了战士之间那最为光荣而神圣的纽带。在我遇到过的遭受过最深心理创伤的战士当中，有一位海军陆战队士兵凯文（Kevin），2004年，他在费卢杰的一次简易爆炸装置爆炸中失去了七个最亲密的战友。事实上，在经历这场爆炸的前一刻，他还在与其中一个战友争论着什么。凯文的姐姐告诉我："他已经不再是七个月前准备去伊拉克的那个小伙子了。"

当我在一家餐馆第一次见到他，他眼睛一直盯着我走进门。当我走到他桌前时，他双手紧握，缩在胸前，活像一个拳击手。我坐下之后清楚地看到，焦虑和愧疚好似扭曲了他的面庞。他僵硬地坐着，好像插了牙根管一样。唯一动着的就是他的眼睛和右腿，但眼神空洞，右腿上下抖着，就像是缝纫机在缝一整块肉。我们开始交谈，他的故事开始了。在那些最受创伤后应激障碍折磨的人里面，他所做的准备基本是反的。"可以抽烟的新兵训练营，"他这样说，他告诉我他曾吸冰毒成瘾，而他知道冰毒是最坏的一种毒品，"只有当我嗨起来的时候，症状才会消失。"

创伤后应激障碍非常狡猾，它是一个纠缠历史的幽灵，然而不难想象在凯文身上发生过什么。当简易爆炸装置爆炸，战友丧命的那一刻，他已经习惯了十九年的道德世界就不复存在了。他所假定的一切正确而真实的东西在那一刻实际上就结束了。（最近很多研究者，大部分都仔细阅读过荷马史诗，已经开始称此为“道德损伤”）接下来发生的事情更难理解，然而在凯文内心深处某个远离理性的地方，一种不断重复的声音开始低声絮语，向他诉说着一个隐秘的信息，直到这成了他唯一能听到的事情。这个信息简明无误：**坏事不会发生在好人身上。**

离开陆战队一年之后不久，凯文就迷失了。回过头来看看，我们可以说，凯文试图让他听到的这个谎言成真。坏事不会发生在好人身上。酒精、毒品、无法控制的妄想、生活的停滞紧随而至。当一个人的社会视野萎缩成一个小洞，这时人类温暖这种缓和疗法可能是错误的，就像是烫在皮肤表面一般。自我伤害无法避免。这种用外在伤痛来反映一个人内在痛苦的使人丧气的冲动，遍布于各个文化。正如荷马在《伊利亚特》中所示，自我折磨的凡人需要外在的表达。我们从帕特洛克罗斯之死中可以了解：

痛苦的黑色的风暴云遮盖了阿喀琉斯。
他低下头，散落了一地尘埃
一些弄脏了他俊秀的脸庞，
剩下的黑尘沾染了他芳香的衣衫。
而他用双手撕裂了头发。

也许这并不让人惊讶，荷马预知了当代心理学研究的观点，而我们如今只能用术语来描绘。比如在《奥德赛》中，我们发现了对幸存者愧疚感的描绘。在大屠杀研究者尼德兰（W. G. Niederland）创造术语"幸存者综合征"的2760年前，这些描绘就已经写成了。正如奥德修斯（Odysseus）面对死亡的风暴，在他结束特洛伊战争的归途中，那风暴袭击了他乘坐的航船。他觉得自己宁愿和战友一同战死在特洛伊，也不愿意可耻地死在海上：

除了突然死掉，其他对我都无关紧要。我为这些同胞祷告了三四次，他们曾在特洛伊广袤的平原上为阿特柔斯（Atreus）征战。如果要死，我也希望能直面我的命运，死于特洛伊人向我投来的青铜长矛，那长矛定飞过了阿喀琉斯的尸体！我至少应该有次葬礼，而希腊人将我的名声传播四海。然而现在，我似乎注定要因耻辱而死了。

读着这些古诗，尤其是《奥德赛》，我们不禁感动，诗中所写完全就是在隐喻这些幸存者无法回家。在《奥德赛》中，比起在危难中幸存下来，回家更是一个谜题，失望之情浮于纸上：野蛮世界、与自然斗争、文明世界。其实，《奥德赛》的整个叙事结构建立在这样一个基础之上：特洛伊战争结束了，不论出于任何理由，奥德修斯踏上了长达十年的归途，这几乎是历史上最伟大的路途，在这个过程中他睡了美丽的女海神卡吕普索（Calypso），侥幸逃脱了在贪图享乐之地（Land of the Lotus－Eaters）沾上令人迷失的毒瘾。我们无法了解在奥德修斯战后的内心中有多少黑暗、自毁的冲动，然而不难想象，在经过战争的残酷与无常之后，奥德修斯或许没有完全准备好回到伊萨卡，回归沉闷的家庭生活。这种根深蒂固甚至存在主义式的被抛入世界的感觉，被命运的残酷转变成了一种无家可归的飘荡者。这个主题对乔恩·科莱考尔（Jon Krakauer）和杰克·凯鲁亚克（Jack Kerouac）的读者而言并不陌生，然而它在现代精神病学领域中却没有位置，也没有被涵盖到对PTSD的讨论中。然而，我们还是可以在创伤文学中看到这个主题的回响，这些作品甚至要早于荷马。(在《吉尔伽美什史诗》（*The Epic of Gilgamesh*）中，吉尔伽美什一般被视为奥德修斯在神话上的前辈，他看着死去的战友恩奇杜（Enkidu）哭道："我无法承受我朋友的死去。接着我害怕起来，我害怕死亡，我开始在原野漂泊……")

这种漂泊的冲动、抛弃残酷过往的冲动、在陌生的地方打发时间的冲动，是无数幸存者们的写照，以至于它都完全可以算作一类独立的文学类型了。它本质上是一种复活的形式。艾莉丝·希柏德描述她在被强奸后四处漂泊时写道："锡拉丘兹（Syracuse）走完了。我觉得摆脱得很好。我要在秋天去休斯敦大学（University of Houston)。我要去那里拿个诗学的文学学士学位。我要用那个夏天重塑我自己。我从没去过休斯敦，从没去过田纳西州（Tennessee）南部，但是那里的生活肯定完全不同。强奸别想跟上我。"

想要跑过羞耻甚至跑过被感觉到的羞耻，也许是一种普遍的人类冲动。而《奥德赛》只是人类早期历史中的一个早期例子罢了。南北战争之后，南北军中很多老兵都在阿托克马斯（Appomattox）事件之后踏上了旅途，人数数不胜数。事实上，只要你看看杰西·詹姆斯（Jesse James）的匪帮中同盟国老兵的数量，这个持枪游荡的帮派在19世纪70年代给美国西部带来了恐慌，你就会明白美国西部是怎么建立起来的。西部荒原（Wild West）遍地都是一脸伤疤的年轻男人，他们生活中唯一的技能就是杀戮、睡在地上、游荡、打劫。看看我们身边，我的一个好朋友曾经在十九岁的时候在长岛（Long Island）遭到迷奸，她很快就离开了美国，剪掉了所有的头发，在欧洲漂泊了几个月，最终搬到了意大利海边的一座小岛上。我为了本书而采访过的一位伊战老兵，自从他2003年从巴格达回家之后，几乎每年都会搬家，一本《奥德赛》带着他走过了三个不同的大洲。

这种通过旅行来重塑道德和物质世界的冲动如此普遍，以至于某些研究创伤的学生会认为这种冲动是生物性的。一位《国家地理》（*National Geographic*）的作者劳伦斯·冈萨雷斯（Laurence Gonzales）对于幸存者的科学做了广泛地著述，他写道："旅行是一种用时间来治疗的策略。它可以逼迫无意识重组大脑的某些区域，尤其是涉及海马的区域，海马拥有构建空间地图的功能。每当你走进一个不熟悉的环境，你的大脑就在发生一种潜在的重要转变。"支撑这些主张的神经科学还并未稳固地建立起来，然而这个观点还是保留着：荷马也曾旅行。

在医学之父希波克拉底出生在大约四百年前，荷马就已经去世[①]，而且他们所宣扬的对于身体的知识，也如今天一样是分开

---

① 学者的舆论是"荷马"并非一个真实的历史人物，而是一些游吟诗人的集合体，这些诗人写成了《伊利亚特》和《奥德赛》。然而，出于简洁，我效法很多作者的用法，我用"荷马"来指代这些诗人。

的。正如柏拉图和他的思想一样，即我们童年的生活质量会影响成人后的生活质量，希波克拉底也构建了一种自我的观念，这种观念跨越千百年后依然对精神病学领域有着重要的影响，更不用说对人类发展的一般观点的影响。有些研究抑郁症的学生甚至认为希波克拉底实际上是百忧解的祖父，因为他认为身体是心理疾病的源头。

荷马说的也差不多，他的著作很大程度上在美国那些保守阶级身上唤起了一种受软禁的感觉。（我所知道的大多数学者都被迫勉强去寻找那些教导性的著作。）即便是今天，当很多关于生活和社会的希腊家庭渗透进了我们的生活（比如他们对于人类理性、个体、民主的观念），希腊对于战后生活以及英雄式牺牲的思想依然显得古怪，并且被排除出现代创伤思想。在丹尼斯·约翰逊（Denis Johnson）的越战小说《烟树》（*Tree of Smoke*）中，名为桑兹（Sands）的主角原是一位职位较高的陆军上校，之后转到了中央情报局做策划人员。他观察到“战争是90％的神话。”对这个真知最好的回应就是希腊的遗产和创伤。对我而言，战争绝大部分都是神话，古代的思想和梦通过我们的父辈传递给我们，我们生活在那些故事里却不自知。我们通常并没有意识到，这些看不见的故事和原型每天都在给我们指导。

不幸的是，不论荷马留给了我们多少心理的洞见，这些洞见都被隐藏在了更为现代、非古典式的神话之墙背后，被我们社会对于英雄的需求所遮蔽。这种英雄没有正常人的脆弱，对这种英雄的需要将那些幸存者视为受伤的物品、异类、行走的定时炸弹，而非为苦难所启发的人们。在我这里，我的经验就是幸存的愉悦，对拥抱生活的乐观似乎来自于我身体的最深处，它们在我归乡的途中最为强烈，既不在这里也不在那里，而是在遥远的机场和转场兵营里，那些兵营是每个战地记者的战后奥德赛。家乡，这完全是另一个问题，似乎更深层次的珍惜生活的感觉是在途中逐渐显现出来的，是在战场和和平之地之间一点点逐渐流露出来的。

正如悉达多·穆克吉的主张，倘若每个时代都在疾病上投射出了其图景，那么战争是如何体现某个特定时代的心理创伤图景的，中世纪（Middle Ages）就是最好的例子，这个时代由天主教会所主导。在中世纪，创伤后的情况首先被视为一个神学问题，其次被视为一种倾向于道德需要的问题，战后归乡的战士们有着这种需要。那时，世界被视为上帝的王国，其中自然和超自然并没有多少分别。首要的问题就是如何将暴力引入到宗教中，而宗教的弥赛亚（messiah）教义强烈地强调和平主义超过武力。我们要记住，早期基督教会的领袖都假定，从战场归来的战士都会遭受罪恶感的折磨，并且因打破了“上帝休战”(Truce of God)的原则而羞愧。而教会领袖会异常地关注于他们的困境，并提供给他们一种基本上可以描述成宗教药物的东西。今天的老兵经常会受鼓励去参加治疗，并处理他们有关战时经验的冲突感。然而中世纪时期那些归乡的老兵，会受鼓励甚至有时是被命令去参加一些忏悔和告解仪式，从而在上帝面前得到净化。在教会眼中，战上基本上是罪人，直到他们得到上帝的谅解。正如教皇格里高利七世（Pope Gregory VII）所言："服役于军队而不产生罪恶是不可能的。"教会领袖尤其关注那些打破了或者相信自己打破了十诫的战士，其中第六诫无条件地宣称"不可杀人"。

正如十字架上的耶稣，受难死去例释了基督教的献身。然而实际的杀戮带来了一大堆神学问题，这些问题纠缠了教会好几百年。奇怪的是，尽管当时的教会领袖承认战争带来的恐惧，并担心这会让人比"野兽更野蛮"，然而官方陈述的这些问题时常多种多样，其确保了与战争相关的潜在原罪可以得到恰当的理解和解释，也维持了一种在当时的政治与请愿上帝的需求之间的平衡。

除了在神学上关注杀戮[①]，还存在着一种更深入的感觉，即杀戮行为某种程度上玷污了杀手，即使杀戮行为本身有权威授权，这种感觉在《奥德赛》中也存在：在屠杀完佩内洛普（Penelope）的求婚者之后，奥德修斯在大厅中召唤出了地狱之火，以便净化这种行为。不论神职人员是否察觉到了这种有关"血液污染"的原始信仰，他们都坚持让杀过人的战士远离教堂一段时间。比如说，7 世纪的坎特伯雷大主教（Archbishop of Canterbury）就下令"因服从领主命令而杀了一人者应该远离教堂

---

① 在《中世纪早期和现代战士归乡的道德治疗》中，伯纳德·维坎普认为："在原始人当中，恐惧血统不仅仅反应在对任何诡异事物的厌恶之上。由于血液联系着一种生命力，所以血液同时被视为神圣和诅咒的。因此，血液对个体和社会而言都有数不胜数的危险。被玷污的受害者会给整个社会传播一种瘴气，耗尽其生命能量。"也参见谢伊《奥德修斯在美国》。

四十天。”

纵观中世纪，宗教权威都逼迫那些归乡的战士进行苦修，此外还要求他们在宗教团体内进行祈祷、禁食、禁欲。并不同于我们今天最高法院（Supreme Court）所颁布的法令[①]，中世纪的法令旨在服务于基督教神学，此外这种神学还构建了一种西方的“正义战争”的哲学。这种被强加的严酷的苦修依赖于受审判的士兵参与的是何种战争以及他们在战争中伤害了多少人。10 世纪的一份教会档案“阿伦德尔悔罪书”（Arundel Penitential）下令，在战场上受国王命令而杀人的士兵要进行一年的苦修，而受王子命令的士兵要进行两年苦修，王子命令的“公正性”存在着某种质疑，牵涉到谋杀案件的人也同样要进行两年苦修。

中世纪的教会记录普遍都是这种“宗教裁判”或是强加到在战争中杀戮的士兵身上的圣令。这些法令通常细致得令人吃惊，它们都概述了战士们所需的特定的救济金以及忏悔行为。1068 年，在当时最具戏剧性的一份法令中，这份由诺曼主教所确立的官方法令，命令所有跟随威廉一世（William the Conqueror）在黑斯廷斯战役（the battle of Hastings）中征战的各阶层战士都要进行苦修：

> 每个清楚自己在战场上杀了人的人，都必须为每一个死者苦修一年。

---

① 伯纳德·维坎普，《中世纪早期和现代战士归乡的道德治疗》。

每个伤害了人，却不清楚此人是否死去的人，都必须为每一个他攻击到的人连续或间断地苦修四十天（如果他还记得人数）。

每个不清楚自己伤害或杀害了多少人的人，都必须任由其主教处理，并在余生每周做一次苦修；或者，他可以通过永久的捐赠来救赎其罪恶，建造或赞助一座教堂都可。

这类命令在今天通常被称为“黑斯廷斯条款”（Hastings Articles），其继续写道：

杀死或伤害他人却不知道具体人数的弓箭手，必须苦修三个大斋节。

无需多言，中世纪时期关于战争的心理经验与今天完全不同。一般而言，那时的战斗比起今天而言，更为个人和私密，几乎就是近战搏杀。对于很多当时的战士而言，主要的心理关注就是通过一种当时主流的道德权威——天主教教会，去理解并妥协于他们所参与的杀戮。在战场上，敌人在物理上的距离体现得很明显，由于基本上是用刀剑，因此在中世纪时期杀戮可能比在今天更为令人痛苦。纵观历史，对士兵的研究确证了退役美军陆军中校、前西点军校心理学教授戴夫·格罗斯曼（Dave Grossman）的判断：“人并非天生的杀手。”现代战争尽管更具毁灭性，却远没有那么个人化，死亡人数的增加极大减轻了单个士兵的负担，这也解释了为何将努力克服杀戮之后的罪恶感，作为了中世纪的主要关注点。

今天，相信某种宗教仪式可以解决战后的许多内心冲突，这对很多人而言似乎相当荒谬。心理学很大程度上取代了教会，而成为了内在冲突的调停者。今天，治疗师在某种程度上扮演了神父的角色。然而，我们在战争或其他创伤事件中产生的罪责问题依旧存在。在极度应激的情况下，我们的道德视野会被压缩得很窄。我们只剩下那一刻的需要，而再无其他。那时，幸存者们被迫关注当下要做的事情。一位士兵如果要杀人，定是为了战友而杀人。之后，这位士兵回家，也再也没有战友需要他去做当时做过的事情。正如海明威在《丧钟为谁而鸣》（*For Whom the Bell Tolls*）中写道的："绝不思考战争多么必要多么正义，这并不是一种罪恶。问问士兵和死者就知道了。"

在经历重大事件后，命运时刻过去之后，心灵通常会陷入疑问，即对世界的责任以及自身在世界上扮演的角色的疑问。尤其是对老兵而言，这类疑问尤为重要，因为从军这种命运的责任从来不是单独出现的。正如一位在巴格达杀了十几个伊拉克人的狙击手，回家几年之后说道："我本不应该陷入这种责任中。"正如最新的研究显示，倘若有一个团体信仰系统去处理个体身上那沉重的责任，那么效果会非常惊人。正如乔纳森·谢伊在《越南的阿喀琉斯》一书结尾的主张，将一个人由于战争所产生的罪恶和羞愧分散到集体，这对于心灵的疗愈非常有效，尤其是当战争或创伤事件本身是有争议的。**士兵归根到底是这个国家的血管和臣民，他们并非自己发动的战争，因此为何当他们归乡时，国家或社会不该帮助他们从罪疚感中走出来？**尽管这种将创伤后的责任分散开来的方法在现代并没有直接的继承者，但这种方法的确有效。阿瑟·艾根多夫（Arthur Egendorf）是一位越战老兵[①]，也是PTSD诊断标准的建立人之一，他提到1068年的“黑斯廷斯条款”并说道：“现代社会不再能提供净化幸存战士的仪式了……我们在强奸受害者团体中使用的治疗手段，尽管是一种新形式，它在精神上也并非原创。”

这种丧失理论似乎在说：抛掉吧、抛给上帝。对于中世纪的教会而言，人们都是以一种异常直接的方式面对这些问题，今天人们如何处理罪恶与羞愧感与此形成了鲜明对比。而且，在那个只有火焰和心中的上帝能照亮的世界，也许这种道德功绩更容易实现。公正地说，在其他时代或地域，这种和解的预言就没那么简单了。

从历史的角度说[②]，技术是一种非常好的创伤转化器[③]。南北战争是第一场现代化工业战争，它制造了史无前例的大屠杀，预兆了20世纪的几场巨大屠杀，并且转变了美国人的想象。南北战争之前的美国人，长久以来觉得危险围绕在他们身边的荒原，他们与那里的美洲印第安人长年交战。然而南北战争改变了美国人对暴力、死亡、自身在世界的位置的理解，在这个世界中，一种不可名状的毁灭降临到了普通公民头上。正如一位南卡罗来纳人（South Carolinian）于1863年宣称道：“这个世界从没有过这样的战争。”南北战争之前，美国人对暴力的看法与他们

---

① 阿瑟·艾根多夫，《从战争中疗愈》（*Healing from the War*）。

② 要讨论技术对历史和战争的影响，参看马歇尔·麦克卢汉（Marshall McLuhan）的《理解媒介：论人的延伸》（*Understanding Media: The Extensions of Man*）。

③ 正如古典学者、耶稣会教士沃尔特·昂（Walter J. Ong）所言：“技术不仅仅是外在的帮助，也是意识内在的转变。”

先前对冲突的看法一致——在有限时空内，一帮规模相对较小的战士之间的事件。当联合国医疗船停靠在弗吉尼亚半岛（Virginia Peninsula）时，弗雷德里克·劳·奥姆斯特德（Frederick Law Olmsted）宣布，战争事实上造就了一个名副其实的“伤痛之国”。南北战争仍旧是美国人经历当中的核心灾难，与之后的每次冲突都形成了鲜明的对比，战争逼迫各个阶级的美国人与遍及四处的创伤作斗争。

造成巨大灾难的主要技术可能就是铁路、电报、滑膛步枪。滑膛步枪使得军队可以在很远的距离进行精准的齐射，其带来的革命几乎与一战中的机枪一样。正如阿诺尔德·汤因比（Arnold Toynbee）所观察到的，每一件新武器的发明都是一场社会灾难，南北战争正是一个例子：在战场上死去的士兵的数量大约有62万人，几乎是独立战争（Revolutionary War）、二次独立战争（the War of 1812）、美墨战争（the Mexican War）、美西战争（the Spanish－American War）、一战、二战、朝鲜战争（Korean War）阵亡人数的总和。南北战争的惨烈程度甚至连现代人都感到吃惊。一位英国观察家在安蒂特姆河（Antietam ）战场的战斗结束后参观了十天，他写道：“在大约七八英亩的土地上，没有一棵树，只有遍地的子弹和炮弹弹片。无法理解有人是如何在这种火力下活下来的。”

这种暴力给南军和北军士兵都带来了巨大的心理冲击。对于很多人而言，“看到大象”（描述战斗开始的俗语）的震撼就已经很强烈了。在夏伊洛战役（battle of Shiloh）开端，乘着北军还在吃早餐时，南军就在清晨发起了冲锋，使得几千人往后方逃窜。据格兰特将军（General Grant）估计，大约八千人“惊慌失措”地蜷缩到了田纳西河（ Tennessee River）河岸的峭壁。一位在夏伊洛（Shiloh）的观察家写道：“这种恐惧的面孔、这种混乱，我前所未见，也不愿再见。”北军很幸运，南军中也有几千人满眼恐惧地逃离了战场。

威廉·特库姆塞·谢尔曼（William Tecumseh Sherman）也在夏伊洛，他也感觉到了类似的震撼。一位历史学家描述谢尔曼关于战场的残酷回忆时，这样写道：“他的心灵——也许是无意识心灵——全神贯注地记录着那些可怕的场景、极度消极的画面，并且存储了起来。之后这些画面变得活灵活现起来：‘我们的伤员里混杂着叛军，帐篷和草地的大火烧黑了他们的皮肤，他们在地上爬着，求乞着别人给他们的痛苦做个了结……活人的身体被驶来的大炮车轮碾压……在不足0.5平方英里的土地上躺了1万人。’”

不幸的是，当时的美国医疗体系甚至缺乏最基本的心理学知识及理解，更不必说治疗由工业暴力带来的恐惧的能力十分有限。在历史学家眼中这几乎是个共识，即美国南北战争是一个技术超越了策略的例证，对于当时的医疗来说也同样如此。这种恐惧前所未见。南北战争时期的医生实际上什么心理学原则都不懂，这些原则在我们今天看来却是理所当然。这时距弗洛伊德出版《梦的解析》（*The Interpretation of Dreams*）还有三十九年。

一位研究者在2012年将北军医生描述为“心理学上的天真”。今天精神病和神经障碍的区分在当时并不存在。北军总医官威廉·哈蒙德（William Hammond）认为当时的医疗具有一个整体的特征，他在之后观察到，这场战争打在“医学中世纪之末”。南北战争中的双方人员都极度绝望，那些在今天可能被诊断为精神创伤的士兵在当时常常被忽视，或是被视为战场上的诈病者或逃兵而受到惩罚。

医疗领域拼命想追赶上战争释放出的暴力的脚步，当时遭受了没有被命名的精神创伤的人员却被推到了战地医院的边缘。一种适当的急救服务直到战争非常末尾时才出现[①]，而且只提供给永久残疾的步兵，大约一千二百人的北军队伍中只有一个致力于治疗心理疾病的联邦机构，即华盛顿的政府精神病医院(Government Hospital for the Insane)。这所医院是一所典型的19世纪疯人院，其后成了人们所知的圣伊丽莎白医院(St. Elizabeths)，在很多方面它只是当时精神疾病者的收留所。

在19世纪中叶，正式的精神病分类体系出现之前，很多南北战争的医生退回去使用四千年前的关于躁狂、抑郁、痴呆的古希腊诊断。除了古希腊的术语之外，当时还出现了通俗描述创伤后应激障碍的小词典。战争总是会推动语言上的创新，南北战争也不例外。今天可以称为患有“急性应激反应”的士兵，在当时

---

① 埃里克·迪安（Eric Dean）的《动摇地狱》（*Shook over Hell*）描述了北军的精神伤亡的疏散过程，并且描写了华盛顿的政府疯人院。

有着各种各样的绰号来描述，包括“忧郁”“神经质”“出神”“耗尽”“损耗”“疲乏”“忧愁”“沮丧”“慌乱”“凋残”。当时精神问题是美国人心灵中的主要问题，那时失去士气的军队和逃兵都有一种“泄气”或“失神”的特征。这些描述语的另一特点就是有种与心有关的成分，因此当时受创伤的士兵都被称作是“心情低落”“失心”或“心跳加速”。

在1871年，阿波马托克斯（Appomattox）停战协议六年之后[①]，一位服务于北军的医生雅各布·达克斯塔（Jacob DaCosta）写了一篇著名的文章，描述了三百例他所谓的“易激心”个案。在这篇文章中，他描述了多种症状，这些症状在今天仅仅会被视为对重大压力的反应，或是今天的精神病学家所谓的“高敏感性”，这是一种创伤后应激的主要症状。达克斯塔也参与过夏伊洛战役，他观察了那些由于“漫长急行军、辛苦工作……或者是体格本身受损”，从而患有心悸、胸痛、速脉、呼吸和消化障碍的人们。奇怪的是，达克斯塔从未将这些症状归因于某种战争恐惧；他相信这些症状是由于心脏的神经接受了过度的刺激，他用大量的药物来治疗这些症状，包括鸦片、洋地黄、颠茄、印度大麻。(有趣的是，1998年波士顿大学（Boston University）的研究

---

① 参看本·谢菲尔德的《神经之战》、埃里克·迪安的《动摇地狱》、马修·弗里德曼的《PTSD操作手册》(*Handbook of PTSD*)。有趣的是，有些精神病学历史学家认为达克斯塔的文章是第一篇描写今天所谓的PTSD的文章——一位六十八岁的宾州志愿兵说自己有严重的胃痛和腹泻。正如斯科特·斯多塞尔在《我的焦虑时代》中写道的：“亨利被医生视为不健康的，他也是第一个被正式诊断为‘士兵’问题的，即一种战争应激带来的综合征。”

者发现，心脏对于某种创伤刺激的反应可以作为一种患有 PTSD 的有效指示，因此尽管达克斯塔的解释可能并不正确，但他的观察是正确的。)

在夏伊洛北军军队溃逃的案例中，几千人的军队之后被抽调到了后方，其中数不清的人声称自己患有所谓的“思乡病”（nostalgia）。这个词在几百年的时间当中有多种不同的意思，其在南北战争期间被用来指代某种今天所谓的临床抑郁或恐慌的心理状态（“Nostalgia”这个词来自于荷马时代的希腊语，意味着“家乡病”）。根据法国诊断分类，18 世纪初才进入医学词典的“思乡病”这个词，通常用于描述那些征战在他乡，却在战时遭受着某种心理退化痛苦的士兵们。思乡病的记录可以追溯到 1633 年的西班牙军队，其在瑞士士兵当中达到了高峰，这些士兵征战在法国平原，他们的指挥官禁止他们用歌声或口哨唱传统的阿尔卑斯民歌“圆圈舞”（kuhreihen）（这种现象在当时被称为“瑞士病”）。

到了 19 世纪 60 年代，这个词作为医学分类已经在欧洲逐渐用得很少了，但南北战争中，这个词还是到处都能见到。当时少数美国人远离了家乡，在远离故土的地方征战的压力确实存在。北军认为思乡病是一种心理障碍，并且将之放入了医官的治疗手册中。《参军及退伍士兵手册》（*A Manual of Instructions for Enlisting and Discharging Soldiers*）中将思乡病描述为“一种常见于军队医生观察下的心理障碍……极度心理抑郁以及无法克制的对家乡的渴望，很快导致了一种恶液质（cachexy）状态，失去食欲，同化功能错乱，并最终导致腹腔脏器疾病……思乡病通常很致命，倘若能够完全断定，那么它可以成为退伍的理由。”

直到战争结束，北军医生已经发现大约八成士兵，约175 000人都是思乡病、“疯癫”和其他“神经”疾病的受害者，尽管那个时代的军队记录有些错误和前后不一致的地方，这种情形仅仅代表着真正心理创伤人数。有趣的是，由于南北战争士兵倾向于视自己为穿制服的公民，那些屈服于战争压力的人们所感到的羞耻感，比起今天的职业军队而言要更加轻微。被抛弃感十分普遍，尤其在战场辗转之后。在战争中，双方都有成千上万的士兵在各地被抛弃，他们通常回到家乡保护并维持他们的家庭。指挥官们，尤其是在南军这边，他们都极度想寻找一些人填补军队的空缺，而且他们常常被宣布大赦，使得这些“战俘”能够回家而无须承担军事法律的惩罚。

这种对畏惧战场的公开承认在战争初期很明显，当时北军指挥官们困扰于对敌军动向的偏执，他们与上级各个阶层的领导争论着，常常迟疑不决，无法指挥军队展开行动。威廉·特库姆塞·谢尔曼在1862年十月首次晋升，这是因为他的直接上级因“指挥的心理折磨”而辞职，而他之后由于宣称“战争完全就是地狱”而名留青史。一个月之后，谢尔曼也因为同样的原因要求辞职。军队给了他第二次机会，他在夏伊洛战役中对南军冲锋的冷静处理恢复了他的名誉，重新稳固了他的功业，即使在一开始他忽视了很多指示着攻击迫在眉睫的报告。

当战争终于在1865年结束，美国政府相对于敌方而言已经发展到了一个空前的规模，并且管理着许多的项目，这些项目旨在处理战后影响。这些项目包括建设国家军人公墓，以及建立提供给伤残士兵和战后幸存者的保险制度。咨询心理学和生物精神病学还并不是以我们今天所知的学科的形式存在的，认为南北战争老兵应该接受正规的咨询调节的观念还未在美国人身上出现。VA这种现代美国生活的组织，在六十五年后才出现。人们都期待那些没有遭受生理伤害的南北战争老兵，能够回家、回到他们的农场、回到他们的乡邻那里，或多或少重操旧业。很多州开设了精神病院，比如说印第安纳州在1876～1890年之间颁发的许可证数量达到了顶峰，这段时期正好是从敌对政权结束之后的十一到二十五年之间。“老兵经验”这个概念，对于那些之前从未经历过类似于南北战争这样的巨大冲突的美国人而言，其作为一种被普遍接纳的社会范畴，基本上还没有被探索过。

斯蒂芬·克莱恩（Stephen Crane）作为20世纪90年代的一名前途似锦的新闻记者，他对战争中普通士兵的体验非常感兴趣，这方面资料的缺乏却让他十分失望。克莱恩像当时很多人一样，从小听着老兵的故事、读着关于战争的文章而长大。在阅读了被广泛引用的《南北战争的战役及领袖》（*Battles and Leaders of the Civil War*）之后，克莱恩感到自己迷惑了，这迷惑不仅是自己所读的内容带来的，也是自己没读的内容带来的。“我想知道这些人没说过的，他们在那些战斗中是什么感觉。”他抱怨道。

而这种渴求所带来的，正是第一部真正的美国战争小说《红色英勇勋章》（*The Red Badge of Courage*）。这本小说注定会成为经典，其重述了一名士兵所经过的战火的洗礼（包括他中途短暂的逃跑），并且在美国开创了成熟的战争小说体裁。一年之后，克莱恩写了一篇不那么有名的故事《老兵》（*The Veteran*），故事的结尾是千塞勒维尔（Chancellorsville）战役的幸存者亨利·弗莱明（Henry Fleming），冲进了燃烧着的谷仓去救几匹被困的马，并最终消失在“巨大漏斗状的浓烟”中。**当弗莱明第一次认识到战火，他的人性就走到尾声了**。“他的面庞立马不再是面庞，而变成了一张面具，一张灰色的面具，眼睛和嘴巴上都写满了惊恐。”这位“老兵”生于战火，似乎也注定在另一场大火中走向终点，变成了从火焰中长出的一朵“玫瑰色”的灵魂。

事实上，南北战争所释放的暴力①并没有在南军在阿波马托克斯的投降之后结束。正如另一位历史学家所指出的，战争“放出了瓶子里的妖精”，使得犯罪暴力遍布在这个已经在浴血的国家的每一个角落。似乎战争已经将人兽化到了某个程度。成千上万的人因为战斗而陷入疯狂，他们发现自己无法回到旧有的生活以及文明社会。战争带来的暴力习惯遍布四处，加上经济机会的缺乏，尤其是在南方，这就导致了一种无法无天的文化，这种文

① 在《动摇地狱》中，迪安写道：“在战争期间，士兵受训去杀人，并因此被抛出文明社会的限制，并且被一种暴力生活所接纳；没有什么可以立刻终止暴力习惯，并且将这些人重新引入工业化的和平生活的方法。战争结束后，北方和南方都有一段混乱时期。”迪安继续描述了南北战争老兵中那些走向犯罪的士兵的数量，这数量极其惊人。

化定义了南北战争之后的时代。杰西·詹姆斯（Jesse James）是西方最臭名昭著的罪犯，他在战争期间曾经作为一名密苏里（Missouri）游击队员，而学会了自己的生意，并且直到1882年他被处死，他都一直用类似的方式做生意。

纵观战后的南方，新闻所报道的“恐惧致使犯罪的增长”，就是当时前南军士兵游荡团伙在人们心中的形象。在北方，2/3被判入狱的人都是战争老兵，在某些州入狱老兵的数量增长了四倍。战后时期也出现了三K党这样有组织的种族暴力团伙，这个组织是由另一位南军游击队员内森·贝德福德·福雷斯特（Nathan Bedford Forrest）创立的。

尽管草原印第安人战争本质上并非一种技术性的罪恶，然而这场发生在19世纪70年代的战争，也主要是一场种族灭绝式的“全面战争”，而这个策略的策划者就是谢尔曼将军。对比美军所推行的这些策略，就不难理解南北内战对美国印第安人的影响。在战争之前，由于军队受某种非正式的政策约束，要制定或打破条约十分不便。战争之后，经夏伊洛老兵詹姆斯·谢里丹（James Sheridan）将军的推行，一种焦土政策开始横行，谢里丹将军还宣称，只有死掉的印第安人才是好印第安人。

战争可能催发整个社会的犯罪和暴力，这种观念开始出现在历史上很多思想家心中。尽管这种观念的起源已经难以追溯，然而伊拉斯谟（Erasmus）、托马斯·莫尔爵士（Sir Thomas More）、马基雅维利（Machiavelli）都推测，是战争导致了犯罪和暴力的增长。正如位于圣克鲁斯（Santa Cruz）的加州大学的研究员在西贡（Saigon）陷落一年之后的评论："在越战期间，谋杀和蓄意杀人的概率在美国增长了不止一倍。"美国海军健康研究中心（The U. S. Navy's Health Research Center）在2010年回国的伊拉克战争老兵身上看到了类似的一系列问题，其发现"在服役前背景因素受控制的情况下，暴露于战场与之后被捕并定罪之间存在着显著的关联。"这类研究的含义不难理解。暴力不可名状地改变了人，当人类对于谋杀和杀戮的一般禁令被提升到了一个广阔的尺度上时，其会释放出难以控制的暴力冲动。所以我们不该感到惊讶的是，美国历史上无法无天又最为血腥的时代、种族歧视带来的暴力以及大屠杀都立刻出现在最血腥的战争之后。

在很多年中，美国南北战争的灾难都仅仅只是一种一战带来的恐惧的前奏。致使南北战争成为毁灭性大屠杀的一些科技元素——改进的火器、机械化运输、电报（现在是无线的）都以更加强大的力量存在于一战中。这场更大、更血腥、更彻底的工业化冲突直到最近都被广泛地称为"巨大的战争"，其总共摧毁了超过八百万条生命、毁灭了四个欧洲帝国，同时把第五个——英国——推向了破产的道路。某种程度上而言，美国很难对一战做出评价，因为美国直到最末几个月才进入这场战争，但一战改变了历史的进程。不仅如此，这场战争给公众心灵带来了如此幻灭、如此腐蚀性的感觉，以至于它彻底摧毁了人们对于长期以来所理解的历史观念的信念。正如一位卓越的战争年代史编者保罗·福塞尔（Paul Fussell）所说："它颠倒了进步的观念。"

这段时期的核心隐喻明显就是一个心理隐喻：炮弹休克(shell shock)。这种创伤后现象，我们带着点破格诗的意味，大致可以描述为PTSD的祖父，炮弹休克最初是对20世纪科技恐惧的一种回应。部分是因为这个短语听起来朗朗上口[①]，所以对于每个遭受战争相关精神障碍的说英语的士兵而言，这个词都变成了一个包罗万象的词，甚至在这个词已经过时之后依然如此。(德国人和法国人也有类似的词汇——战争癔症（Kriegshysterie)和创伤性冲击（choc traumatique)，然而这些词都没那么流行。)很多炮弹休克的症状都是今天的PTSD患者所熟悉的——手抖、梦魇、易怒，以及最糟糕的情况下的癔症式耳聋、眼瞎、喑哑。

除了巨大的历史影响之外，一战还改变了我们对人类忍耐力的基本认识。在一战之前，人大体上是自身命运的主宰。一战之后，这种观念被这样一个事实改变了，即在工业化的钢铁浪潮之下，一个人根本没有机会。这场战争杀害了八百万人，同时也毁灭了很多关于军事荣誉、男人荣誉、服役有益的大众信念。从心理的角度来说，这场战争摧毁了一个观念，即一个坚定的人定能战胜所有的逆境，并且心灵不受影响，一个“好”人定能战胜他所处的环境；这场战争严重地毁坏了一个观念，即创伤后健康是一种选择，只要我们不回忆过去、勇往直前，那么就能保持健康和完整。

---

① 杰·温特，《炮弹休克》。温特认为：“‘炮弹休克’是一个术语，是医学领域到形而上学领域的标志……我的中心论点是，‘炮弹休克’是一个特别盎格鲁一撒克逊的表述，不仅仅描述的是受伤的士兵，也是描述战争本身的核心面。”温特如此总结道：“恰当地说，炮弹休克的历史并非军队的历史，而是战争自身的历史。”

尽管一战并没有带来 PTSD 这个概念，但是却与它密切相关。这场战争给一千万人带来了幻灭感，回顾一战，它可以被视为一场“神经战”的开幕，而这场“神经战”在六十六年后 PTSD 被引入到《精神障碍诊断与统计手册》时达到了顶峰。当战争神经症被正式认识和治疗时，第一场战斗就开始了，恐惧可以给心灵带来什么影响，人类的记忆即便在战场上受到伤害，又是如何继续影响历史的，一战给出了最早的例证。

对于受伤的心灵来说，最主要的一种传达其经验的方式就是通过文学。毫不令人惊讶的是，炮弹休克这幅图景来自于诗人威尔弗雷德·欧文和西格夫里·萨松，他们所代表的不仅仅是一战的悲剧，也是整个现代战争的悲剧。这种冲击在英国广为宣传，人们至今都在每年十一月佩戴罂粟花，来纪念这场人类灾难。帕特·巴尔克（Pat Barker）所著的关于炮弹休克的三部曲小说获过布克奖（The Man Booker Prize），正如她在 2004 年接受《卫报》（*Guardian*）采访时说道：“我认为，整个英国心灵都在遭受着一种冲突，你能在萨松和威尔弗雷德·欧文的诗篇中看到，其中战争既糟糕而绝不应该再现，同时战争中带来的经验又有巨大的价值……没有人用英国人的那种方式观看战争电影。”

欧文和萨松在英语世界中一直占据着公众想象中的某个特殊地位①。通过他们诗篇的力量，以及他们在读者身上唤起的怜悯

---

① 罗伯特·利夫顿，《从战场归来》。利夫顿写道：“毫不令人惊讶的是，一战的作品最接近的是越战老兵的经验，尤其是欧洲人对于战场的回忆，他们对屠杀和无意义的反应。”

之情，他们在公共领域巩固了战争创伤这一观念，并且给后代叙述他们自身的创伤提供了合法性。他们的文字最显著的受益者就是那些越战老兵，很多老兵都并非是从其前一场战争——二战中获得了启发，反而是从一战中受到了启发。为 PTSD 得到认识而奋斗的一位先驱理论家罗伯特·利夫顿，他受欧文于 1973 年所作的诗篇《心灵事件》（*Mental Cases*）启发，说道："难怪那些越战老兵有时会表达出对一战老兵的强烈认同，这种认同比对二战老兵的更为强烈。威尔弗雷德·欧文……将其死亡罪恶感强有力地用在了他诗篇中包含的'幸存者设想'中"。

战争冲击着士兵们的心灵，对此的第一次表示出现在 1914 年冬天。德军本想在六周之内占领巴黎，但其攻势在巴黎城外不足一百英里处停住了脚步。这场公开的冲突后来被称为最后一次"19 世纪战争"，它极具戏剧化，并且给双方都带来了史无前例的伤亡。战争于 11 月结束，双方都僵持住了，每一方都无法攻击另一方的侧翼。由于无法言明的伤亡，双方都开始挖战壕。结果就是，出现了一条从比利时海岸到瑞士边境，呈对角线地横跨了欧洲大陆的战壕。战壕体系建构了人类痛苦的形式，这种痛苦是这个世界前所未见的。潮湿、肮脏、时不时地遭到炮火攻击，士兵们待在这种环境下持续几个月，会以各种奇怪的方式而崩溃。其最具伤害性的方面可能是，士兵们需要保持被动。站在泥泞的战壕里，等待着炮火打击或是飞来的迫击炮夺走你的生命，这造成了难以描述的伤害，即使是那些明明化险为夷的人们也不例外。威尔弗雷德·欧文在描述这种战壕生活的痛苦时，写道：

看啊，我们听到一阵狂风拉扯着铁丝网，
好似在其倒刺上抽搐着人们的痛苦。
北边，炮声隆隆不断，
远方，这就像是另一场战争传来烦闷的谣言。
此处，我们在干些什么？

很快，奇怪的病例开始出现在整个法国的野战医院和急救站。这些士兵并没有在生理上受伤，然而却表现出了一种感觉障碍。有些人失明了，有些人失去了正常的嗅觉或味觉，很多人的记忆中出现了奇怪的断层或者是无法控制地呕吐。不少人遭受着“震颤”的痛苦。好像这种新形式的战争释放出了某种看不见的力量，这股力量控制住了这些人，扰乱了他们的基本生理机能。

一位二十岁的列兵在战壕之间移动时，由于德军炮火的攻击，被卡在满布倒钩的铁丝网中。剑桥大学的一位心理学家查尔斯·迈尔斯（Charles Myers）当时在勒图凯（Le Touquet）的基础医院工作，他之后这样描写这个个案：“一颗炮弹落在他面前爆炸了，他说他的视野立刻就模糊起来。另一颗炮弹在他背后爆炸了，爆炸带来了巨大的震颤，‘就像是给了头部一击又没有带来任何疼痛’。面前的炮弹爆炸切断了他的背包，并挫伤了他的一侧。”

这位无名的士兵是第一份关于炮弹休克的文档记录。1915 年 2 月，迈尔斯在《柳叶刀》（*Lancet*）上发表了一篇论文，描述了三个这样的案例，这篇论文名为“对于炮弹休克研究的贡献”。这个术语似乎很适合于描述这种现象——迈尔斯的多数案例都由于“炮弹爆炸而产生了震颤”，这种震颤导致了士兵的崩溃。对于迈尔斯和其他医生，描述创伤后应激的现象时似乎都有一种维多利亚时代的科学类比的倾向，即用一种明显抽象的观念作为基础。然而，这个术语可以随口说出，但结果就是固着在公众的想象之中，这一点在之后成了问题。

迈尔斯注意这些奇怪的案例，这本身就很不寻常，他有一种非常强烈的欲望，不把这些士兵当作装病者。作为一名执业内科医生，迈尔斯本身就是那种英国知识分子的典型代表，即一种天赋异禀的业余爱好者。迈尔斯与剑桥大学刚成立的心理学系的另一位著名成员里弗斯（W. H. R. Rivers）一同，参与了在新几内亚（New Guinea）的开创性人类学考察，这次考察将现代科学技术应用于部落社会的研究。作为一名学者以及一名犹太人，迈尔斯在皇家陆军医疗队（Royal Army Medical Corps）中是个双重外人，这支部队吸引他注意的地方在于其对学科的需求重于对医疗的需求。然而，迈尔斯有过多团队工作的能力，并且急于找到自己在战争中的地位。当他访问著名的法国神经学学院萨尔佩替耶（Salpêtrière）医院时，他注意到，有些士兵在经过德军炮火攻击之后，会失去说话的能力，或者局部瘫痪。不久之后，英军士兵进入勒图凯医院时也表现出了类似的症状，这家医院是威斯敏斯特公爵夫人（ Duchess of Westminster）赞助的。迈尔斯在《柳叶刀》上的论文出版后，他激起了英国社会一场关于男子气概、荣誉、人权的激烈争论。

争论的一方是军队的强硬派，他们以一位历史学家的言论为依据，秉持一种“简陋的人类心理学模型，极其清晰的标签。人要么生病、要么健康、要么受伤、要么疯狂；一个不生病、不疯狂，又不愿意或没有能力战斗的人必然就是个懦夫。”而且倘若传统还没有足够的说服力，那么英军在战争初期就坚持着一种严酷的政策，这种政策针对的就是那些“道德残疾”。一战期间，有超过 2200 名英军士兵因为怯战和当逃兵而被判死刑。尽管其实只有大约两百人被执行了死刑，但死刑的威胁还是有很强的冲击力。

除了政策之外，炮弹休克的士兵也不断地出现在伤亡清算站。很快，他们的故事就遍布医疗出版物。一位在军队服役的牛津大学医学教授，在和同事的通信中写道：“我真希望你能在这里，在这群神经症、精神病、痉挛、瘫痪者里。我无法想象这些人的中枢神经系统出了什么毛病……癔症式的失语、耳聋、眼盲、大量的感官失灵。我假设这是一种震颤或压力，但是我想知道这是否在以往的战争中出现过?”战壕才诞生九个月，然而明显的是医生正面临着一种流行病。根据一项统计估计，至少有二十万英军士兵最终因为炮弹休克而退役。到 1916 年中，迈尔斯个人就目睹了超过两千名炮弹休克的士兵。

炮弹休克作为一种现象，扰乱了当时所有流行的理论。根据军事医疗年鉴的报告，这一情况前所未有。在最初关于这个主题的报告中，我们能感觉到人们遇到这些奇怪症状时感受到的迷惑。一位英国军医想知道，是否炮弹爆炸会损伤整个中枢神经系统。一位著名的神经学家莫特（F. W. Mott）推测，一氧化碳中毒或者炮弹中的小微粒可能是这些问题的来源。工业化战争是新的，然而其对心灵产生的影响，对此的理解却仍然由一种对炮弹爆炸的刻板印象、爆炸可能释放出来的神秘力量所主宰。结果就是，对炮弹休克的大多数解释都集中在生理伤害之上。在某种意义上，精神病学家和那些将军受困于同样的疑难：就像当时的军事战术已经赶上了武器装备，那么医疗也已经赶上了 20 世纪的烈性炸药。

迈尔斯很熟悉法国人理解癔症的思想，他用催眠术治疗了第一例个案，并且在治疗十天之后将那位士兵送回了英国。在他发表在《柳叶刀》的文章中，他认为“这些个案与癔症之间存在着相当明确的紧密关联。”癔症（hysteria）这个词来源于希腊语单词“子宫”（uterus），其直到 19 世纪末都基本被认为是一种女性疾病。男性也可以由于之前的生活阴影而导致哭泣、痉挛，这一观念在当时几乎从未被听过。弗洛伊德对癔症的理解做出了巨大的贡献，但这种观念在当时并未被广泛接受，而只是局限在了维也纳围绕在他周围的那帮门徒当中。一战爆发的二十年之前，弗洛伊德就已经提出，癔症是不愉快的记忆和经历导致的。这些受压抑的记忆被“抛入”了无意识当中，以避免产生心理冲突。在极端情况下，受压抑的记忆被“转化”成了生理症状，这些症状与炮弹休克有相似之处。之后，弗洛伊德提出了理论，认为战争神经症是由一种内在冲突导致的，即自我保存和维持个人荣誉感及为战友负责的需要之间的冲突。

某些当代的创伤研究者，比如说前美军海军精神病学家比尔·纳什（Bill Nash），认为这类“转换障碍”都与未能实现职责、不够“男人”的特征有关：“男人”是当时英国社会中的一个重要主题。(毕竟，那个时代视女人为弱小的，不穿制服的男人也是懦夫。）一战时很普遍的癔症式的眼盲和失语在今天已然不存在，这一点验证了纳什的观点，这种有关 PTSD“烙印的减弱”已经成了军队医疗文化的一部分。事实上，这种烙印的问题正是一战时代与当今时代的重大差异之一。

直到 1915 年，英国军队才认识到应该做些什么，他们打破了其老旧的政策，并官方承认了懦弱和疾患之间的灰色地带。新政策由伦敦军事委员会（Army Council in London）颁布，这项政策建立了几乎双重的系统：由敌军行动致使的炮弹休克和仅仅由于崩溃而导致的炮弹休克。在官方报告中，这种差异被记录为“W 炮弹休克”或“S 炮弹休克”。在很多人，包括迈尔斯心中，这套系统都已经被滥用了。一位医官向迈尔斯解释道：“我们见过太多以炮弹休克为理由的肮脏勾当，以至于无法对这种状况保有任何同情心。”六个月之后，迈尔斯提出，炮弹休克这个词应该被抛弃，并换之以两个新范畴：“脑震荡”和“神经震荡”，然而军队内外的主流意见却未受改变。这部分原因是由于炮弹休克这个词仍然保留的隐喻效果。对于如何治疗战争神经症的困惑，在如何命名它的困惑中能反映出来。19 世纪见证了许多心理学理论的发展，当战争来临时，这些理论就可以拿来验证。不少医生视战争为一次实验的机会。双方的军医都对患炮弹休克的士兵用了一大堆治疗方法，包括催眠、药物、谈话疗法、牛奶疗法、卧床疗法、生理训练、“军事纪律”（常常意味着对炮弹休克的士兵大声辱骂），以及残酷的电击治疗。

毫不意外，对士兵进行电击是受争议的。一位法军士兵巴蒂斯特·德尚（Baptiste Deschamps）在一位医生试图电击其身体的时候揍了他一顿。由于德尚打的是一位军官，所以他上了军事法庭。最终，那些已经逐渐怀疑战争的法国新闻捕捉到了这个故事，德尚的事例也就成了著名事例。对他的判罚很轻，只有六个月有期徒刑，并缓刑执行。而那位电击他的医生科洛维斯·文森特（Clovis Vincent），在图尔（Tours）的医疗中心则由于电击技术，也就是“爆破”疗法而变得臭名昭著，他自愿关闭了中心，并且在西线战场上要求重开机构。尽管还有少数医生继续实验电击疗法，但到 1918 年，这种疗法已经终止，并且其主要支持者都在新闻中受到了严厉谴责。

一位支持更为自由的治疗方法的医生正是迈尔斯在剑桥的老导师里弗斯。里弗斯似乎对穿军装感到不安，他和迈尔斯一样，也是新几内亚考察的成员之一，这次考察也是他广泛的知识兴趣以及他深刻的人文关怀的一个体现。里弗斯的医学知识尽管在技术上不如其同辈那么精进，但在思想上走得更深。倘若后辈要崇拜他，将他视为一种医生英雄的形象，正如小说家帕特·巴克(Pat Barker) 在其获奖小说《重生》(*Regenration*) 三部曲中所为，那么这也并非毫无道理。他眼睛近视，却透露出一种风度和人道主义敏感，他像文艺复兴时期的人一样，似乎是现代医生的化身。

里弗斯是一位肯特郡（Kent）牧师的儿子，他对于人类心灵怀有一种纯粹而广泛的好奇心，这在当今已不多见。这种好奇心使之关注各类研究者，包括种族间人类学家、全科医生、船上外科医生、住院内科医生以及两位在伦敦皇后区（Queen Square）的著名神经学家，这些人引导着他于 1893 年进入剑桥大学，成为心理学讲师。一位同事之后这样评价他："也许从没有人从如此多的方向去探究人类心灵。"

一战之后，里弗斯所主导的一项有关战争神经症的研究，发表在了英国战争办公室（War's Office）对炮弹休克的调研中。里弗斯的结论领先于其时代五十年。他探究了空军的神经症发病率，发现神经症症状并不与行动的强度或战斗时长有关，而是与受害者的相对身体固定程度有关。空军也和步兵一样，神经症都是一种控制某个人环境的能力。通过研究医疗记录，里弗斯发现，那些热衷于掌控其命运的飞行员较少患有神经症，与之相比，那些在气球中的炮兵观察员患神经症的则更多，因为他们的气球被拴在地面，很容易成为射击的靶子。里弗斯惊奇地发现，气球部队中受精神创伤的人员实际上比身体受伤的要多。简而言之，患者越是感到无助，就越是容易遭受创伤，这项发现直到今天都基本是正确的。

里弗斯五十一岁，当时在位于苏格兰的克雷格洛克哈特（Craiglockhart）医院当军医，当时他治疗了其最著名的患者。西格夫里·萨松是一位荣誉满身的步兵军官以及著名诗人，1917 年 7 月在进入克雷格洛克哈特医院之前，他还在谴责战争的报纸上发表声明，这项声明还在下议院（House of Commons）中被大声宣读过。这项声明末尾是这样的："我代表那些目前正在受苦的人们，谴责那些用之于他们身上的欺骗；我也相信，我能摧毁那种冷漠的自我得意，那些在家的人们正是抱着这种得意洋洋的态度来看待那些无尽的痛苦，这些痛苦他们不懂，他们也无法想象。"萨松一直为很多无力诉说的士兵奔走相告；从军队的角度看，他很危险，军队经过深思熟虑之后宣布说萨松患有炮弹休克，并且将他送到了克雷格洛克哈特医院，而他在那里接受了里弗斯的治疗。

这次心灵的相遇造就了一段传奇：两位著名的知识分子，碰撞出了他们所处时代的问题。萨松是否真的患有炮弹休克值得商榷（他晚上梦魇，离开前线后还声称自己患了"战壕热"），然而长久来看，这种专业问题并无多大意义。萨松和里弗斯两人的会面本身就是创伤的核心问题，这些问题回响至今：**如何让自我与时常不人道的社会需求相和谐？我们如何与社会交流那些构成创**

伤之根的条件？我们如何有尊严而真诚地面对死亡？

起初，这似乎远不是理想的配对。萨松关注的是军队如何用炮弹休克这个标签忽视他，因此他对里弗斯的态度比较愤怒，甚至有点敌意。萨松有点势利，还嘲讽克雷格洛克哈特的其他患者，他在给朋友的信中还称这里为“古怪城”（Dottyville）。里弗斯用一种慈祥的语气来应对萨松的叛逆，这种语气可能是他常常用于处理剑桥大学生问题的方式。里弗斯的方法似乎是一种医学导向的社会交流。他们像同辈一样说话。正如萨松在其之后的自传体小说《舍斯顿进程》（*Sherston's Progress*）中所写：

一晚，我问到他是否觉得我患有炮弹休克。

“当然没有。”他答道。

“那我得了什么？”

“嗯，你似乎患有一种反战情结。”

我们两人都笑了。里弗斯从未显得年长；尽管我俩之间差了不只二十岁，但他说话的方式显得我和他在心灵上是平等的，远不像是在治疗一个个案。

里弗斯受弗洛伊德的影响，但是他并非弗洛伊德主义者。他认为弗洛伊德的儿童性欲理论对于治疗战争神经症并无太大帮助。然而，他却视梦境分析为一种理解心灵机制的重要手段。不论他的理论倾向是什么，他都对萨松采用了一种个人化的治疗取向。他们起初每天会面，之后里弗斯缩减到一周三次。不久之后，里弗斯就试图说服其患者重回前线，从而强化他对战争不义的主张。

克雷格洛克哈特的主任相信运动治疗的价值，在白天经常可以看到军医和患者一起打网球、打门球、打板球，这些活动可以带来一种轻松的氛围。曾经冷酷的萨松也接受了这种活动，开始在苏格兰乡村孕育他的思想。晚上就完全不同了。正如萨松所见，这个地方分裂成两半，温和的白天之后就是凄惨的夜晚。“白天，医生们成功地处理了这些顽疾，和这些克雷格洛克哈特人进行‘愉快的交谈’。然而到了晚上，他们就失控了，整个医院变得阴森而压抑，充斥着战争体验。我们醒着，听着走廊上的脚步声，走廊闻起来有股老烟味儿……我们开始意识到，这里都是一些睡眠有障碍、有问题的人——人们心神不宁，喃喃细语，或是突然从睡眠中惊醒失声哭泣。我的周围是梦境的世界，这些梦境受潜在的战争记忆、难以忍受的震颤、无法入睡的自我分裂所纠缠。”这时，里弗斯开始赢得萨松的信任。

在克雷格洛克哈特还有另一位麻烦的步兵军官和诗人威尔弗雷德·欧文。他曾与曼彻斯特团（Manchester）并肩作战，并且在法耶省（Fayet）附近遭遇炮弹爆炸。他被炸得晕眩而失去反应，最终被送回了英国。欧文比萨松年轻七岁，他当时还未发表诗篇，当得知萨松也在克雷格洛克哈特后，他来到了萨松的病房，向他寻求写作建议。欧文结巴地向这位年长军官称赞，请求他在诗集上签名。在他们在克雷格洛克哈特住院期间，萨松指导着欧文，帮助他推敲写作，这些作品之后成了典型的战争诗篇。

欧文的许多最伟大的诗作都写于这个时期，包括《青春挽歌》（*Anthem for Doomed Youth*）和《为国捐躯》（*Dulce et Decorum Est*）。两人对很多事情都抱有同感，包括“公众和新闻对战争明显的漠不关心”。

倘若萨松在克雷格洛克哈特期待着殉难，那么他要失望了。在萨松和里弗斯相处的时间里，萨松从一开始无效地反抗着里弗斯，到后来视他为知己，尽管里弗斯并没有战斗经验。很多年之后，萨松将他描写为一位“梦中的好友”。在最后那个夏天，萨松对医院的关怀感到羞愧，似乎也接受了自己的命运，他说道：“现实在海峡的另一边，确实如此。”萨松用一种独特的方式升华了，他开始相信将自己的生命献给战壕中的和平事业是一条合适的道路。11 月，萨松出现在了军队医疗委员会，并且被宣布合格录用。

里弗斯只是亲切地与萨松谈论着他的困境，除此之外他是如何改变萨松的人生轨迹的，这一点从未被完全搞清楚。在某种程度上，根据萨松的话说，里弗斯身上似乎有一种治愈性的东西，这是一种创造性的悲悯，考虑一下这两人面临的压力，这种悲悯似乎有着魔力。萨松之后写道：“最后一次关上他的门，我把这个人留在了身后，这个人曾帮助并理解我超过我曾认识的任何人。尽管他并不喜欢催促我回到战场，但他还是意识到这是我唯一的出路。我在这里待得越久，我越是明白他是正确的。”

5 月份，萨松回到了法国。在一次冒险进入两人侦察机枪阵地后，他回到友军战线时，被一位英军士兵开枪击中了头部，这位士兵误以为他是德军士兵。军队不顾他的反对，将他送回了英国。一战之后，他成了一位有文化的乡村绅士，并且继续写诗，尽管他诗作的风格已经有了很大的变化。战争从未远离他的心灵[①]，十几年之后，他仍然梦到回到前线，这也呼应着其他老兵的经验，比如一战诗人作家艾弗·格尼（Ivor Gurney），他于1937年死在一家精神病院，并且始终确信战争还在继续。

欧文则是得到了另一种幸运。他在和平到来前一周的一次行动中阵亡。他死去的消息传到父母那儿时，正好教堂的钟声敲响，宣告着1918年11月11日的和平协议。

对于一切哀婉和戏谑，一战都代表着某种失去的机会，来探究创伤的原因。战争给士兵们的心灵带来了难以言明的伤痛，一段时间里，这个世界开始对此刮目相待。仅在英国，战争末期就有二十所炮弹休克的医院[②]，以及数不清的“康复中心”。炮弹休克是第一例被承认的创伤导致的心理障碍，尽管这个术语本身就令人困惑，然而它还是提供了一次认识的机会，一个增加有关创伤后应激的相关知识的机会。

---

① 尼尔·弗格森，(Niall Ferguson)《战争的悲悯》(*Pity of War*)。在《一战与现代记忆》中，保罗·富塞尔如此写道萨松：“到休战的时候，他已经精疲力竭了，而且浑身发抖，无法入睡，并且过度紧张，不再适合文学工作。他在肯特（Kent）再次找到了和平和宁静，然而梦魇一直困扰着他。然而，到1926年，他已经足够康复，开始这项事业，并且这项事业占据了他余生大部分时光。他开始重新回忆战争，并且在六册回忆录中对比了战前的世界。这些著作把他从一场战争带到了另一场：他在1945年完成了工作。他半生都在一而再再而三地回顾早年生活，被一种欲望所驱使，即他所谓的‘我对追忆过去有着奇怪的渴望，并且不屑于现代战争。’”

② 本·谢菲尔德，《神经之战》。

奇怪的是，英国从来没有联合起来的老兵运动[①]。那些杰出的战争老兵，比如哈罗德·麦克米伦（Harold Macmillan）和克莱门特·艾德礼（Clement Attlee）都很快在回忆中提到战争，但是他们都是以个人行动，而从来没有成为过某类运动的成员。有些人认为，这个问题是作为一种阶级问题而出现的。最有知名度的那些炮弹休克患者只是想要对此进行政治归因。萨松又是一个很好的例子：他经常疏远地广泛描写战争，然而为那些相当于精神问题的事情努力的理想却不在其中。一战之后，里弗斯回到了剑桥继续学术工作；他对身体固定和创伤的研究在当时都鲜为人知。

大西洋另一边，1919年由一批在法国征战的老兵所建立的美国退伍军人协会（American Legion）成了呼吁为退伍士兵进行治疗的有力之声，尽管它类似于南北战争之后的主要老兵组织——内战联邦退伍军人协会（Grand Army of the Republic），但退伍军人协会关注的是当地老兵医院的资金和补助金，而非心理健康事宜。老兵经验的政治意味则成了德国、法国、意大利在休战期间的主要政治主题（墨索里尼在1922年掌权时就利用了老兵的支持），然而创伤叙事本身就被政治化了，这种方式几乎忽视了老兵个体的心理需求。

对于这种广泛的忽视，只有一个例外[②]，即一位从未直接目睹战争的美国人亚伯拉罕·卡迪纳（Abraham Kardiner）。卡迪纳

---

① 杰·温特，《炮弹休克》。

② 本·谢菲尔德的《神经之战》，朱迪恩·赫尔曼的《创伤与复原》。

偶尔有点强迫，他所接受的医学教育的顶峰，就是在维也纳接受了弗洛伊德本人的个人分析。1922 年，他开始在布朗克斯区（Bronx）81 号的退伍军人医院（Veterans' Bureau Hospital）工作。四年之间，他接待了超过一千名战争相关的神经症患者。之后，他将这段经验描述为他一生事业中“最有益且最激动人心”，然而也是非常困惑的时期。在医学文献中并没有只字片语来解释他所试图治疗的“折磨和不适”。

1939 年，战争再次在欧洲爆发，而卡迪纳开始进行综合的理论研究。在著作《战争创伤神经症》（*The Traumatic Neuroses of War*）中，他注意到片段性失忆遍布战场，他写道：“在过去的二十五年里，由于战争导致的神经紊乱的主题，公众和精神病学界对此的兴趣都反复不定。公众对此的兴趣并未保持，而这种兴趣在一战后非常强烈，精神病学界也是如此……其部分原因可能是，老兵在战后的地位已经下降。”

这部著作在其后超过三十年中都遭到了全然忽视①。卡迪纳所传达的信息没有人想要听到：对于那些受战争伤害的人们，除非能对其采取一套主动而系统的治疗，否则其康复的前景就十分渺茫。在 20 世纪 70 年代，美国医学遇到了越战老兵心理障碍的蔓延，因此卡迪纳的著作成了精神病学家唯一能利用的资源。公众对战争神经症的兴趣变化多端，他对此的预言也被证实太准确了。

① 本·谢菲尔德，《神经之战》。

第四章　被纠缠的心灵

在治疗炮弹休克士兵的过程中，一战时期的医生起初都将这种不安视为一种生理现象，好似炮弹的震颤性力量损伤了受害者身体的某一部分。尽管创伤后应激障碍的患者[①]可能将痛苦体验为一种身体失调，但这种体验常常是超常的、诡异的现象或者是一种强迫地回到过去的现象。幸存者回望过去，看到那些写进世界的信息。警告、预言、圣言以预兆的形式出现，它也是一条线索。幸存者回望过去，想起一封未回复的邮件，从一位陌生人带

① 朱迪恩·赫尔曼《创伤与复原》，保罗·富赛尔在描述一战文学的某些方面时，他主张道："这场运动走向了神秘，走向了邪教的复苏，走向了献祭，走向了预言，走向了圣礼。安妮特·贝克（Annette Becker）在《前卫、疯狂、一战》（*The Avant－garde, Madness and the Great War*）中论述道，一战的疯狂催化了超现实主义，这种艺术运动沉迷于幻觉、非理性、无意识的神秘。"对于精神病学家而言，心理混乱和幻觉都是战时综合征的特点，无数案例研究的讨论对超现实主义者而言，只有散文诗适合它们。"贝克引用超现实主义诗人安德烈·布勒东（André Breton）的话："我坚持认为，不提及战争——包括战争抛弃的及其带来的东西，超现实主义就无法理解。"贝克继续描述这场艺术运动是由受战争所纠缠的人们所推动的："在20世纪20年代到30年代，许多超现实主义者和表现派艺术家和诗人都写到了他们被战争所标记，受困于美和暴力之间，受困于绝望和魅力之间。一个例子就是画家安德烈·马森（André Masson）：'对我而言，暴力是存在的一部分，而我们必需表达它。这就是为何我从瑞士回来参军，成为一个普通士兵，去目睹暴力——并不去造就暴力，而是目睹它，但是我必需置身其中，而且必须在其中。'"

来的有趣而突然的评论，冲击之前交通连成一条线，五辆红色的车集合在同一车道。没有用过的机票、叶子不合季节的树、奇怪的天气、老旧的会计分录。对于一个注意到这些事情的人，一个成为了自身生活的侦探的人，这些是什么？是什么样的恐惧，使得我们变成了一种如此缺乏日常信任，以至于要去寻找这个世界的深层规律，变成一种诺斯替求知者？恐惧的那一刻发生了什么，使我们如此孤独，以至于我们开始将这个世界视为纠缠，而记住那些细节？是否恐惧的秘密唤起了某种寻求模式的需要，唤起了某种更为古老的理解世界的方式？

是什么让我们相信，创伤事件有其自身的生命？是否它在时间中寻找位置以表达自己，让自己为这个世界所知？

在巴格达遭遇简易爆炸装置前一天[①]，我和一帮士兵一起巡逻，他们无法相信我之前从来没遇到过爆炸。一个月之前，我在费卢杰营地机场跑道旁的空调屋里等待飞往多拉的直升机时，我相信那就是死亡暗示的时刻。这种暗示是以一个男人的形象出现的，这个人我能认出来，但是我却从未见过。

他和我一样在等待一架从安巴尔飞来的直升机，他准备开始回到家乡之后的无尽假期，或者像是战争中的其他人民——承包商、退伍枪手、流浪者、雇佣兵一样，从一个任务点走向另一个，去向幼发拉底河沿岸的一座座基地，那些基地宛如一座座古

① 对于这类补偿性的幻觉，参看保罗·富赛尔的《一战与现代记忆》。

老的边陲小镇。而我正要去这一系列城市中最近的那一个，那座城市的面庞似乎能唤起我孩童时的记忆，让我觉得我得花上余生去试图到达彼岸。这是一副只能让你感到疲惫的面庞，它带着些好斗的性格，实际上会让你质疑生活的某些基本准则。

当时，我和士兵们已经过了几个月凑合的生活。我在空调屋里小睡，醒来睁开了眼睛之后，我的心冻住了。我就在此，我四周几英尺外都是肮脏的胶合板地板，依然奇怪的是，我的头还枕在背包上，埋在一本书里，书名我想不起来了。地板好似成了我身下的流体。这不可能：他穿着和我一样的棕色帆布军裤。

他身材和我相仿。我们都是一副绝对的大学男生面孔，棱角的面孔里仿佛天生就是当军士长的。他和我一样，是一位前往古老世界冒险的文艺青年。他脚踏一双有品位的磨损的意大利登山靴，显示出他（我）那对战争中不必要的装备渴求的弱点，而战争完全不需要这种奢侈。这似乎是我第一次看到自己。然而，一个人看的书可以体现他内心的故事，倘若不是他手上拿的这本书，我可能不会对他短暂地着迷，然后又继续睡着。当我的眼睛适应了房间的灯光，我看清楚了书名，我内心产生了一种震颤：他所读的这本书就在我的帆布背包里：一本绝版的黑狗 & 利文撒尔版（Black Dog & Leventhal）的 T. E. 劳伦斯（T. E. Lawrence）的《沙漠革命记》（*Revolt in the Desert*）（也就是劳伦斯的伟大著作《智慧七柱》（*Seven Pillars of Wisdom*）的缩减版），这本书只有英国某个善本书店有售。这是除了我那本之外，我所见的唯一的另一本。看到这本书之后，我感觉不妙。脑子里出现了一个想法，不论这个人是谁，他的出现都绝非巧合，他是出于某种原因而出现在此的。

恐惧渐起，抓紧又松开就像是给了我肋下一拳。我明白，**在某些神话中，这种副本人物的出现被视为一种警告，一种死亡来临的预兆**。倘若这是真的，那么他这个版本的我可能就跟着我穿越了整个伊拉克，潜藏在我的间接视觉当中，等待着合适的时机出现。我在卡尔马见到他在一座小屋里张望，透过部分窗帘、透过半裂的房门、透过深邃的窥视孔，似乎他不仅仅是一个警告，而是我死亡戏剧的演员。有没有可能我之前见过他，但没有认出他？这就是原因所在？当一个人走向死亡的时候，就会有高度的知觉能力？这就是为何许多人在临终前会感到一种平静，就好似死亡是一趟学习的旅程，是对失落记忆的承认？那么我为何会在这里见到他？

接着，他好像感受到了我的目光，他站了起来，收起了他的装备，并走出了房间。我毫不犹豫地从胶合地板上站起了身，紧跟着他，走近了一帮集合地陆战队士兵、承包商、疲惫的上下车的人群当中，数百人来来去去，场面上堆满了卡车和悍马，这些车辆带着战争的温度，以及人们那些细微的冥思和悲苦、难以言表的忧愁，正如堆放在飞机跑道两旁宛如冰川的行李装备。我立马体验到了一种奇怪的兴奋，这种兴奋抓住了我的每一步。我朝他跑过去，踏着轻快而夸张的步伐，然而他已经混进了拥挤在沙石场地的人群里，那片场地正好在休息屋和一排七吨卡车之间。我瞬感自由，我为他所绊，绊在了这神秘的冒险中。我能感到一阵疲惫正在耗竭我，在追逐中，我四肢发热。我看到他滑到了一位高个轻机枪手身后，最后瞟见了那精致而褪色的背包摆动在他背后，他那无懈可击的步伐，手上还拿着那本劳伦斯，中指遮住了书名。之后，他就消失不见了。

回想过去，我发觉自己在想，他就是我已经回来的幻象，在挪威传统里面，双胞胎中的一个人离去之前，一个幽灵就会到来。然而我见到他是在去多拉之前，出现问题之前，遇到“收割机”之前，在萨蒂亚遭遇简易爆炸装置之前。我曾经知道某些事情，但自己却不知道是如何认识到的？如果他是为我而来，那他要向我传递什么信息呢？他是不是就是我如何看待自己的化身：一位茕茕孑立的浪子，一位没什么激情地读着劳伦斯的成年男孩儿，一个对所有事都有点儿太过严肃，却发现自己无家可归，只是在越来越显得毫无意义的战争中游荡的家伙？

有时，我觉得，他也源于我来伊拉克之后所信的那种迷信，这种迷信在我阅读的所有书籍和电影中都有所谈论，其中士兵们都带着幸运符、填满的动物、兔腿。所有这些稀疏平常的物件都被战争变成了圣物。我想知道是否就是这些护身符以及对生活的奇怪信仰带我参加海军陆战队。承认这些给你带来了一种巨大的力量感，这种感觉在你出去之后会长时间伴随着你，让你觉得你能主宰生活。

正是以这种方式，另外一个我也许就是一个传信者，他前来告诉我我已经是或梦想成为的那个自己，即一位被派遣的骑士，带着“收割机”一个月之后命悬一线时所提出的问题。我在伊拉克干吗？我现在是谁？是谁让我卷入这场战争？我在这个不必要在的地方，想向自己、向这个世界证明的到底是什么？为何我总是要回来，将我放在超出我理解的危险之中，试图描写一场回国的人都不会有任何兴趣的战争？人们对我而言，越来越像是生活在水族馆里的鱼，被隔离在现实世界的玻璃墙之后。还有某种其他力量在起作用，某种看不见的磁力在吸引我回来吗？某种存在于致死危险当中的荣誉感、殊荣感？

现代科学倾向于将这种现象视为关联症的表现，视为只有在回看时才有意义的事件或是另一种意识状态的产物，正如登山者经常在高海拔处所看到的类似于自己的幽灵。合理的理解就是，这种预兆就像是大地震前的前震。前震之所以是前震，就是因为其后紧随着地震，这正是地震学家开始建构的模型。倘若没有地震，可以描述为前震的现象仅仅只能叫作是震颤，这是一种微弱很多的地质事件，其可以在任何一天发生在南加州。或者因此可以这样想。

然而这些诡异事件、这些心理前震和后震当中还存在着某些事情。正像弗洛伊德所言，倘若梦境是通向无意识的康庄大道，那么也许这种启示当中也存在某种现实意义，即使这种启示只是自我所设的镜像。故事、自证预言、幻觉、闪回，将这类现象视为一种消极症状、一种知觉缺陷是很吸引人的，然而我们应该记住，幻觉在所有文化中是如此普遍，或许一旦我们承认其超现实性，我们就能将之用作工具，作为一种幸存者的心灵透镜，而不是仅仅视之为一种病理表现。或许正像劳伦斯·冈萨雷斯在疾病和康复中所著的著作《幸存生存》（*Surviving Survival*）中所写到的，或许在大脑的较低、较古老的部分与新皮层之间，存在着有意义的神经联系，即一种在纠缠时期出现的协调。或许在这种对话、这种本能和想象间的呼唤与回复之中存在着某种价值。

艾莉丝·希柏德在锡拉库扎（Syracuse）的隧道中被强奸的一年之后，她在下午8点56分感到腹部一阵"尖锐的刺痛"，这正是感恩节前一周的唱诗时间，据锡拉库扎警局的报道，与此同时她的一位朋友在希柏德的公寓内遭到了强奸。

"我们还有时间，"这位女侦探说道。"她看了看手上的电子表。现在是下午8点56分。"

"我有点疼。"我说到。

"什么？"女侦探疑惑地问道。

我们随后才知道，这种事件只是她被强奸后生活中更大生活感受的一部分。"我的整个世界都颠覆了；不论我做过什么或者知道什么，都变得黯然失色起来。我明白，从那一刻开始就没有机会逃离：我的生活、周围的那些生命、强奸。"不仅仅是受它所迫，受它所定义。希柏德已经被强奸所控制、腐蚀了，正如反光的天体被另一个天体所遮蔽。一年之内，希柏德和她的一位朋友都被强奸了。这就好像她的整个世界都被强奸了。

创伤文学包含着一种类似不安现象带来的财富，因为创伤能标上想象的印记，并毁坏我们正常叙事的能力，因此它能创造出一段一开始就是超自然的故事。安布罗斯·比尔斯（Ambrose Bierce）是实际参加过南北战争的最重要的美国作家，他写到曾受“那段血迹斑斑时期的幻觉”所困扰，而且余生一直看到“死人和尸体的幻象”。作为一个充满激情的世俗人，弗洛伊德认为一战老兵在梦中都有种重复地生活在创伤里的倾向，他将这些梦描述为带有一种“恶魔特征”，这种特征首次出现在其讨论这种重复的文章《诡异》（*Uncanny*）中。七年之后，凯西·卡鲁思（Cathy Caruth），一位似乎毫无保留地谈论创伤这种超自然关系的作者，在其著作《创伤：在记忆中探索》（*Trauma: Explorations in Memory*）中认为“遭受创伤，完全就是被一种图像或事件所控制。”

对创伤与精神领域的关联的信念至今仍旧强烈。记者珍·佩尔西（Jen Percy）在其2013年所写的一本书中描绘到，一个位于乔治亚州的五旬节教派（Pentecostal Christian）组织“熊溪农场”（Bear Creek Ranch）仍然提供199美元一次的驱魔仪式，其声称PTSD可以仅通过“解救”而治愈。这种倒退的经营者声称已经主持了五千次这样的驱魔仪式，包括从老兵迦勒斯·丹尼尔（Caleb Daniels）身上驱除恶魔，这位老兵于2005年在阿富汗的一次直升机坠毁中失去了八个战友。丹尼尔已经不再与这个组织联系，他曾描述有“恶魔毁灭者”来访，并强烈谴责他的“杀戮和幸存”。由于这种幸存者的愧疚，他开始有幻觉，觉得他死去的战友都挤在他的卧房里。“他去到任何地方，都看到他们，他们烧毁的尸体在注视着他。”佩尔西写道。最终，他被一个他所谓“毁灭者”的恶魔所纠缠，即一头六尺五长的带角水牛。“它就是一个阴影。它已经死去了。它可以召集所有他死去兄弟的灵魂。”根据佩尔西所写，农场主相信“人们受着一种罪恶所奴役，创伤就是恶魔可以通过的大门。”

在某种层面上，这种附体毫不令人惊讶。每个人都带着一些关于特定事件的显著记忆，这些事件定义了这个人，这些事件不论好坏，都遮蔽了随后发生的一切。毕业、自驾游、破产、骨折，这些都是生活的原始材料，是我们为自己所讲述的故事。似乎，我们就是自己的伤疤。神经科学家早就认识到[①]，并非所有的记忆都是等价的。加州大学欧文分校的一位记忆研究先驱詹姆斯·麦克高夫（James McGaugh）回忆起，他的孙子崔斯坦（Tristan）在母亲从他头上拉起T恤的时候说的话：“还记得我在卡比（Kirby）家摔倒磕伤下巴的那一次吗？我当时也是穿的这件T恤。”崔斯坦在一年前摔倒。根据麦克高夫的说法：“重要的经验创造出强烈的记忆。”

然而与PTSD相关的那些独特的记忆闪回可不仅仅是强烈的

---

① 詹姆斯·麦克高夫，《记忆与情绪》。

记忆，心理学家认为闪回可能以某种不同于一般自传性记忆的“格式”存储在大脑中。根据研究过六十二位平民PTSD患者的伦敦大学学院（University College London）研究员克里斯·布鲁因（Chris Brewin）的说法，闪回记忆与自传性记忆之间存在着重大差异，自传性记忆可以言语化，而**闪回记忆却在语言范畴之外，而且只要遇到与创伤事件相关的任何事情或者任何感觉刺激，这种记忆就会激活**。这种“双重表征理论”假定，最为有害的记忆仍然在暗处，甚至远离那些与同一个创伤事件有关的其他记忆。这种有关死亡和死去的无法控制的记忆在比尔斯的案例中，被构建成了“幻想”，这一点就不难想象了。

创伤的时间不仅仅摧毁了现在朝向未来之流，
它也毁灭了之前的一切。

可能这种闪回经验就是人类信仰鬼神和超自然的根基，而我们对亡魂的信仰反过来又来折磨我们，来向我们寻求在幸存者心中悬而未决的问题的答案。这种鬼魂有种强制力。他们闯入，他们滞留。用《精神障碍诊断与统计手册》的术语来说，就是他们入侵了。“记忆变得狂野。”[①] 一位陆战队老兵告诉我，他描述了他杀死的一个伊拉克女孩的记忆。在最糟糕的情况下，这些记忆会经常闯

---

① 对克林特·凡·温克尔（Clint van Winkle）的采访。

入，以至于这种力量会使得受害者的整个生活故事在时间上变得扭曲，自传性的记忆被遮蔽。这甚至会影响事件之前的记忆。

2010 年，索纳莉·德拉尼亚加拉（Sonali Deraniyagala）写到关于 2004 年杀死其家人的海啸时，曾感到被迫去回忆她过去的一些恐惧。“过去的六年里，我已经害怕回忆童年了[①]。我觉得我年轻时的得意洋洋十分愚蠢，我对一种观念感到不安，即使我明显一直就是一个天真的孩子，这都命中注定了。”注意这些词汇：明显、注定。就好像一种模式已经出现在了前方，一种计划已经形成，目标已经选择。这并非一种无名力量的效果，而是一种异类智慧。

一位敏感的人、一位作者在恐惧的浪潮下，可能会开始觉得他的想象被那个事件所绑架了，直到一切都从中涌出又流入其中；这个世界本身、过去、未来都是一种表达，一种关于所发生事件的延伸，这件事一直在发生，过去也一直在发生。创伤就像是病毒，会将自己写入这个世界，绑架记忆的每个细胞以便用来繁殖。

长官，你经历过爆炸吗？

我被问起这个问题的那一天，我很担忧这个问题意味着什么。之后，我发现我无需担忧。我知道这样的问题并非那种没有

① 德拉尼亚加拉，《浪》（*Wave*）。

后续的问题。在某种意义上，问这个问题就是在否认战争的意志，就是否认战争对于你存在的绝对控制，否认它在每一刻对你的主宰。问这个问题就是插入了一种相对于命运的独立，这种独立就是在说我们可以存活在战争的秘密之外，我们已经掌控，我们不必担心我们的运气。这种运气似乎取决于你所谓的简易爆炸装置，取决于它在何时何地爆炸。

我明白这一点，部分是因为我于 2004 年曾经在日记里写到过关于关联症的几乎相同的一行。那一年，在阿布格莱布（Abu Ghraib）① 监狱事件之前，雕塑倒塌之后的那些早期关于战争的探索岁月里，当战争即使在人们回家之后依旧多少保持新鲜时，我还在叙利亚边境上偏远的陆战队前哨站。一天我们外出巡逻，我听到一位军士长低声细语，说感觉有些东西消失了，就好像我们所乘坐的载具被击中了。

“今天感觉不对。”他在无线电里与其他陆战队员交谈过之后说道。这在我后来看来并不神秘。这家伙是位有着奇特天赋的士兵，当事件发生时，他刚在国内休完假（这是他第二次赴任），他与战争如此接近，以至于他明白一些事情却不知道是如何知道的。

那天之后，当一枚简易爆炸装置在我们面前爆炸时，他一点儿也不惊讶。

---

① 2004 年 4 月，美军在伊拉克战争中的虐待囚犯事件。

本不该有的模式。

当然，这场战争是非典型的时期，可以描述为一种积极的关联症。在这个事例中，陆战队员无意识的模式结果被证明是正确的。他曾经也错过，曾经也没有过简易爆炸装置，我当然不会记住这些。然而这次事件，当它在后来被证明在漫长的战争的最初几个月里发生时，对我而言，回首那几个月就像是在伊拉克学小学课本，它就让我将这位军士长午后的行为视为一次幸存实践课：有时候你必须以某种看似疯狂的方式留心那些看不见的东西。**在战争中待得足够久，你就会开始长出一种天线，来搜索那些看不见、道不明、有时很微弱的本能信号，这种信号会说，我在这里感到不安全。这是为何呢？**

到 2007 年，大浪的高潮到来了，这种天线的存在事实上受到了五角大楼的认可，并且被纳入了《3－24 电台镇压反叛》（*FM* 3－24 *Counterinsurgency*）一书（这是由彼得雷乌斯将军（General Petraeus）和他人共同执笔的小册子），这份册子鼓励指挥官们留意某次特定行动中的“气氛”。然而这种天线在你回家之后，当你不需要它们的时候会怎么样呢？我们如何适应圣地亚哥的“氛围”？对于很多老兵和平民急救员而言，这种天线会成为一个问题：**在一种情境下能救命的盔甲，在另一种情境下就具有毁灭性。**

回到加州，我并未立马看到这种天线带来的问题。大多数时候我感到的都是愤怒。愤怒于那种让战争发生的冷漠而麻木的心灵，愤怒于那种同样冷漠和麻木的心灵，其让美国人表现得好像战争从未发生。然而还有另外一些不那么理智的担忧。我一旦思考，这些担忧就会变得明显，所有在街上和沙漠公路上开车就会成为问题。理论上而言，实际上驾驶在任何一条路上，都会让我联想起在伊拉克被炸死的某人，然而由于这对我而言还不明显，所以驾驶在大多数街上，甚至驾驶在蒂华纳（Tijuana）都很少会激活我的天线。

一天早上，我在我家后面的路上开车，赶去退伍军人管理局赴约，我看着前方，看到有一辆平板卡车挡在我的路上。我毫不犹豫地停了车，下车，朝平板卡车跑去，向不知道是谁的卡车司机吼着，让他移开卡车。

“这可不是什么鬼停车场，你他妈的！”我记得我这样吼道。

不到片刻，我感觉我回到了伊拉克。不到片刻，我感觉我遭到了一场伏击，有一颗简易爆炸装置埋在了路上。这里是我家乡，圣地亚哥的北园，十年前我从陆战队退役之后，我在这里住了许多年。三个街区之外就是我朋友的房子，他是一位前钻进指导员，住在那里很多年了。离他三个街区之外就是浪漫曲咖啡厅（Claire de Lune's），我的朋友米奇（Mitch）曾在这里打工来支付横穿圣地亚哥州的路费。我凭借直觉就知道，我离805高速公路有多远，可以凭借声音就判断路上的交通状况，可以根据周围路上司机的行为来断定时间。2011年我生日，艾丽卡蒙住了我的眼睛，开车带我去大学城（University Heights）附近我最好的朋友家里，准备开始为期两天的聚会。当我们行驶在路上，我叫出周围街道的名字时，她生气了。

“见鬼，大卫！你毁掉了这该死的惊喜！”

这已经是一片已知地带（terra cognita），换言之，这个地方与这个星球上我所谓家的任何奇特地方一样。尽管我见到了这辆卡车，但我的另一部分仍在他处。

卡车司机很随和，这位老司机长得有点儿像电影《谋杀绿脚趾》（*Big Lebowski*）里的杰夫·布里吉斯（Jeff Bridges），他很快就把车移开了街道。我自由了，但脸上发烫，血液都突然飙升到了耳朵。

一周之后，同样这辆卡车又堵在街道，而我把这两次联想到了一起。我对拉荷亚（La Jolla）退伍军人管理局医院的治疗师（他是一名研究生）简要地解释到，这次事件震撼到了我。这是一次伏击。挡住我路的卡车、堆在路边的垃圾、从地面升起的热浪、陈旧垃圾的味道、卡车的柴油味，各种刺激都将我头脑的一部分带回了伊拉克。这种转移不知道在哪个特定的时刻发生，我也没有感到自己离开了身体，没有闪光灯，耳朵里没有无线电的交谈，没有爆炸，没有“收割机”的声音。只有被挡住的街道，那一刻似乎只有卡车有色彩，而其他的一切都变成了黑白。

我的大脑在制作模式，换言之，即本不应该有的模式。或者更准确地说，我大脑的一部分，杏仁核被某种准则，危险的准则所掌控，其创造出的模式曾在某一刻是正确的，但是我的身体如今却在另一刻。这不是一次伏击。这并非是通过阻挡撤退道路，而试图伏击美军巡逻队，这也不是敌军行动的典型特征。这只是圣地亚哥一场令人不便的停车事件。

我之后认识到，这只是证明了一个观点，即“**PTSD 是时间之患**”。

不用说，这种情况并非由我身体的理性所控制的。我没有进行透彻的思考，只是简单地觉得我就是遭遇了伏击，并且做出了相应的反应。我明白，这就相当于我大脑的两部分之间的竞争，即老的部分和新的部分——杏仁核与新皮层，这也是我的所感与我的所见之间的竞争。劳伦斯·冈萨雷斯在《幸存生存》中所描述的这种竞争，他写道：“大脑当时就像是混合办公室，不同的部门互相争执。杏仁核并不在理性部门。”

像发生在我家后面街上的这次事件一样的片段，基本上就是一种另类知觉，因为这种片段基本上转瞬即逝，它们也无法接受科学的观察。像这样的回忆经验，尤其是慢性而妄想性的经验很难和真正的精神病相区分。因此，慢性 PTSD 案例经常被误诊为偏执型精神分裂症。这些侵入性记忆和闪回是如此强烈、如此具有转移性，以至于研究 PTSD 十几年的圣地亚哥的加州大学研究员杜伦·贝克（Dewleen Baker）都称之为“情感癫痫”，尽管她指出这并非是神经学意义上的实际癫痫。在控制条件下对患者进行的正电子扫描显示出，在诱发闪回期间，大脑最活跃的部分就是杏仁核，细胞束就如同我们的看门狗，警示我们即将到来的危险，这项发现指示着，尽管**闪回能代表过去经验，但最重要的主题 是一种在乎我们安全的恐惧感**。有趣的是，这些神经影像研究也显示出，大脑明显不活跃的区域就是著名的布洛卡区(Broca's area)，这是大脑的语言中枢之一，这也可以解释为何闪回仍然如此神秘，如此远离语言的领域。

这种纠缠或者说精神病学家口中的症状的“再体验”，在PTSD中扮演了主要角色，并且持续存在，从周期性出现与创伤事件有关的画面、观念、梦境，到持续的错觉、幻觉、完全分裂的闪回，甚至极端情况下的永久精神病。这种精神病最有名的一例就是艾弗·格尼（Ivor Gurney)，他是一战时的一位诗人，于1917年负伤并中毒，二十年之后死在精神病院里，临终前还相信战争并未结束。这类意识改变也是由于一种强烈的罪恶感或认知上的原罪所致，这种罪恶意识无法忍受，正如哈姆雷特父亲的鬼魂。正如死亡本身一样，死亡的“鬼魂”也有无数种方式出现。有些周期性出现的画面和观念就是对特定环境刺激的反应，比如在伊拉克服役过的老兵会突然看到穿着传统伊斯兰服饰的妇女，或者强奸受害者会发现自己独处在一条黑暗的街上。在这种情况下，与创伤事件相关的环境刺激，即便是最细微且模棱两可的刺激，比如柴油的气味，也可以成为触发器。

正如创伤幸存者所体验到的一样，闪回可以主要是一种视觉感觉，然而却时常由气味所触发。一位在孩提时代被骚扰、在青年时期被袭击的女人这样写道：“对于这两件事，气味都可以带

来强烈的闪回。”她继续说道，

“孩提时代被袭击的记忆闪回，第一次出现的时候是在一辆公交上，一个男人坐在我旁边。我一闻到他的汗味和体味，就不再在那辆公交上了。当公交到达目的地时，司机让我下车。我已经失去了一切时空感。”

几乎所有的幸存者都报告说，**某种创伤记忆可以传达出一种无时间的诡异感**，正如提姆·奥布莱恩在其小说《湖畔迷网》中所描述的：“时空整体解散了”。乔·辛普森（Joe Simpson）是一位英国登山者，他于1985年在秘鲁安第斯山脉登山时跌落山崖，但幸存了下来。他之后为了拍纪录片而回到事发地点，但却感到产生了幻觉，觉得自己从来没有离开那座山，并且依然在爬回大本营的路上。在其畅销书《触及巅峰》（*Touching the Void*）的结语中，辛普森这样说道：

“我感觉自己仿佛随时都在被从背后攻击。当我在冰川上，看到映入眼帘的熟悉的山脊圈时，这种感觉尤为明显。这种记忆已经在我意识里留下了烙印。多年之后，我再次看到的这种景象成了触发器，带回了我最糟糕的记忆和联想。在这片地方，我曾经觉得自己正走向死亡。那些山脊线本来是我所见的最后风景。它并非倾泻，而是恐惧……对我而言，那些清晰而生动得令人吃惊的记忆回来了，那时我开始想象，过去的十七年并没有过去，而我回到了1985年那恐怖的现实中，试着爬下这座山。”

辛普森后来向我解释到，这种幻觉片段是由他回到安第斯山所触发的，是这次重返导致他患上了PTSD，而并非原初的创伤，这是一个奇特的例子，即被环境刺激再次引起创伤（心理学家认为一次创伤事件可以“削弱”一个人，使之更容易被再次创伤）。有趣的是，在这次事件之前，辛普森“一直有点质疑创伤后应激障碍的观点。如今似乎每个人都有PTSD，我很怀疑的是，它变得太泛化，提供了一种对过往的辩解以及追求赔偿金的方便法门。”不用说，辛普森如今视自己为“受启发的苦修者”，他对PTSD已经不再怀疑。

尽管侵入性的症状常常是视觉的，患PTSD的人们也能体验到听觉的幻觉。一项对115名患PTSD的战斗老兵所做的研究发表在了《创伤医学》（*Traumatology*）上，研究对象中有65%报告说听到了声音，常常是死去战友的声音。研究中有些老兵还报告说听到了“指挥的声音”，这些老兵不得不服从。艾莫利大学（Emory University）一位研究员道格拉斯·布雷姆纳（Douglas Bremner）认为，创伤后幻觉尽管很容易与传统精神病幻觉混淆，但两者有显著差异，他说道：“在PTSD中听觉性幻觉与创伤事件联系在一起，通常包括患者的好友、痛苦的哭声或实际的创伤记忆。另一方面，精神病的听觉性幻觉通常包含一种无法辨别的奇怪声音，传达着特定的内容，比如对这个个体的一些贬损性的评论。”

一次，我在对一位伊拉克老兵几小时的电话采访之后，我在圣地亚哥家里的门廊前听到了昏礼（Maghrib），即穆斯林的晚间祷告，即便我家周围没有一所清真寺。我对昏礼最强烈的联想就在费卢杰，对于一些伊拉克人来说，这座城市就是“清真寺之城”，而在城市中间的海军陆战队巡逻基地里，你整天都可以听到祈祷的广播和喇叭声（“我作证，没有别神，只有真主，独一无二，无伴无敌”）。许多陆战队士兵都相信，清真寺是叛乱的圣殿，其使用广播系统来组织攻击，这一点似乎毫不相关：听到昏礼总是让我背脊发凉。幽灵只是你嘴里的一个词，直到你听到黄昏时的晚祷，在这座被基地组织好战份子包围、几近废墟的城市里飘荡。

这位老兵和我一直谈论着迪亚拉（Diyala）省，这是巴格达东部一片教派混合的地区。海军陆战队的军官们一致都同意：从2006年起，从安巴尔省被驱逐出的逊尼派叛乱份子，都迁移到了迪亚拉省，我在最终去多拉之前，曾不怎么用心地计划去迪亚拉做报道。不论怎么说，迪亚拉代表着我内心错失的机会，一次未曾遭遇的挑战，在我们谈话期间，我感到自身的某种失望，以及另一种关于战争的复杂感受。挂了电话之后，我走出房子出去散步。当我回家时，我听到广播系统在远处打开了，紧接着就是一阵昏礼。这几乎持续了一分钟，甚至当我回到房里，关上门之后还在继续。

身在圣地亚哥，这都让我回忆起，我也像很多老兵一样有着很多困扰、很多未解决的记忆潜伏在心灵深处，这些记忆可以在某些情况下被重新激活。有趣的是，对我而言昏礼并不是跟某种特定创伤事件联系在一起的，而是与我自 2004 年 5 月开始在费卢杰度过的那几周联系在一起。在有关创伤的临床文献中，普遍的现象就是这些文献都聚焦于最重大的事件——最为恐怖的一个瞬间，比如简易爆炸装置爆炸的那一刻或是地震中建筑倒塌的那一刻，这就好像为了得到理解，创伤过程被缩减到了时间上单一的一点。因此，对于创伤幻觉的临床描述几乎都集中在最大恐惧的那一刻，即接近死亡的那一刻。在我后伊拉克生活最糟糕的那段时期，我对这个世界感到极大的疏离与愤怒，就好像我的身体回到了多拉和拉马迪（Ramadi），我曾在那里过了几周好似踩在刀刃上的生活。简而言之，那种累积的压力和恐惧感回到了我身上，而并非某次命悬一线的无法忘怀的记忆。我总是对那些阿拉伯音乐很敏感，我想知道我在圣地亚哥听到的昏礼是否并非是一种错觉，这种错觉与伊拉克漫长的时间相关，而我感觉自己迷失在了战争里，就像一个从日常而踏实的回国生活中逃亡出来的人。

然而，创伤后的纠结并不需要感觉的激活。南北内战时期一位北军士兵约翰·布姆加德纳（John Bumgardner）在一次炮弹爆炸中命悬一线，他就是这样的一个例子。战争之后，他和他新任妻子夏洛特（Charlotte）过着农场生活。约翰平静地坐着，之后突然说："不要对我说话，你没听到炮击声吗？"一次，他从田地跑回家里，吼道："他们来了，他们来了。看那些爆炸。"很快，他跑到了楼上，他妻子发现他一边害怕得浑身颤栗，一边说："安静，你没听到他们吗？"

迈克尔·费拉拉（Michael Ferrara）是科罗拉多州山杨镇（Aspen）第一位从事荒地急救员的老兵，他描述到他突然被他所谓的“幻灯片”控制了，这是一系列他无法掌控的心灵图像：没有内脏的尸体、一位坐在救护车上的父亲，身边躺着他玩滑板的儿子的尸体、跑道上烧焦尸体的面孔。2011 年，一篇《户外杂志》（*Outside Magazine*）上的文章讲述了费拉拉的遭遇，汉普顿·塞德斯（Hampton Sides）写道：“这是一场恐惧秀，就像希罗尼姆斯·博施（Hieronymous Bosch）的画面一样涌现在他的脑海，而且这图象不会停止。他对此的反应是，肾上腺素飙升，恐惧刺骨，产生一种复杂的现实情绪。他眼神低迷，失去了与周遭的目光交流。他血压升高，发现自己气喘吁吁。**他并非在回忆这些创伤，而是他再次体验了这种创伤。**”

“那些图像突然进入了我心灵，”费拉拉说道，“它们就在此处，在当下发生。我的无意识并不知道那并不是真的。”

倘若白天是弗洛伊德所说的恶魔偶尔散步的园地，那么晚上就是他的巢穴、是一片神秘而变幻莫测的地下世界，在这里恶魔可以自由活动。毫不意外，许多创伤幸存者报告说，他们在晚上感到最无力，对他们的记忆和外在世界都是如此。对于幸存者们而言，恶魔般的夜晚及其主要产物——梦魇一直都是一种特别的地狱。正如我们在前一章所见，西格夫里·萨松在 1917 年开始接受炮弹休克的治疗之后提到过这一点，他观察到克雷格洛克哈特医院的两种面貌，白天是“精巧阳光”的医院，晚上是“阴森压抑”的医院，他在那里觉得自己沉浸在“梦境世界”和“战争回忆”之中。一位南北内战老兵在战后探访冷港（Cold Harbor）战场之后，注意到“那些尸骨和幽灵在我们的梦里纠缠着我们”。纽厄尔·格里森（Newell Gleason）是一位最近才从疯人院放出来的南北战争老兵，一位治疗过他的印第安纳医生观察到，格里森的睡眠很“费劲”，而且“充满着让睡眠变得耗竭而非恢复的梦境”。

死者似乎常常在夜晚来访，迈克尔·赫尔（Michael Herr）身上就如此发生着，他是一名在越南为《时尚先生》（*Esquire*）写作的记者。“在我回来的第一个月，我一天晚上醒来，发现我的卧室里全都是死去的海军陆战队队员。这种事情发生了三四次，都在我做梦醒来之后（在越南从未做过的梦），第一次并不仅仅是梦里恐惧的延续，而是我知道他们在这儿，以至于我打开床头灯，躺在床上抽了一支烟，想着我得出门把他们埋了。”

事实上，正是现代战争的梦魇[①]使得弗洛伊德于1920年修改了他的无意识理论。由于弗洛伊德无法解释梦魇的痛苦而重复的“恶魔”特征，他竭力想让这些梦魇能符合他的梦理论，即梦是无意识愿望的满足。当时，这种观察使得弗洛伊德假定了精神分析一个全新的方面，一种与性驱力（Eros）平等的，他所谓的死

---

① 奥利弗·萨克斯，《幻觉：谁在捉弄我们的大脑》（*Hallucinations*）。凯西·卡鲁思在《创伤：在记忆中探索》说道：“《超越快乐原则》始于弗洛伊德的观察困惑，其观察到一种精神疾病，其反映了一种难以避免的暴力事件对心灵的影响。面对一战后所谓战争神经症的出现，弗洛伊德感到很震惊，梦魇的再次体验和战场事件的再现……创伤梦境的返回震惊了弗洛伊德，因为它无法以任何欲望或无意识意义来理解，而是一种纯粹而说不清的方式，事件以一种反愿望的方式返回了。”

亡驱力（Todestriebe）。亚伯拉罕·卡迪纳（Abraham Kardiner）于1939年注意到，创伤梦魇似乎可以重复多年，他将这种重复的创伤梦描述为战争神经症中“我们在这种疾患中所面临的最有特点同时也是最神秘的现象。”更多现代研究证实了卡迪纳的观点。佩雷茨·李维（Peretz Lavie）在“9·11事件”几个月之后在《新英格兰医学杂志》（*New England Journal of Medicine*）发表文章，他在其中写道：

> 据PTSD患者的报告，与创伤相关的焦虑的梦是最持久的问题。涉及战争老兵、二战时日军囚禁幸存者、大屠杀幸存者的一些研究指出，这些梦境会在创伤事件之后持续40年。

一位越战老兵“D先生”曾在早期PTSD概念研究时被引证过，他一直做着重复其战时体验的梦境。在梦中，他在一座山丘上，越共正漫山遍野地冲过来。这个梦由死亡意象所主导。D先生环顾四周，看着他的朋友都死去了，他举起步枪开枪击碎了一个越共战士的前额。另一名服役于美军海军“快艇”的老兵大约二十年之后，仍然梦到他在湄公河三角洲的经验。他是被敌军炮火摧毁的那艘船上唯一一位幸存者，晚上，他总是会重回湄公河的各种场景，拾起他战友们的尸体，以及他们虐待过的越南人的尸体。“在梦魇中，我无法忍受地尖叫。”他说道。

在很多情况下，这种对梦魇的恐惧会使得受害者无法睡眠，甚至无法尝试入睡，从而导致慢性失眠。长此以往，这种睡眠的缺乏会导致一种行尸走肉般的生活方式。我认识一位越战老兵，他在洛杉矶市中心的办公大楼当保安，他告诉我自20世纪70年代开始，他就没睡过超过两个小时。无数研究追溯到PTSD诊断开始出现的时候，这些研究都证实了老兵的配偶早就知道的事情：创伤幸存者的睡眠与他人不同。他们入睡困难，一直醒着，他们相当容易受杂音所影响。我个人的经验就完全可以反映这个主题。当我躺在床上时，任何尖锐或无法解释的噪音都可以让我心跳加速。有趣的是，宾州大学的理查德一拉斯（Richard Ross）甚至认为，PTSD梦魇可能代表着一种新现象，即所谓的“缺乏张力的快波睡眠”，或是大多数人们体验到的缺乏一般低肌肉张力的快波睡眠。

在今天的研究者当中，主流的理论就是，创伤性梦魇主要是一种原初创伤的“即时重放”，这种观点与弗洛伊德原创的“重复强迫”理论有着惊人的巧合，这个理论就是说幸存者会倾向于让过往的创伤重新上演。“糟糕的事情不断发生[①]，它身处自身的维度，一遍一遍地重演。”提姆·奥布莱恩在《士兵的重负》（*The Things They Carried*）中写道。这种信念的支持者将这些梦魇视为一种睡眠中的闪回，甚至由于其重复性，这种梦魇不如一般梦境重要。由于这个原因，以及梦魇难以出现在睡眠实验室，所以如今很少有关于梦魇的研究。一个退伍军人管理局的研究团队编撰了《2007版PTSD手册》（2007 *Handbook of PTSD*），全

① 提姆·奥布莱恩，《士兵的重负》（*The Things They Carried*）。

书 592 页的内容中只有一条关于梦魇的内容。（在于 1996 年、2000 年、2009 年出版的 PTSD 科学选文中，也有类似的情况。）

为何会有这种表面上对梦魇失去兴趣的现象？答案就在最近的精神病学史当中。威廉·诺曼德（William Normand）是一位在纽约开业的精神分析家，他说道："精神病学已经从无脑走到了无心。"**那些曾经忽视生理学而关注情感的临床学家，如今忽视情感而关注脑化学**。梦境和梦魇研究曾经是主流精神病学的核心议题，当时的精神病学还是弗洛伊德和其理论所主导的，而现在这些研究已经失去了地位。如今，研究者们逐渐转向用神经科学来解释并处理 PTSD 症状。今天，对于创伤性梦魇最为主导的研究都在用于治疗症状的药物之上，主要是哌唑嗪（Prazosin），即一种阻断肾上腺素效果的药物，而身体会在 PTSD 梦魇时分释放肾上腺素。

然而，对于幸存者的采访和对创伤后梦魇的历史档案，都给我们提供了一幅这种黑暗世界的丰富图景，并且可以揭示创伤的某些方面，这些与神经学根本没有必要的相关。不仅如此，由于梦魇时常比闪回更为持久，并常常有种叙事特性，因此在 PTSD 患者更大的生活情景下去研究它们，能够得到一些洞见，从而明白梦魇的本质，以及幸存者自身到底是如何感受这些的。

在创伤性梦魇中，一种普遍的主题就是恐怖事件永远不会结束，它一直存在并且会进化，与当下融合，或是反过来吞噬掉我们的整个历史：过去、现在、未来。战争老兵经常描述到，梦境里面会有死去的战友，他们会回来谴责自己或是进入到与战争不相干的过去当中。在西洛杉矶 VA 医院（West Los Angeles VA hospital）的一些治疗师所主导的一项研究当中，一位越战老兵声称自己只做与战争有关的梦，他报告说，梦到自己开枪射中了一个在屋顶上正在朝他进攻的越共士兵。当这名越共士兵倒地死去，患者才发现这个人是他的战友。

理查德·福克斯（Richard Fox）是一名治疗师，他在 20 世纪 70 年代曾与超过一百名越战老兵工作过，他观察到失去战友常常会导致最为强烈的创伤梦魇和其他应激综合征。他觉得，倘若死去的人一直是与幸存者有着一种“镜像关系”的密友，由于死亡代表着这种亲密关系中一者的消失，其中就会有某种无法忍受的情感，那么这种鬼魂来访就会发生。阿富汗战争老兵迦勒斯·丹尼尔在 2005 年的直升机事故中失去了最好的朋友，这种理论可以解释[①]为何他会如此深地陷入混乱，以至于他会感到被一只“水牛状”的恶魔所追捕。

我所采访的一位伊拉克老兵，他如今在弗吉尼亚成功地运营着一家印刷公司，他曾描述到他与战争相关的梦境像一个“循环”一样发生着。他提到他的梦魇似乎与他通常的压力水平一致，他说道：“大部分时候，这些梦都涉及遭到进攻，而我的武器都卡壳了。”当我问到，这些梦是否是伊拉克创伤的“即时重演”，他回应道：“梦的动力是持续的，但环境变化了。我的解释

① 珍·佩尔西，《恶魔营：士兵的驱魔仪式》（*Demon Camp: A Soldier's Exorcism*）。

就是‘你还未准备好’或‘你还没做好准备’。”奥迪·墨菲（Audie Murphy）是二战中获得勋章最多的美国军人，他也有类似的梦境。一排德军士兵朝他走来：“人们跑着、开着枪、叫喊着，而当我准备扣动扳机时，我的枪就散架了。”

某些研究者将梦魇视为扮演了一种潜在有益、整合性的角色，其能帮助幸存者理解发生了什么，或建构战争混乱、其他创伤事件的意义。一位以色列先驱研究者扎哈瓦·所罗门（Zahava Solomon）在其1993年的著作《战斗应激反应》（*Combat Stress Reaction*）一书中描述了这样一个案例：

伊莱（Eli）在参与黎巴嫩战争的高强度战斗之后患上了PTSD，某种修通过程可以视为一种重复出现的梦魇。在他所经历的那些痛苦经验当中，印象最深刻的一件就是他被一位10岁的“RPG孩子”给射中了，这是由他所持的武器命名的。致使这次经验对伊莱（以及其他描述它的以色列士兵）而言如此糟糕的原因，不仅仅在于固有的伤害和死亡的威胁，还有它在这些士兵身上激起的道德冲突，这些士兵受训不准伤害儿童。在其PTSD一开始，伊莱就开始重复做朝他射击的RPG孩子的梦魇；这些梦魇如此恐怖，以至于他满眼都是这些景象，被吓得跳下床。梦魇出现的节奏有变化，一开始非常频繁，之后则慢慢变少。随着频率的降低，一种修通过程开始出现，而伊莱在其中也发现了其问题的“实际解决”。在梦魇的最初版本里，他面对射击一般都只能无助地站着。在之后的版本中，他能找到掩护或拿起武器。

有时，在梦境的黑暗中，创伤事件会和当下混在一起，创造出一种永恒的午夜；过去和现在成为一体，生活本身却陷入了阴暗。一者评论、嘲笑、讽刺他者。“四十三岁，战争发生在半生之前，而回忆却将之带到了当下。有时回忆会带来一段故事，使之成为永恒。”提姆·奥布莱恩在《士兵的重负》这样写道。这也许是从导致PTSD的战争中书写出来的最好的小说，这部小说正如很多批判家所指出的，在其224页的内容中重演了这种疾患。

2007年冬天，我在伊拉克风浪中写下这一系列故事时，我开始梦到我的老步枪排。在那些梦里，我的陆战队战友与我一起巡逻，问我为什么在我们走在拉马迪街道上时做这做那。有时，他们和我一起乘坐着“海上种马”运输机，在费卢杰亮起航灯，乘务长窗外的天空闪过一道道曳光弹。有时候，我的无线电员，一个名为多尔蒂（Dougherty）的瘦如芦苇的男人，在萨蒂亚的时候，他在悍马里坐在我后排。我在开车，而他什么都没说。他只是看着我。他的眼神就透露出了一切。

也许没有人比西格夫里·萨松更为完全地居住在这个梦境与现实的虚幻境界之中，渗透在其中。一战过去十几年之后，萨松一直都梦到战争还在继续，而他又响应号召入伍。离开军队之后，他回到了英国乡村，出版了几本书，加入了工党（Labour Party），成了《每日前锋报》（*Daily Herald*）的文学编辑，开始了与E. M. 福斯特（E. M. Forster）的亲密友谊，爱上了一个男人，最终娶了一个名叫海丝特（Hester）的女人。然而，战争一直与他相随，战争填满了他的梦境。的确，萨松用整个余生都去书写战争与进入战争的年轻时代，即 1894～1920 年这段时期。他自传式的三部曲小说以《舍斯顿进程》结尾，书如其名，萨松在书中回顾了他早年的生活、战争以及人生转折点——克雷格洛克哈特医院。作为一名作者，萨松很好地利用了这种回忆冲动，尽管他所谓的“我那奇怪的回忆过去、抛弃现代世界的冲动”的那种怪癖一直都存在。

这类强迫和鬼魂到访，都突出了许多幸存者是在何种程度上，仍然停留在一种过渡状态，一种现在与过去、此处与彼处之间的状态。老兵、强奸受害者、被遣返的政治犯都将创伤的这些方面带到了当下。文学就是如此习惯于将创伤人士描绘为“受纠缠的”或“卡在时间中”（引用冯内古特在《五号屠场》中的句子），这种描述方式与创伤后应激障碍在幸存者身体上的体验是一致的。当我提到边缘态，我并非意味着一种诗化的想象，而是一种有明确的生物学关系的状态：比方说在强奸受害者这里，其神经系统会回到创伤状态——面对袭击者而紧张起来、肾上腺素分泌、心跳加速、瞳孔扩大，在这种过渡态当中有种可见的生理表现。那么问题来了：回归社会的过渡态人士（至少在生理上），他们带着一位人类学家所描述的“过多警戒装备”和一种“事物如何运作的强化知识”，他们拥有着在日常生活中没有太多用处的知识。

这些事实可以解释幸存者归来之后感到的某种痛苦。他们并不仅仅只是看到了他人看不到的事物，他们本身在不同的频次、不同的程度上生活在不同的时空里。正如《五号屠场》的主角比利·皮尔格里姆，他在德累斯顿的爆炸中幸存了下来，却失去了在这个世界的立足之处，他们已经在“时间上痉挛了”。由于这种时间（和空间）上的痉挛，他们失去了正常的叙事指南，大多数时候他们靠这种指南来指导生活，这种指南能告诉他们自己身处在哪儿，自己将要去做什么。

埃里克·里德是佛罗里达国际大学（Florida International University）一位研究一战的历史学家，他将老兵说成是困在一种“无人之境”，这是一个军事词汇，来描述友军和敌军之间的领地。由于受到战争的摧残和重造、被 1914～1919 年之间大屠杀所悖论性地厌弃和定义，这位老兵在里德眼中成了“一位固着在一种特定的‘无家可归’中”，他既不属于战争，也不属于他为之奋战的社会。正如里德所指出的，许多老兵余生仍旧被钉在这种虚幻图景中。1965 年，一位老兵这样写道：“五十年里，我从未能让自己摆脱这种无人之境，以及之外的未知世界。在铁丝网这边，一切都很熟悉，所有人都是朋友，在铁丝网那边，就是未知，诡异。”

对于里德而言，这种边境并不仅是一种强迫，其完全是对幸存者身份的重塑。“这位老兵的形象就是所谓的‘过渡态’的亚型[①]。他的一切特定都来自于这个事实，即他跨越了分割开的两个社会的边界，从和平到战争，然后再回来。他已经被他沿着文明边缘所走的旅途所重塑了，在这趟旅途中伴随他的是惊奇、好奇、怪异，对于这些事物，那些在家的人们只能去猜测。”尽管里德在《无人之境》关注的是一战老兵，然而现今的幸存者身上的边缘状态、疏离感，也让人不难想象。正如一位女性伊拉克战争老兵向我解释的：“我感觉自己就像火星人。”

这种身份的改变也给幸存者所回归的那个社会造成了两难。正如每一位军人配偶都能证明的，从战争中归来的士兵都像变了个人，可能就是这种战斗的异类感，使得以色列人严格地逼迫从战场上归来的战士必须在外流放一周，正如《旧约－民数记》中所述：“凡杀了人的和一切摸了被杀者的，你们要在营外驻扎七日。”有趣的是，在历史当中这些归乡战士或濒死经验幸存者的事例中，幸存者通常被指望去做洁净仪式。幸存者由于被死亡或强奸所“污染”，所以被看作不属于这里 。

这种与正常世界隔离的深刻感受，按一战老兵查尔斯·爱德华·卡灵顿（Charles Edward Carrington）的话来说，这种“拥有一种难以言传的巨大秘密[②]”的感受，带来奇怪的交流和误解，很多幸存者经常在归乡之后有所报告。正如许多老兵所注意到的，这就好像他们无法再说家乡的语言。这种语言障碍、未受创

① 埃里克·里德，《无人之境》。
② 埃里克·里德，《无人之境》。

伤的人们对这种无人之境的不理解，进一步疏离了幸存者。正是这种语言障碍，使得某些其他关心的人可能会开放地问，一位强奸受害者是否可能隐秘地渴望遭到伤害，可能以某种方式“在寻求伤害”。正是这种语言障碍，使得那些未遭血洗的平民会问，一位老兵是否在伊拉克杀过人。

对于里德而言，这种过渡态人士已经在社会边缘来来回回，见过其最极端的情况，被赋予了一种独特的道德视角。以老兵、屠杀和强奸幸存者为例，他们已经成了社会批判者。诚然，我们能看到，那些与官方认定的战争创伤做斗争的核心群体，正是那些参与过战争暴行的越战老兵，他们感到被迫闻名于世界。在里德看来：“一个长期生活在无人之境的人，他能从一种外部视角认识这个国家的极其病态。”

尽管里德在20世纪70年代写下的《无人之境》，但他只提到了一次越南，他引用了哈伊姆·沙坦（Chaim Shatan）的论述，即基本的训练是与心理重建多么有关，而这些主张对我而言似乎有理。我有关伊拉克的梦境经常混合着在德州农工大学（Texas A&M）的经历，我在那里加入了预备军官训练团，在那里第一次拿到军装，第一次学会海军陆战队战歌，第一次唱起“杀，杀，鲜血滋养草地”。这样以来，我的梦并不属于我，它属于那个无人之境，那里永远在我的掌控之外，处在所谓的自我的边缘，荒野无比。这些梦境抗拒我的意志，它们触碰并改变了我的过去，它们将之锻造成新的、无法预知的形状。

关于战争最奇特的一件事就是，你身处战争时从不会梦到它。反而，你会梦到在热带地区度假、与朋友一起聚餐，梦到你父亲在阳光下黑斑羚似的面孔和老情人。似乎你的大脑知道真相，知道你还没准备好，因此大脑提供的都是极大的娱乐，即使战争已经渗入你的血液、血管、神经。之后，通常是很久之后，那些好好坏坏的梦境才到来。有时，这些梦境就像是简报，从无意识中升起，告诉你铁丝网外究竟发生了什么。正如迈克尔·赫尔所讲述的那个差点儿杀死他的子弹的故事。子弹如此接近他，以至于他甚至没有听到，如此接近以至于这个声音花了十年才最终传到他耳朵里。有时，事情就是如此发生。一切都还好，直到那一天的到来。糟糕的事情发生了，而你很冷静。多年之后，在犹他州绿河（Green River）中的灰狗（Greyhound）站，那种恐惧找到了你，改变了这一切。

有时，我觉得那天在电影院发生的就是如此。看电影之前，我已经想过我在伊拉克曾经离死亡是多么近，想过每次命悬一线，想过我所遇到但没有爆炸的披萨盒简易爆炸装置，想过我踩到过的诡雷装置。但是，真的，我不知道，或者我应该说我的一部分知道，但是我不知道它知道。电影中的爆炸就是一次提醒，一次太过现实的提醒，这就像从我内心深处那个曾记录下爆炸的一部分发出的信号：这就是原本的那个样子，好好享受。

我的一位战地记者朋友，他在前往埃及学习阿拉伯语之前，在摩苏尔（Mosul）地区与国民警卫队待了一年，他曾经梦到帮助叛乱分子在巴格达街上埋简易爆炸装置。当我问起他这个梦时，他似乎觉得这和忠诚的分裂有关，他有时感觉自己不像个“真正的”美国人，不论这个梦是什么，它都好像是他人生两个不同篇章之间的对话，这种对话就是我是如何看待生活、战争和丧失的：你的青春在过去，而你要花余生去理解青春意味着什么。

心理学家都公认，创伤会使你的时间感混乱，会以某种方式破坏你的生物钟。然而仅仅将之描述为摧毁你的时间感似乎并不完全合适。创伤之后，有多少幸存者，就有多少种时间体验。我很难受的是，我丧失了数年的时间执着于战争。要说被战争“所纠缠”似乎不是我想听到的，但这在某种程度上可能确实如此。有时我向朋友说起，很多事情就好像仍然在2004年，那是我去伊拉克的第一年、战争的最大谎言开始明了的那一年、费卢杰一号二号的那一年、阿布格莱布事件的那一年、布什又当选总统的那一年、我与美国的关系永久改变的那一年、太过充实以至于需要用十几年去消化的那一年。那一年，我看到我老团队的陆战队被派到费卢杰街上送死，由于这让我感到十分愤怒的无能和虚伪，因此我很少讲述他们。在我们每个人的生活中，都有真相到来的那一刻，那一刻正如我们看到魔术师的帽子里是空的，那一刻我们看到政府和教会都是由一帮白痴在操控，而美德远比我们被引导去相信的要罕见得多。在相对年轻的时候，以一种奇特戏剧性的方式看到这些是我的不幸，而这些却难以遗忘。遗忘那些事情以及那些应受谴责的人，似乎是一种对记忆本身的亵渎。时间停止在了那一年，回首过去，我发现我并没有变老太多，我只是换了一种全新的时间感，一种存活于世的全新方式。

自2004年起，我已经学会了不那么相信别人。我已经学会了不那么相信美国。我担心，生活全然是一种随机，毫无中心、毫无理由，而这个世界随时都可能爆炸。我开车开得越来越慢，吃得越来越少，喝酒喝得越来越多。我小心翼翼地走在沥青路面损坏的地方。我避开人群。我不去看动作电影。有时，当有人在人行道跟着我走，我就会停下让他先过。有时，当我听到一首老歌，我会发现自己还思念着原来的美国，“9·11事件”之前的美国。有时，我觉得我自己思念着20世纪90年代，那时我才二十几岁，刚从陆战队出来，第一次走进了这个世界。

伊莉斯·科尔顿（Elise Colton）是我一个遭受过强奸的朋友，她说的也类似。回顾她游荡的那些岁月，那些她已经忘记如何信任别人的岁月，当时她剪掉了所有的头发，以便可以假装自己是别人，她说了一些很多创伤幸存者都会说的话。她说：“我想回到那些岁月[①]。”现在，我没法说，我明确地感受到了那种方式。这部分是因为强奸和战争是两种完全不同的、需要度过的事物，战争不仅仅是一种恐惧，战争是一种冒险，战争是历史的快进。然而我想要的也是同样不可能的事物。我想要一个不同的世

① 与伊莉斯·科尔顿的私人谈话。

界，一个更好、更纯洁的世界[①]，在这个世界中，愚蠢的战争不会开始，之后又因为失去了其娱乐价值而被遗忘，有时候我在和自己玩一个游戏，很多历史学家都会玩这种游戏，即所谓的反事实游戏，一种假如的世界：假如德国人在二战中取得胜利，假如李·哈维·奥斯瓦尔德（Lee Harvey Oswald）射中了肯尼迪总统，假如最高法院支持的是戈尔（Gore）而不是布什。你只改变了一件事，并想象着结果导致的完全不同的世界。

因此，我建构了一个世界，在那里黑水公司（Blackwater）的三名经销商没有偷懒，没有在2004年3月决定走捷径进入费卢杰市中心，没有被杀掉、被烧掉、被绞死在城市西部幼发拉底河的人行天桥上。在那个世界，他们被烧焦的尸体没有曝光，没有进入家乡的晚间新闻，没有导致总统下令让海军陆战队进入费卢杰来惩罚那里的平民，没有反对现场指挥官的建议。在那个世界，我们没有入侵伊拉克，在那个世界，没有“9·11事件”、没有海湾战争、没有伊朗的伊斯兰革命（Islamic Revolution）、艾伦·杜勒斯（Allen Dulles）没有于1953年掌权中央情报局，等等。

有趣的是，你能想象得多远，想象那个不同的世界是什么样子。这种想象也会教会你一些事情。可以教会你，这个世界依赖

---

① 想了解现实反面背后的哲学，参看尼尔·弗格森（Niall Ferguson）的《虚构历史：另一种可能和现实反面》（*Virtual History: Alternatives and Counterfactuals*），迈克尔·谢朋（Michael Chabon）2007年的小说《意第绪警察联盟》（*Yiddish Policemen's Union*）。

着，一直都依赖着一些最小的细节，其中最后一个小细节就是如此发生，以至于这个世界也就最终如此，而我们也就是如此。意外，统计数据穿越了空间。

然而最终，这也仅仅是一场游戏，一种装扮好的乡愁，一种真正的逃避，一种对思考真正困扰我的是什么的逃避，有时我不得不依赖于我那不受控制的记忆，即我已经忘记我还有的记忆、我的梦境、我的梦魇来提醒我。

它们一直在提醒我。几乎每晚，我都会梦到一件发生在那里的事情，一件我已经忘记的事情，一些或是滑稽或是残酷或是美好的事情在低声说话。在十号山脉上，我给一位受伤的士兵递过一支香烟，那时我第一次看到夏马风（shamal）沙尘暴吹过来，将天空染成一片血红色；我和一帮陆战队士兵在七吨卡车上唱起阿拉丁的歌谣，那辆车正在赶去支援萨科力维亚（Saqliwiyah）附近一个几近被歼灭的排。通常事情就是这么发生了，我微笑着醒来，感到十分兴奋，因为我知道我还有余生去思考，去搞清楚这意味着什么。而我感谢上帝，我还活着。

第五章　现代创伤

一、正义战争？

在心理创伤的历史中[①]，被遮盖得最为神秘、最易误解的时期就是二战及其之后。在公众的想象中，从1939年持续到1945年的这场战争终结了大约六千万条生命，然而它依然作为“正义战争”而被记住，那些参战的老兵一般都被认为已经回到家乡，脱下了军装，继续他们的生活。对于美国而言，战争紧随在大萧条（Great Depression）之后，那些与纳粹和日本人战斗的士兵来自这样一种文化，这种文化对于那些身陷个人问题的人没有给予多少耐心。服役于太平洋战场的优秀诗人卡尔·夏皮罗（Karl Shapiro）这样描述那帮参战的年轻作家：“我们都来自同一个军

① 这部分节选自保罗·富赛尔1989年的文章《真实战争1939—1989》（*The Real War* 1939 - 1945），在文中他认为：“真正的战争是悲剧且讽刺的，没有任何文学或哲学分析能够描述，尤其是在没有被轰炸过的美国，战争的意义似乎是无法确定的。因此，那些苦难都白费了。”也参见保罗·富赛尔的《战争时光》（*Wartime*）。

队，加入了同一代人的沉默[①]。”这一代人的沉默包括杰罗姆·大卫·塞林格（J. D. Salinger），他在其早年的故事中这样写道：“我相信，我从前从未相信过别的，正是我们所有人为之战斗或将为之战斗的道德责任，使得我们沉默，一旦战争结束，战争就再也不会以任何方式被提起。”

在美国，归乡之后陷入沉默的老兵的故事数不胜数。在《父辈的旗帜》（*Flags of Our Fathers*）中，詹姆斯·布拉德利（James Bradley）描述了他那位以在硫磺岛（Iwo Jima）树立星条旗闻名的父亲是如何不愿谈论其在战场上的角色，如何教导他的子女拒绝那些记者和好事者来询问背后的故事，正是这些故事让他去加拿大参加了钓鱼航行。直到年迈的布拉德利去世，他的孩子在整理其遗物时，才发现了一堆收藏起来的老信件，这些信件揭示了这场战争给他父亲带来了多少折磨。

1945 年 10 月，我的外公从太平洋战场归来，他在那里服役于海军修建营（Seabee），他对战争只字未提。在他的一生当中，我母亲对他在军队服役的事情几乎一无所知，从来不知道为何他左手有一道巨大的伤疤，也不知道为何他从来不提战争。这种几

---

① 参看塞林格的故事《漫长假期的最后一天》(*Last Day of the Last Furlough*)。然而，塞林格的故事《为了艾思梅——爱和肮脏》(*For Esmé — With Love and Squalor*) 是一个很好的例子，其阐明了创伤是如何被二战一代所处理的。有趣的是，之后的一代中，有很多作者都把 PTSD 视为历史上的重大角色，包括 T. E. 劳伦斯、海明威、亚历山大大帝、弗洛伦斯·南丁格尔（Florence Nightingale）。关于美国士兵归乡的故事，参看布拉德利（Bradley）的《父辈的旗帜》(*Flags of Our Fathers*)，在书中，他写道：“他训练我们这些孩子，打电话要求媒体采访……这就是我们这些孩子长大的方式：幸福、深刻地感到平静、树影下的小镇但总是感到一种奇怪的秘密，躲在画面的边缘。”

近完全的无知状态持续到 2011 年，那时我向他询问圣路易斯 (St. Louis) 军械所的事情。尽管我从他的个人文件中并没有得到什么令人震惊的启示（在战争中，他在太平洋中部的一座小岛上度过了大部分的时间，他左手上的伤疤是因为一次动力锯事故造成的）。但这些文件却显示出，我的外公在他家人看来陌生到什么样的程度，他是多么沉默而又未知，简直就像是一个密码。“他来自中西部，”我母亲揭示道，“那里的人们不愿意谈论他们的问题，这被视为一种不礼貌。”

一般老兵不愿意谈论战争是一回事，但是忍受着二战创伤带来的问题则更大，从历史的角度说，这个问题源自于文化是如何解读这种沉默的。正如朱迪思・赫尔曼的《创伤与复原》所解释道的：“**只要这些老兵在最低程度上还能生活，他们就被视为已经康复了**。随着战争的结束，这种类似的遗忘过程就反复上演。对于这些归乡士兵的心理状况，公众和医学界都没有多大兴趣。”日本投降近六十年后，保持沉默有助于康复的思想还在广为流传。2004 年 11 月 8 号，马尔科姆・格拉德威尔（Malcolm Gladwell）在《纽约客》（*New Yorker*）上发表了一篇题为《原谅它》（*Getting over it*）的文章，审视了对创伤态度的演变，其借用了斯隆・威尔逊（Sloan Wilson）的一部有关老兵被用于商业牟利的讽刺小说——《穿灰色法兰绒套装的男人》（*The Man in the Gray Flannel Suit*）。在文章开篇，格拉德威尔就提出了这样一个问题：“《穿灰色法兰绒套装的男人》将战争抛到身后，为何我们不可?”

而事实上，很明显许多二战老兵没法将战争抛到身后。成千上万的老兵余生都受战争所纠缠，他们回到了这样一种文化中，这种文化用仪式给他们庆祝，但却不想提及他们服役时那些混乱的细节。美国政府也鼓励这种无视。1945 年，当美军得知约翰·休斯顿（John Huston）打算在现代艺术博物馆给一些朋友放映其关于战争创伤的纪录片《要有光》（*Let There Be Light*）时，美军收缴并禁播了这部电影，并声称电影侵犯了有关士兵的隐私权。在二战期间，美军当中心理崩溃的案例数量是一战时的三倍。超过五十万人因为精神原因从战斗中永久撤退，人数足够填充五十五个战斗部门。

战争末，艾森豪威尔（Eisenhower）将军命令一个委员会调查这些“失去的部门”。一份名为“战斗损失”的官方文件的作者这样总结道：

> 没有什么“习惯战斗”一说……战斗的每一刻都会带来一种巨大的紧张，以至于直接与这种紧张相关，并持续暴露在战火下的人会崩溃……在战场上，精神损伤如同枪伤或弹片伤一样不可避免……大多数人在 180 天甚至 140 天之后就难以支撑了。一般统计就是，一个人会在战斗最初的第 90 天到达行动力极限，之后其行动力就会下降，旋即变得越发脆弱无力，直到他完全丧失行动力……许多人在战斗 200 到 240 天之后就会变得非常脆弱，而他们对于军队的价值就变得微不足道了。

大多数伤亡者在归乡之后都没有任何好转。尽管最伟大的那一代（Greatest Generation）几乎完全被忽视了三十年，但仍有少数报告显示了一种清晰的模式，其在今天被称为“慢性创伤后应激障碍”。一项于 1951 年发表在《美国精神病学杂志》（*American Journal of Psychiatry*）上的研究调查了两百名二战老兵，并发现其中 10%的人至今仍罹患“战斗神经症”。20 世纪 80 年代，对二战创伤经验的后续研究发现有史以来最高的 PTSD 患病率。一项从太平洋战场战俘开始的研究发现，战后大约四十年间，战俘中有超过 85%的人患上了 PTSD。1987 年的一项研究发现，在前太平洋战场战俘中，有八成患有“精神损伤”，有超过 1/4 的人患有 PTSD，有几乎 1/5 的人在临床上表现出抑郁。正如 VA 的 PTSD 国家中心的第一位执行主任马修·弗里德曼所解释道的[①]：“二战发生在另一代人身上，20 世纪 40 年代的社会并不怎么承认战争带来的心理影响，20 世纪 60 年代承认得也不太多……当时的人们并不会谈论所谓的‘创伤神经症’或战争应激……是的，各种钱都投给了 VA，‘雇佣老兵’、《退伍军人权利法案》、彩带游行，诸如此类。但是当你深入到事实真相，在国家愿意承认二战带来的破坏性后果方面，只能通过一种回顾来实现了。”战后的岁月由这种悖论所主导着：美国人一方面对老兵们感到惊人的自豪，并给予支持，然而另一方面，他们对这些老

---

① 与杰拉尔德·尼科西亚的采访

兵内在的问题又毫无兴趣。这部分只是一种人类本性。人们只是希望向前，倘若某些老兵身陷煎熬，那只是他们自己的问题，这与战前大萧条时期的情况一样。

如果有人是这种悖论的化身，那就是奥迪·墨菲，他是二战中获得勋章最多的美国军人。他出生在德州亨特县（Hunt County）一个大佃农家庭，墨菲和他的兄弟姐妹一起，在大萧条时期被父亲所抛弃了，这逼迫墨菲只能去打猎以饱口腹。由于年龄原因，墨菲被海军陆战队所拒绝，之后他姐姐帮他伪造了入伍证书。墨菲是一名非常有天赋的士兵，他在盟军进入法国南部的时候消灭了五十个德国士兵，从而获得了荣誉勋章，并且之后还登上了《生活杂志》（*Life magazine*）。他在战场上的勇猛几近神化。一次，他听说有一群军官离开了友军战线前去侦察巡逻。墨菲并不了解他们，但是却跟上了这一群人。多年后，他说："我确信这些绅士们会陷入麻烦[①]；所以我就跟了上去，离他们背后大概二十米，看着他们。"当巡逻队发现自己被敌军火力压制，墨菲上前就消灭了敌人，杀死了五个德军士兵，又伤了另外三个。

战后回国之后，墨菲发现自己并无长处，而且对平民生活也感到厌倦。"战争从心理和身体上都打劫了你[②]，"他于 1962 年说道，"战争榨干了你。没有什么会让你感到害怕了。每天为了找到些有趣的事情去做都是一种煎熬。"他漫不经心地想着回到学

① 同上。

② 同上。

校——他想在德州农工大学学习兽医学，但是他所剩无几的力量似乎无法让他适应学术生活。他像很多人一样，退伍并乐于回家，但是他十分怀念战争，并且不知道该用什么填补战后的生活。墨菲抱怨着找不到任何一个可以给他自尊的工作，他最终发觉自己在市场经济中唯一的价值就是他的名气。墨菲像美国大多数战争英雄一样开始利用这种关系，在很长一段时间的挣扎之后，他设法找到了工作，即在好莱坞当一名演员，最后还演了十几部电影。1955 年，他甚至出演了一部以他战争经历为根据的电影——《百战荣归》(*To Hell and Back*)。

除了墨菲的名望和外在的成功之外，据他第一任妻子所说，他曾受战争记忆的困扰，并且频繁地产生自杀倾向。他余生都身陷失眠和梦魇的痛苦。曾在某一段时间里，他对 VA 医生所开的安眠药成瘾。从战场归来的十年后，他开始独自睡在车库，这是为了远离屋里的噪音。墨菲将这种习惯追溯到了战争时代："在战场上，你明白，你的听力会变得非常敏锐[①]，以至于你可以解释各种噪音的意义。但是现在，这里到处都是各种我无法解释的噪音。"

正如墨菲在之后的采访中所承认的，在战后的岁月里，对他而言战争从未真正结束，他可以批判军队处理这整整一代老兵的方式，军队只是将他们带离杀戮的战场，将他们丢入文明社会，仅仅给了他们一张回家的车票。"他们会让军犬休养生息再回到

① 同上。

和平生活。然而他们却让士兵立马回归文明，任其自生自灭[①]。”

十几年之间，这种自生自灭的心理主导了老兵的体验，以及对创伤的社会观念。

直到越南战争。

二、越南

正如很多观察者所指出的，对中南半岛的干预挑起了第二次美国内战，极大地改变了其政治和社会面貌，以至于今天人们都很难察觉到。在这些事件中，越南战争所改变的即是人们谈论创伤的方式。在越战之前，创伤这个术语用来描述反复的战争带来的心理疾病，每个人都会承担这种带来了创伤的冲突。西贡被攻陷五年之后，就出现了一个全新的精神病学概念，用来描述除战争老兵之外的所有创伤幸存者。这个概念就是创伤后应激障碍，它是美国人在越南的经验，以及这种经验所创造的狂热政治环境的产物。这个概念的出现代表着创伤领域中的一次革命，这次革命之后宣告了全世界成千上万的人——他们都面对过各种各样的极端事件——是如何得到诊断和治疗的。这次思想上的革命的影响甚至延伸到了过去，正如耶鲁大学的一位历史学教授杰·温特(Jay Winter) 在关于炮弹休克的一篇文章里所解释到的：“关于一战的新一代历史思考最具影响的一次刺激，那就是越南战争。”

① 同上。

然而越战不仅仅是“发明了”PTSD，它还改变了公众看待极端事件的视角，开辟了一种思考和谈论暴力与死亡的全新方式，形成了某些批判家所谓的“创伤文化”。越战之前，创伤是一个术语，一般用来描述个体所体验到的威胁生命的事件。越战之后，创伤应用很广，并且渐渐开始描述一种更广泛的经验，其中很多经验在其他时期一直就是所谓的“困难时刻”或“艰难阶段”，比方说“我还在从被解雇的创伤中恢复的过程中。”

在美国人的想象中：“越南”和“创伤”实际上是同义词。在参加过越战的老兵当中，很常见的一种现象就是听到一个词可以被用得包罗万象，仿佛冲突是如此复杂，包括了如此多混在一起的事件，以至于一个词可以总结出所有的心理涵义，而不用明确地指出哪个方面。因此，那就是创伤。战争实质上已经结束，但其意义依然未知。战争仍然保留着其惹怒和困惑的威力。正如提姆·奥布莱恩之后在其小说《湖畔迷网》中所写：“战争本身是个谜题。没有人知道它意味着什么，它为何出现，谁发动了它，谁是赢家，它又如何结束。”正是这种不确定的意义，使得战争的记忆在美国人心中一直很生动并具有可塑性。从越战中可以学到各种教训。比如说，对于在20世纪90年代中叶在匡蒂科（Quantico）接受训练的年轻海军陆战队中尉而言，很常见的一种现象就是听到，曾在顺化城（Hue City）或东河镇（Dong Ha）作战的军官们谈论“越战创伤”，这种谈论就像做了一次简短的演讲，来强调小团队领导或“进攻精神”的重要性——或是其他任何有关的实战主题。

越南对美国人而言代表着很多事物。对于左派人士而言，越战是美国人狂妄自大的终极象征，也是产生一种新的政治意识的催化剂。对于右派而言，越战常常仅被视为一场失败的战争，这是因为缺乏一种美国决心，或是因为新闻界的背叛。正是因为在这场战争的基本主题和事实方面还持续存在着争议，所有我们从历史学家那里得到的意义依然没有定论，可能正是这种莫衷一是导致比尔·纳什，这位本可以在华盛顿继续领导海军 PTSD 研究小组的精神病学家，在 2006 年的一次给军队社工的报告中宣称“我们依然在打着越战”。尽管越战在历史中的位置不明确，但有一件事很清楚：**越战及其带来的政治气氛使得公众对创伤的谈论成为可能。**

这种氛围下的一位伟大学生，就是耶鲁大学的精神病学教授罗伯特·利夫顿。利夫顿曾经是一位在韩国服役的空军精神病学家，而这次服役使他一生都着迷于探究战争带来的心理影响。到 1970 年，利夫顿已经是美国最著名的精神病学家之一，他对于广岛幸存者的研究《虽生犹死》(*Death in Life*) 获得了国家图书奖 (National Book Award)。他是一位如心理史学这样非正统学术的实践者，心理史学企图用一种源自心理学和社会科学的混合原则解释历史事件，而他在其中研究得很深入。在这一点上，利夫顿说道：“甚至在越战爆发之前，我就反对这场战争[①]。”的确，他

① 罗伯特·利夫顿与杰拉尔德·尼科西亚的对话。

的整个人生就是心理史学的化身：作为一名公众知识分子，他一直在前进，在时代的那些主要问题之间求索，永远用接连不断的文章和讲座来探索公众问题内在的联系。他似乎从自身的角度来讨论那些比如核裁军这样的世界性问题，好似他的智慧当中一直存在着一种正直。利夫顿气质忧郁，举止优雅，其中还透露着一种贵族气息，风格即人，倘若没有他的世界观，那么对那群愤愤不平的老兵的声援就不可能出现。利夫顿的人生改变在 1969 年 11 月，当时他在飞往多伦多的飞机上，他准备去那里做一场关于军备竞赛的演讲，在飞机上他读到《纽约时报》（*The New York Times*）的一篇关于美莱村（My Lai）屠杀的文章，美军士兵在那里屠杀了数千名手无寸铁的越南人。之后，他出于“羞耻和愤怒”写了一篇关于美莱村的文章。他说，愤怒“部分针对的是那帮制造战争的当权者，部分是针对自己，因为自己没有做更多来面对或阻止美军对越南人的屠杀。”很快，利夫顿就在公开演讲以及国会演说中发声反对战争，他认为，战争及其“永久的自由交火区”、工业化的屠杀、专注于计算杀戮数量，基本上都是罪恶，是一种“制造暴行的环境”。

1970 年 11 月，利夫顿接到了一个名为“越战老兵反战组织”团体的领袖简·巴里（Jan Barry）寄来的一封信。越战老兵反战组织成立于 20 世纪 70 年代末，其规模很小，但是由于组织全部是由老兵组成的，因此这个组织享有其他更大规模的反战组织所没有的威望。亨特·斯托克顿·汤普森（Hunter S. Thompson）

之后写道："在美国，没有一个反战甚至反建制组织具有越战老兵反战组织那样的心理影响力[①]。"在这封信中，巴里向利夫顿寻求帮助，并且描述了"很多越战老兵由于参战经历所产生的严重心理问题[②]，"这些问题是由"战争中导致了战争罪行和老兵梦魇的军队政策"致使的。

巴里认为战争政策与老兵所遭受的心理问题密不可分。他和其他组织成员都感到被战争所利用和滥用了，根据一位有类似想法的老兵的说法，**战争"将他们变为禽兽"。作为禽兽，他们不知道如何再适应文明社会**，这种社会尽管远没有那种在越南的恐惧，但是按巴里的话说，更多地牵涉"赚钱"。这种现实的碰撞使得很多老兵陷入了一种身份危机。他们与参与过二战的父辈们不同，他们感觉不到多少成就感。有些组织成员，比如一位见证过新春攻势（Tet Offensive）的空军老兵乔·优格（Joe Urgo），感觉到他们与生俱来的基础、他们在美国文明中的信念，其作为一种长久的独特力量已经被越南给摧毁了。所有的战争都有伤害性，这理所当然，然而越战尤其有伤害性，因为它的背后是谎言，而且越战远非不正义，它代表着一种对人性的罪行。他们与组织里最著名的成员约翰·克里（John Kerry）一样，都感到在数不清的前线被迫打仗。

像优格这样的老兵的困扰，部分就在于美国国内人（"正常

---

① 汤普森，(Thompson)《恐惧与厌恶》(*Fear and Loathing*)。

② 罗伯特·利夫顿，《从战场归来》。

人”）没法理解他们的遭遇，今天很多伊拉克战争和阿富汗战争的老兵都反映有这种感觉。在某种意义上，他们都陷于范杰纳所谓的过渡状态，卡在两个世界之间：他们被以某种方式焊接在了战争上，被战争所定义，然而他们又不再属于战争，他们也没法让祖国的人们理解他们曾在的地方，因此他们也不再属于祖国。有些人将这种体验描述为感觉他们就像是风滚草，他们不属于任何地方。利夫顿之后说这种无家可归就是“一种可以持续讨论的主题”。**“你无法向别人解释，你是如何去杀人，你只是个杀人犯、强奸犯、杀婴者，”** 优格愤愤地说道，“你没法回归社会——享受着那些小恩小惠，与那些《豪门新人类》（*The Beverly Hillbillies*）一起，然后告诉人们，‘这就是我们在那儿干的事。’”一位海军陆战队老兵对一位治疗师说道：“我想向朋友和亲人尖叫[①]，告诉他们橄榄球联盟还在比赛的时候，还有人在远方送命——但是我怎么开口？”

在巴里和其他老兵的反战运动中，他们发现自己被无法理解的情绪所震颤到了。他们决心终结战争，但发现他们的个人问题常常喧宾夺主，损害了他们正常生活的能力，更不用说工作。这一切直到利夫顿的门道的出现，即经典的心理史学。根据利夫顿

① 参看莎拉·哈雷的文章《当患者报告暴行：对越战老兵的特殊治疗》（*When the Patient Reports Atrocities: Specific Treatment Considerations of the Vietnam Veteran*）。哈雷的文章是PTSD作为一种正式诊断的最重要的文档之一。对于哈雷的贡献更深入的讨论，请参看本·谢菲尔德的《神经之战》。

的说法，巴里在信里说了两件事："伙伴们在受苦[①]。他们反对战争，他们想解决自己的痛苦，他们不想去 VA。他们还想让这个世界知道战争是什么模样。你能给我们些帮助吗？"

利夫顿和一位纽约大学的精神分析家，也是他的朋友哈伊姆·沙坦一起，在纽约大学做了一场题为"美莱村屠杀与肯特州立大学事件"的讲座之后，面见了巴里以及一帮越战老兵反战组织的成员。听到这些老兵对战争以及美国社会有着如此强烈的"批判"，利夫顿希望从这些人的纠缠中获得心理学洞见，他建议在"他们自己的地盘"开始定期的会谈。而沙坦恰巧成了利夫顿的完美搭档。沙坦是一名执业的治疗师，他在纽约大学免费精神分析诊所治疗了许多退伍老兵，因此沙坦有实操经验，而利夫顿有着思想。他们两人都对越战感到惊骇。在沙坦涉入越战老兵反战组织之前，他作为一名法裔加拿大犹太人，一直考虑着搬回加拿大住，以避免他的孩子被选中，并被送到越南，他甚至走到了温哥华（Vancouver）看看有没有机会重新在那里定居。但他与越战老兵反战组织的相遇，让他确信他有理由留在美国。

最初的"批判小组"定在 1970 年 12 月 12 日星期六，位置在越战老兵反战组织位于曼哈顿市中心第五十五大街 156 号的狭小的大本营里。阿瑟·艾根多夫是一位越战老兵，也是组织的支柱，他参与了早期的某一次会谈，并且看到"大约十二个人，大

---

① 杰拉尔德·尼科西亚，《回到战争》。

多数都穿着衬衫[1]，身显疲惫，脸上有胡须，发型凌乱，而且面色沉重。”之后发生的事情震撼到了所有人。“情绪爆发了[2]，与此相关的是战争，其带来的痛苦遍及所有生灵，这种情绪的力量使得最初的几次会谈变得相当难忘。”利夫顿回忆道。最初计划批判小组的会谈时间是两个小时，但后来却延长到了晚上，有时甚至可以持续七八个小时。

沙坦回忆了早期的一次会谈：环顾四周，他看到在破败的组织办公室里，人们坐在货物箱上，坐在文件柜上。当时的小组包括一位被“不可预知的失调和惊恐”所纠缠的前海军陆战队队员鲍勃（Bob）。另一位是前直升机机枪手，他通过晚上骑着摩托车在高速公路上飙车，而试图忘记第一次为了上帝而杀死一名16岁的共产党时所感到的快感。

不用说，最初的几次会谈强度很高，这些老兵宣泄了隐藏多年的情感，情绪高涨的氛围体现着这样的事实，即战争本身仍然在继续，并且似乎已经转移——就在当时的几个月之前，美军入侵了柬埔寨。对于许多老兵而言，这些批判会谈是人生转折的经历。一位前陆军中士回忆道：“这是第一次，我有机会真正与那些和我有着同样遭遇的人交流。他们对自身也有着同样的疑惑，你知道，他们也在挖掘着自己的内心世界——你不会想和其他人一起这么做……我说，哇！你在这里得到了什么。”艾根多夫在

---

① 阿瑟·艾根多夫，《从战争中疗愈》。
② 罗伯特·利夫顿，《从战场归来》。

小组中与众不同，他在哈佛毕业之后曾经服役于反情报部门，他说："当我感到自己在这个批判小组里面与一帮老兵坐在一起——我的老兵本性、我对此的理解、我所做过的同样的事情……我不知道怎么祈祷或怎么说，但这就像一次内在的安慰：啊！真是天赐的机会。"

对于艾根多夫而言，这个批判小组代表着他个人奥德赛的关键一步，而这场征程在越战的严酷考验中就已经开始。艾根多夫出生在费城的一个权势家族，在战争爆发之前，他曾打算去法律学校学习。他在越战中是一名"间谍解决者"，运营着一个当地线人组成的情报网络，这份工作让他免于前线的炮火，却让他看清了整场战争是如何建立在一系列谎言之上的。甚至更让他困扰的在于，他在情报上的工作迫使他躲在这场谎言表象的背后。对他而言，他很难让任何人接近。唯一一件让他看透这表象，并且引发出他人类情绪的事件就是看到西贡首都街（Tu Do Street）上的妓女。一天晚上，他在西贡酒店的屋顶看着下面街上身着袄代装的一些女人在拉客[①]，当时另一名在屋顶的士兵叫喊着："妈的，这可是幅美景！"艾根多夫转过头看着他，才意识到这名士兵其实是看着一架武装直升机在朝远处的街区开火。在艾根多夫的战争回忆录《从战争中疗愈》中，他写道："一瞬间，我的目光透过了那些火光，看到那些人像垃圾一样被焚烧殆尽。我知道某些东西

---

① 阿瑟·艾根多夫，《从战争中疗愈》。

触动了我，而我再也不是原来的我了。”

批判小组的结构不同寻常，即没有结构。利夫顿建议把会谈放在老兵们的大本营，这后来被证明是天才之举。（越战老兵反战组织的员工，也像那些越战老兵同僚一样[①]，对 VA 持深深的怀疑态度，管理局拒绝承认老兵们的心理问题。这部分是因为 1966 年五角大楼宣称越战中的精神创伤比例比之前任何一场战争都要低。）老兵们在自己的地盘则感到自在一些，并且可以将那段黑暗时期的感受带到小组里。利夫顿和沙坦也配合这种随和的氛围，他们抛掉了传统的标签，仅仅称自己是“专业人士”，而非“治疗师”，尽管老兵们也不需要这个标签，并称他们是“大夫”。从一开始，利夫顿和沙坦就感觉他们无意中创建了一种新的团体形式，这种形式超越了医患之间等级分明的医疗模式，并且这种形式代表着一种新的更高层次的社会意识。这似乎就是某种革命的开始。

事实上，越战老兵反战组织所做的这些也有先例，即 20 世纪 60 年代末期有一个女性运动的“意识提升”小团体，其作为心灵探索的一部分而存在。正如艾根多夫在多年之后的一次采访中所解释到的：“批判小组的灵感[②]来自于戒毒社团里的小组，锡南浓村（Synanon）和……会心团体（Encounter group）。然而人们最主要、最频繁看到的，都是和女朋友一起加入的女性小组。”这些小组打开了一个“自由空间”，给女性们提供了一个可以

① 本·谢菲尔德，《神经之战》。

② 与阿瑟·艾根多夫的参访。

“思考我们的生活、我们的社会、我们成为创造性个体并推动女性运动的潜能”的论坛。正如之后的批判小组，这些女性小组也秉持“个人即政治”的哲学信念，这种信念扮演了一个关键角色，将老兵所感受的痛苦与更大的社会变革的需要连接在了一起。这两者的传统都重视开放，强调一种无规制的讨论。艾根多夫之后声称男性老兵需要拥抱女性的治愈之力，从某种意义上，要将越战老兵反战小组视为男性老兵“追随”女性主义的一种渠道，他在《从战争中疗愈》中写道：“我们有女性运动这个恒定的事例，他们所使用的意识提升小组也是一种主要的组织工具。”

20世纪70年代的女性运动不仅仅有助于发展老兵运动，它也开始捕捉到那个自有历史以来，便困扰着社会的巨大的隐性问题：强奸。1971年，第一个强奸危机中心在奥克兰（Okland）开办。奥利塔·柯克·亚当斯（Oleta Kirk Adams）在其十五岁的养女被强奸之后，带她去了医院。她另外一个女儿回忆道：“她像块肉一样被对待。”“没有同情，没有帮助她处理事故之后的情绪问题的措施。”亚当斯对她女儿的治疗感到相当愤怒，她与其他两位女性创办了一个非盈利组织——海湾区女性反强奸组织（Bay Area Women Against Rape）。这完全是一个巨大的国家现象。20世纪五六十年代的民权运动（Civil Rights Movement）向基层运动敞开了大门，然而直到20世纪70年代，女性解放运动才进入了国家运动阶段。直面被报道出来的强奸案，这些案例在20世纪60年代增长了121%，成了运动的首要目标之一。“强奸这颗禁果，只是被微弱地禁止了。”女性主义者在 1971 年这样说道。

同一时间，波士顿学院（Boston College）的研究员安·伯吉斯（Ann Burgess）[①] 和琳达·霍姆斯特姆（Lynda Holmstrom）开始研究强奸造成的心理影响。当时已经有数百项关于强奸犯罪的研究，但是她们注意到，没有人与受害者交谈。她们与当地医院合作，只要有强奸受害者进入急诊室，她们都随叫随到去采访那些受害者。她们很快注意到，那些受害者都把强奸视为威胁生命的事件，极少有例外。一年之后，她们已经采访了 92 位女性与 37 位儿童。从这些采访中，她们注意到了一种强奸后症状的模式：失眠、偏执、一种夸张的吃惊反应、梦魇、多种与受害环境相关的恐惧反应。正当她们决定将这种现象称为“强奸创伤综合征”时，她们注意到，她们所观察到的这些症状在三十年前就已经被用于描述那些战争幸存者了。

批判小组以情绪爆发为开端，演化成了一种更为探索性的论坛，老兵们可以在一种开放、无批判性的环境中整合自己的情感，而这种环境是 VA 所无法提供的。正如艾根多夫的描述：“通常一位老兵以谈论他正在遭受的问题开始话题[②]，之后，不止另一个人会做出回应，其他人也随之依次回应，就像场即兴表演。没有人指望你说什么，除非每个人都分享了一个共同的观点：战争很恐怖，能拿出来谈论很好……当人们回忆起某个事

---

① 朱迪恩·赫尔曼，《创伤与复原》。

② 阿瑟·与艾根多夫的参访。

件，探索就展开了，然后他们会意识到，尽管事件初次发生的时候，他们离得很远，但回顾过往的时候却靠得更近了。突然情绪涌现，通常是痛苦、愤怒或悲哀，人们不再感到遥远，而是被曾经发生的事情所触动，好似在之后某一时刻的反思带来了更深入的重新诠释。”

早期有一个问题出现了，那就是利夫顿强迫式地做笔记。一位老兵在利夫顿做笔记的时候抱怨道，他不能成为小组中彼此平等的成员，利夫顿马上就扔开了他的笔记本。尽管小组中的成员背景和经历各异，然而小组还是开始有了连接。这大部分是因为这个小组的新颖性：即站在老兵的立场，而之前从来没有类似的情况。老兵在美国历史上一直以来都是一种沉默的代表。这种现象在二战那一代身上很容易见到①，当时的老兵部分是因为他们成长在大萧条时期，‘所以他们都觉得讲述个人的挣扎是不合适的。而对于这一代人和越战老兵反战组织成员而言则不是如此，他们认为战争是一次道德灾难，让他们的生活陷入危机，并且改变了一切。必须停止这一切。一瞬间，一切都被摆上了台面。他们内在的思想、战争的道德、对生而为人意味着什么的询问、那些他

① 参见斯蒂芬·E. 安布罗斯（Stephen E. Ambrose）《兄弟连》。二战那一代对创伤的看法与大萧条之间的关联还需要探索。安布罗斯作为越战的反对者，他基本使用积极的词汇描写大萧条，好似大萧条锻炼了人们，这是二战前的准备。安伯罗斯在描写 E 连的伞兵部队时，说道：“他们来自大萧条的那一代，身上带着很多优点。他们自立、习惯了艰苦工作和听从命令。”有趣的是，许多二战老兵回过头来欢迎 PTSD 诊断，包括安伯罗斯使之成名的 E 连老兵。一位老兵说道：“我听说越战老兵说他们遭受着闪回的痛苦，我觉得，‘我自 1944 年开始就有闪回了，我可是前辈。’”也参见本·谢菲尔德《神经之战》。

们无法命名的感受。那些之前从未被提及的主题如今摆在了他们面前。当询问停止下来，正常的部分就不再了。没人知道其会去向何方。艾根多夫回顾当时的感受，评论到当时内心有种几近乌托邦式的冲动在起作用，想“在此时此刻打造一个新型小组”。

有一个人非常关注这种新型小组能走到哪一步①，那就是理查德·尼克松（Richard Nixon）。尼克松总统和亨特·斯托克顿·汤普森（Hunter S. Thompson）一样，非常敏锐地注意到了像越战老兵反战组织这样组织的政治影响力，在小组不断地获得公众关注的同时，尼克松发动了一场广泛的运动来减轻其影响力。尼克松尤其担忧小组对战争暴行及其对老兵的心理造成的破坏的公开言论，这些言论符合更大的媒体报道的潮流，其认为越战造就了一群“完全不同”的老兵，正如威斯康星（Wisconsin）的麦迪逊《首都时报》（*Capital Times of Madison*）于 1971 年 2 月的报道。在《首都时报》上的一篇文章中，VA 的一位心理学家做出了一段陈述，其被转发给了尼克松安排在越战老兵反战组织中的幕僚查克·寇尔森（Chuck Colson），这段陈述完全就是一段咒骂。“越战老兵倾向于认为他们在战争中的经历是一种求生，而非是保卫国家价值观。主要是那帮老兵有机会和同伴一起，表达出了强烈的愤怒和罪疚。”这篇文章读起来就像是批判小组的广告，文章之后描述了各种症状，VA 的医生当时才刚刚开始在越战老兵身上看到

---

① 尼克松总统图书馆中有关查克·寇尔森的文件里，满是他和白宫其他人员交流的便签，内容都是认为越战老兵反战组织不值得信任，其中还包括一条题为“计划阻碍越战老兵反战组织”的便签。很明显，蔻尔森和尼克松都认为越战老兵反战组织的很多成员并非美军老兵。

这些症状，其包括一般性的偏执和“焦躁”、“男性身份的动摇”以及最值得关注的——“对权威人物和机构的敌意”。

转发这篇文章给寇尔森的是尼克松总统麾下的 VA 主任唐纳德·E. 约翰逊（Donald E. Johnson）。约翰逊顺着这篇文章做了一段评注，其中说道：“附上的是威斯康辛麦迪逊的一段新闻报道，其从细节上解释了我们在 VA 中正面临的问题……作为一个国家，尤其是政府，我们没能充分地告知这些年轻人，他们的服役的确是为了保卫国家价值观。我们在 VA 已经注意到 1967 年出院的患者与 1970 年出院患者之间深层的差异。”很明显，约翰逊所粗略指出的时期与 1968 年毁灭性的春节攻势有关，也就是在春节攻势之后，不论是在本土还是在战场，美国人对战争的态度都可谓有了戏剧性的转变。

两个月之后，越战老兵反战组织很快就在华盛顿高调宣扬“杜威峡谷三号行动”来表示抗议[①]，这次行动中，数百名老兵将勋章扔到国会大厦的台阶上，尼克松令寇尔森去调查国税局

---

① 杰拉尔德·尼科西亚：“根据越战老兵和历史学家林德利（Lindley）的说法，杜威峡谷三号行动对尼克松政府及其对老兵的政策有着深刻的影响。尼克松政府的幕僚查尔斯·蔻尔森开始纠结起越战老兵反战组织及其对工作观念的影响。白宫发起一些行动，来贬损越战老兵反战组织的信誉，也是贬损战争对归乡老兵造成的问题的严重性。他们的观点是‘越战老兵在学校或工作上太忙了，而没有任何重新适应的问题’……尼克松政府坚决反对任何暗指战争对老兵产生了有害影响的条款。”参见威尔斯（Wells）的《战场中》（*Battle Within*）。在杜威峡谷三号行动之前，尼克松政府的成员就在苦思冥想反战运动的动机。正如威尔斯所言：“亨利·基辛格（Henry Kissinger）觉得开明的抚养过程要对这种纠纷负责。他对那些反战学生有种‘奇怪的感觉’，基辛格在回忆录里写道：‘他们由怀疑主义者、相对主义者、精神病学家抚养长大；如今他们在这个世界上缺乏指导，他们需要没有牺牲的确定性。我们这一带由于鼓励放纵和忽视根源而失败了。’”

(Internal Revenue Service, IRS)，撤销小组的免税权利。之后在水门丑闻中入狱的寇尔森采取了很多措施，试图公开诋毁越战老兵反战组织，怂恿“四大”老兵组织的领袖［美国退伍军人协会(the American Legion)、美国残废退伍军人组织（the Disabled American Veterans)、紫心勋章军令组织（the Military Order of the Purple Heart)、海外作战退伍军人协会（Veterans Of Foreign Wars)］发言来反对他们。在寇尔森的请求下，海外作战退伍军人协会的领袖赫伯特·雷恩沃特（Herbert Rainwater）在华盛顿召开新闻发布会，他声称越战老兵反战组织这样的团体就是被怂恿的共产党。

破坏小组的行为从公开阻拦变成了暗中破坏，其中包括联邦调查局臭名昭著的“反间谍计划”（Counter－Intelligence Program)，其渗透并且监视着许多左翼组织。当时，某些组织里充满了这些告密者和内奸，其数量甚至比忠善的成员还多。在哈伊姆·沙坦开始与越战老兵反战组织一起工作不久之后，他就注意到自己的邮件经常被篡改。在《美国矫形外科杂志》（*American Journal of Orthopsychiatry*）上的一篇文章中，他描述了他所谓的“士兵的苦难”，他在之后附加了一句“警告事项”，这是写给其他对老兵工作感兴趣的临床医生的，他在其中解释道，他从老兵组织和利夫顿那里收到的邮件被打开过，又被重新用贴纸和印章封上，还印了一行“美国邮局在处理时有所损伤”（利夫顿也报告过这种异常现象)。沙坦之后还讲述了一件事情，一位越战老兵反战组织的成员，在周日下午顺道拜访组织在纽约的办公室，却发现一个他不认识的男人在快速地翻阅他们的文件。这个男人身上带着联邦调查局的警徽，并且迅速退出了办公室。

尽管尼克松试图瓦解越战老兵反战组织，而老兵却一直在纽约的批判小组露面。最终，小组变得非常庞大，以至于没有了足够的空间，只能分成两部分，利夫顿依然留在最初第五十五大街的那一部分。利夫顿计算过，在他的工作期间，来来去去的老兵最终一共是 115 位，其中包括一些越战老兵反战组织的领袖，这些人常常到处远游，于是在组织反战的过程中，就把小组的事情传播了出去。

老兵运动一步步地慢慢发展，在公开活动中促进结束的战争，并与此同时试图弄清楚他们曾经所在的战场上的暴力的意义，然而真正引发冲突的是家乡的暴力。1971 年 4 月 30 日，一位之前被撤销荣耀勋章的士兵德怀特·约翰逊（Dwight Johnson），他在抢劫一家底特律的酒铺时被射杀。约翰逊失业了，并且对军队感到愤怒，VA 的医生诊断他患有“由于越战后适应问题导致的抑郁”。一般而言，像这样的死亡并不会吸引太多注意，但是由于约翰逊在白宫庆典上被总统授予过荣耀勋章，因此他战后生活挣扎的故事很快就登上了《纽约时报》的首页。沙坦读到约翰逊的死之后深深地被触动，他很快为《纽约时报》写了一篇专栏，并且准备了一篇更长的学术论文用来发表。《纽约时报》出于各种原因，对沙坦的专栏颇有微词，而编辑说文章只能留待发表。

然而，一年之后，1972 年 5 月 6 日，《纽约时报》还是发表了这篇文章，题目为“越战后综合征”。在这篇文章中，沙坦描述了批判小组的工作，讲述了一个名为“史蒂夫”（Steve）的越战海军陆战队老兵，他由于精神原因离开陆战队之后，仍然遭受着“无法预测的失调和恐惧发作”。沙坦还描述了很多老兵都体验过的情感麻木，他们是如何感到疏离于“他们的感受以及其他人：对人类反应系统性地麻木之后，老兵们痛苦地发现自己很难对他人感到同情”。越战的创伤最终有了一张人类面孔。

据沙坦所说，这篇专栏一落地报摊，电话就开始响个不停。

1973 年 4 月，正当水门丑闻抓住了公众注意力，沙坦、利夫顿以及一帮老兵支持者们，在圣路易斯举办了一场峰会，这场峰会是由密苏里路德宗教会（Lutheran Synod of Missouri）所主办的。这次会议是马克·汉森（Mark Hanson）计划的成果，他是一位教会长老，也是阿瑟·艾根多夫的朋友，会议包括九十位老兵、六十位精神病医生、三十位教士以及一小部分 VA 的员工，据沙坦所言，这帮人是会议最后才加入的。汉森受艾根多夫以及纽约小组的触动很大，他在开设在上曼哈顿区（Upper Manhattan）（就是当时著名的“上帝之盒”）的全国基督教协进会（National Council of Churches）工作，于是他开始独自行动，在全国各地设立批判小组。而在圣路易斯，小组成员包括沙德·梅沙德（Shad Meshad）、来自洛杉矶的罗·科维克（Ron Kovic）、来自圣地亚哥的前军队教士比尔·马赫蒂（Bill Mahedy）、来自旧金山的杰克·麦克罗斯基（Jack McCloskey）和切斯特·亚当斯

(Chester Adams)，他们两人创办了一个名为“二次出生者”(Twice Born Men) 的小组，其援助了一帮刚刚出狱的老兵。

与会者用三天的会议时间，描述了用于治疗老兵问题的各种方法。沙坦和纽约老兵开创了批判小组工作坊，强调需要让老兵“为自己的生活负责，这是治疗的一部分”。他们还建立了一个由老兵和精神病医生组成的协调委员会，这些精神病医生的任务就是动员各个批判小组进行政治运动，并且指派专家在国会和媒体面前作证。据人们所说，圣路易斯峰会取得了巨大的成功。用沙坦的话说，其产生了“无领袖无追随者的社会风潮——我们都是同辈，有着平等的地位。”后来创立了多个具有影响力的老兵组织的梅沙德，称其为“在 PTSD 心理健康的美国历史中的关键转折点”。

对此而言，唯一的例外就是 VA 代表团的人们，这个代表团的领导者是查理·斯滕格 (Charlie Stenger)，一位二战老兵也曾是战俘，以及杰罗姆·贾菲 (Jerome Jaffe) 医生，VA 的医疗主席，尼克松之前曾宣称此人能“解决”美国的海洛因问题。据沙坦所言：“VA 的家伙对这一切都嗤之以鼻，以显得 (战争导致了一些应激障碍) 好像没有多少人在遭罪。”尽管当时沙坦和利夫顿在圣路易斯，但他们还是会见了一个《芝加哥论坛报》(*Chicago Tribune*) 的记者，在会谈中他们声称，有 20%的越战老兵受着由战争导致的各种随后的应激障碍的困扰。同一个记者也与贾菲有过交谈，后者却声称最多只有 5%的老兵有心理疾病，而且很明显利夫顿和沙坦太沉迷于战争。不仅如此，贾菲还说，这两个人对老兵说的事情才是真正的问题，而非战争本身，他还声称这两人的工作是对“勇者的羞辱”。

尽管有这些官方的阻挠，这些阻挠毫不出人意料是针对批判小组的，然而圣路易斯会议依然是前进的一大步。舆论的效果达到了，社会网络形成了，而且很明显分水岭也形成了。一边是批判小组的不安分子，他们认为战争是邪恶的，并且还持有各种新观念；另一边是更大的人群，他们是后来所谓的“伟大的一代”，认为战争是“正义”的，持有完全不同的观念，即创伤是应该产生的。纽约批判小组的一位海军陆战队老兵杰克·史密斯（Jack Smith），多年后谈到这个事件时说道：

当时那次会议之后，很多友谊关系形成了……然而，这也是一次打击，引发了一场争斗。我记得很清楚……查理·斯滕格站起身来说道：“我是一名二战战俘，我真的很清楚到底是怎么回事，我也是兄弟们中的一员。”而我站起身来，说了一段激烈的长篇大论……他所写的一切都证明，他根本不知道在我们身上到底发生了什么，他凭什么说他是我们的兄弟？这就是之后长时间的敌对关系的开端。

会议结束前夕，与会者创立了一个组织来开展后续工作。这个组织叫国家退伍军人资源项目（National Veterans Resource Project），他们选举了圣路易斯会议的十二名参与者组织理事会，理事会在几个星期之后选择杰克·史密斯作为主席。

与此同时，许多批判小组，即那些受鼓舞的人们开始在全国各地萌芽。在底特律(Detroit)，大屠杀幸存者和精神病学家伊曼纽尔·塔奈（Emmanuel Tanay）开始在马科姆学院（Macomb

College）附近与老兵工作。很快，另一位大屠杀幸存者亨利·克里斯托（Henry Krystal）开始与塔奈合作。一位越战老兵反战组织的成员，也是大屠杀幸存者之子艾尔·辛格曼（Al Singerman），开始为大屠杀幸存者及其家庭组建批判小组。这一切都让沙坦看到了创伤幸存者们之间的“共性”，这种连接之后变成了现代创伤研究的一项原则。

尽管运动获得了一定的成功——成功在于某些治疗理念以及组织框架，然而他们现在所缺的似乎是金钱以及临床工作的明确方向。圣路易斯会议结束两个月之后：“凯斯—丘奇”修正案（Case—Church Amendment）在国会通过，这条修正案结束了美国政府对越南的一切经济支持和军事介入，战争毫无疑问彻底结束了，至少站在美国的角度结束了。尽管这对越战老兵反战组织来说的确是件好事，但战争的结束也减弱了当务之急的意义。战争结束了，组织还有什么存在的意义？

几年之后，越战老兵反战组织才认识到他们对白宫起了什么样的作用①，但与此同时，剩下的一个棘手的问题，就是在沙坦在《纽约时报》上写完专栏之后，在报纸上众所周知的“越战战后综合征”（Post—Vietnam Syndrome，PVS）。由于这个问题具有

---

① 威尔斯在《战场中》说到越战老兵反战组织和其他反战团体时认为：“美国的反越战运动也许是历史上最为成功的反战运动，运动并未精巧地发挥其影响力，但其影响是巨大的……正如参谋长联席会议（JCS）的主席托马斯·摩尔（Thomas Moorer）将军的主张，‘对这些极端组织的反应一直都在考虑之中，这限制了决策制定者。摩尔准确地说到，‘这场运动对政府的立法机构以及执行机构都有重要影响。’”这一系列成就最终造就了PTSD诊断的出现。

推测的性质，因此越战后综合征成了一种媒体杂物箱，成了一个垃圾抽屉，承载了对那些归乡老兵们的担忧。自 20 世纪 70 年代起，报纸上就一直有老兵无家可归、染上毒瘾、暴力、自杀的故事，然而随着对这类新老兵的担忧与日俱增，并且这种担忧混入了公众对嬉皮士（hippies）以及毒品文化的更为普遍的偏执，这种担忧开始变成了公众心灵当中的一种流行病。当时《巴尔的摩太阳报》（*Baltimore Sun*）发表了一篇文章，题为“越战老兵——定时炸弹”。利夫顿、沙坦以及退伍军人管理局已经完成了其历史使命，吸引了对老兵问题重新调整的注意力，然而疾病，不管它是什么，依然没有得到定义。

这样一来，迄今发生的事情都只是炮弹休克和充满戏剧性的克雷格洛克哈特的重演。你找到了一部分有良心的老兵，他们找到了某种方式进入了公众意识（这项任务比看上去更难，因为公众倾向于将军队视为一帮毫无面孔的人群），然后就给战争所制造的疯狂赋予了一个新名字，这个名字是新闻所欢迎的，这种情况下，一个精心编织的缩写词非常符合报纸栏目：越战战后综合征。随着战争的结束，尼克松的下台，一切本可以停在这里，越战战后综合征和批判小组也可以凝固在历史的河流中，成为这场臭名昭著战争的一个有趣的脚注。国家退伍军人资源项目在一开始就分散了开来，而且没有多少效果，其利润也在亏损。

在当时，不论在微观还是宏观层面，公众的倾向都是一种遗忘，这种遗忘被文化中的强大势力所驱使，其最大的欲望就是实现南北战争之前的局面。**这种国家强烈的遗忘倾向、想要“度**

过”的倾向十分普遍且容易理解，而且巧合的是，其成为了导致战 创伤应激障碍的主要原因之一。这种人类的致命弱点[①]以及不从战争中吸取教训的现象时有发生，甚至是历史上最大的灾难，比如二战后的苏联，都证明了这种有意遗忘的倾向。一位在北越执行过五十五次任务的前战斗机飞行员兰迪·弗洛伊德(Randy Floyd)，他在1973年接受采访，并说道：“我觉得美国人已经尝试，我们所有人都尝试着逃避越南的教训，逃避着越南战争所得出的有理结论。”无需多言，历史的桌上堆放的都是不利于国家退伍军人资源项目的材料。

尤其是让沙坦和这场运动没有料到的是精神病学的一场等同于弗洛伊德对无意识的“发现”的革命。20世纪60年代到70年代初期，一系列丑闻冲击了精神病学，作为回应，美国精神病学会于1973年决定让一位哥伦比亚的精神病学家罗伯特·斯皮策(Robert Spitzer)监督修正下一版的《精神障碍诊断与统计手册》，也就是第三个版本。斯皮策自愿加入这项工作，尽管他受弗洛伊德派精神分析的训练，但他从来没有喜欢过精神分析，他觉得是为《精神障碍诊断与统计手册》引入一种新的指导哲学的时候了，这种哲学强调仔细观察症状，收集临床数据，意在取代主导着《精神障碍诊断与统计手册》第二版的弗洛伊德精神分析

① 凯瑟琳·梅丽戴尔(Catherine Merridale)的2000年的文章《集体心灵》(*The Collective Mind*)中，他描述了俄国市民对20世纪30年代的暴力的反应：“受访者一次又一次地告诉我，唯一能处理饥荒、被捕、丧亲的方式就是‘继续过他们的生活’。”苏联幸存者的这种有意的遗忘正好满足了苏联领导的要求，其就是在鼓励一种对过往暴行的忽视。

学。斯皮策内心是个经验主义者，在他童年的夏令营中，他就用图表展示了他对不同女队友的吸引力。他对这种投机取巧的工作很有经验。在加入修正工作之前，他就监督了将一切有关同性恋的内容从《精神障碍诊断与统计手册》中删除的进程，而同性恋作为心理障碍已经在《精神障碍诊断与统计手册》上放了十几年了。“我喜欢争论！我就喜欢！[①]”斯皮策几年后说道。

在同性恋争论期间，斯皮策有很多机会来满足他对争论的热爱，尽管精神病学一直都是一种令人担忧的学科，同性恋问题的争论依然带来了一些共鸣，这些共鸣在当时以某种方式给精神病学带来了危机。最主要的问题就在于，外界的政治和说客团体在主导着修正过程。从更大的情景下看，同性恋的移除是一次交锋，这次交锋完全是那个时代的特征：小众团体第一次找到了自己的地位，并且组织起一种军事化的行动来寻求社会改变。同性恋这个事件中的不同之处在于，游说的目标并非政府，而是正在纠结的医学学科，这个学科寻求着一种新的身份，寻求着一种摆脱长时间的弗洛伊德阴影的方式。1973 年，正是国家同性恋特别小组（National Gay and Lesbian Task Force）在起带头作用，同时美国精神医学学会的成员投票从《精神障碍诊断与统计手册》中删除几乎所有有关同性恋的内容，然而不是所有人都对此感到高兴。“如果一群人站出来发声，他们在当时几乎可以改变一切。那么精神分裂会是下一个被删除的么？”一位精神病学家抱怨道。

---

① 加里·格林伯格，《悲哀之书》(*Book of Woe*)。

1974年6月，沙坦接到了新泽西艾斯拜瑞公园市（Asbury Park）公共安全部门的一个电话，一位被指控非法闯入的越战老兵试图用“创伤战争神经症”作为辩护来免除指控。法官驳回了其辩护，认为这种疾病并未列入《精神障碍诊断与统计手册》第二版。沙坦让公共安全部门打电话给罗伯特·斯皮策，说他是《精神障碍诊断与统计手册》老大，并且知道下一版的内容。最终，结果是斯皮策并没有计划在《精神障碍诊断与统计手册》第三版中加入“战后反应”的内容。沙坦很紧张。当时他和利夫顿一起已经治疗了很多老兵，他们只是假设这些案例已经有了影响力。与这个诊断专家作斗争，这种想法从来没在他们脑中出现。这种沟通失败可以部分归咎于在精神病领域逐渐增加的文化断裂。利夫顿和沙坦受的都是精神分析传统的训练，其中个案研究是通用语言，个案研究对人类学和精神病学的贡献都很大。对于利夫顿而言，这种经验主义取向是一种精神病学的“技术主义”，正如越战中军队对尸体的统计一样。斯皮策对于新版《精神障碍诊断与统计手册》的看法更加接近心理生物学之父埃米尔·克雷佩林（Emil Kraepelin）的工作。引用克雷佩林的一句话：“试图理解另一个人的感情世界[①]，是一种令人担忧的潜在错误……这会导致研究中的一种巨大的自我欺骗。”利夫顿和沙坦的工作正是如此。

---

① 加里·格林伯格，《悲哀之书》。

这种哲学思想上的碰撞成了在阿纳海姆市（Anaheim）的迪斯尼乐园酒店（Disneyland Hotel）开办的美国精神医学学会会议的主题。“你没有任何证据。你没有任何数据。你没有任何研究。”沙坦回忆到斯皮策所说的话。当时可真够冷漠，沙坦回忆到较之谈论越战，大多数研究者似乎对与米老鼠合影更感兴趣。同在阿纳海姆市的还有由李·罗宾斯（Lee Robbins）所带领的圣路易斯的华盛顿大学（Washington University）的一帮研究员，罗宾斯是一位精神病学家，他主导了对越战老兵和药物成瘾的一项研究。根据当时在场的一位赞同沙坦观点的精神病学家的说法，罗宾斯基本上认为“这些人都有人格障碍。他们的背景都很糟糕。他们都感到各种不满和失调。越战也许只是让他们变得更加糟糕了，但是越战并不是造成问题的原因。他们都是酒精和药物成瘾者。”在沙坦看来，这个华盛顿大学小组完全都是斯皮策的喉舌，他们本质上赞同尼克松政府长久以来在做的：**和战争相关问题的人们都是麻烦制造者**。换言之，没有必要让延时应激障碍进入新版《精神障碍诊断与统计手册》。

实际上，每一位曾参加过阿纳海姆市会议的越战老兵反战组织阵营的人都记得，那是一次他们生命中最令人泄气的经历。在沙坦、利夫顿、史密斯等其他人心中，他们都有很高的道德地位。他们花费多年努力揭露越战令人不快的真相，挖掘有关创伤的某些深刻的思想，但最终发现自己败给了美国精神医学学会内部的权力游戏。现在又出现了个新的游戏，在沙坦看来，这个游戏就是要建立一种人类行为的生物学模型。据沙坦所言："他们难以接受一种观念，即社会、心理、政治、经济因素对人类的精神症状有影响。"按照这种思路，创伤应激障碍就不会在《精神障碍诊断与统计手册》中，因为外界事件导致心理疾病并不符合这种模型。

沙坦在阿纳海姆市的经历中很受挫，然而他一回到纽约，就开始收集数据来支持越战老兵反战组织的工作。他和利夫顿曾与斯皮策有过交谈，并且发觉战场现在已经转到了数据方面，转到了能够支撑他们工作的硬数据。在波士顿的 VA 医院的杰克·史密斯和莎拉·哈雷（Sarah Haley）的帮助下，新的越战老兵工作小组（Vietnam Veterans' Working Group）开始搜集数据。他们的发现令人吃惊。通过在工作之余筛选 VA 的档案，他们发现，在波士顿，进入精神病院的老兵中有 90％都曾被诊断为患有"抑郁反应"或"焦虑反应"。由于很多老兵都有幻听或幻觉[①]，他们中有一部分被诊断为精神分裂。在美国精神医学学会官方认证的诊断之后，哈雷经常会发现一种 VA 的精神病学家所插入的诊断——"TWN"，即一个老二战词汇"创伤性战争神经症"（Traumatic War Neurosis）的缩写。通过发送问卷，小组最终收集了 724 名老兵的数据。

第二年，沙坦、利夫顿、哈雷、杰克·史密斯在受邀参加美

① 参看莎拉·哈雷的《当患者报告暴行》(When the Patient Reports Atrocities)，据哈雷所言，20 世纪 70 年代的许多越战老兵都被误诊为偏执型精神分裂。就在 2013 年，我就知道两位伊拉克战争老兵遭到了同样的误诊。

国精神医学学会在多伦多的年会，他们可是有备而来。在他们提交了论文以及一系列详尽数据之后，斯皮策组建了一个关于反应障碍（Reactive Disorders）的小组委员会，其中包括越战老兵反战组织成员、一位来自爱荷华大学（University of Iowa）的研究员以及一位来自锡拉库扎的受人尊敬的家庭治疗师。在听过他们的论述之后，斯皮策最终让步了，尽管他清楚地表示，新进入《精神障碍诊断与统计手册》的内容不能叫作“灾后应激障碍”，而这是沙坦和利夫顿想要的。几个月之后会议最终将其结果传递给了美国精神医学学会，会议提议了一种新的诊断，其削弱了人为灾害和自然灾害之间的差别，并且没有提到越南战争，然而越战的内容正是沙坦说给斯皮策的。这种诊断就是“创伤后应激障碍”。

美国精神医学学会发布其官方版本的《精神障碍诊断与统计手册》第三版已经是两年之后了（新版本内容的长度几乎是老版的三倍），然而当初稿开始流通，内容开始传播，全国只有少数VA医院开始将老兵们诊断成PTSD。沙坦之后抱怨到，诊断被去政治化了，然而初稿的发行是一次胜利，很难想象这就发生在在最初的批判小组成立大约十年之后。讽刺的是，最终使得PTSD进入《精神障碍诊断与统计手册》的只是一种临床修补工作，这项工作亚伯拉罕·卡迪纳在四十年前就已经概述过了。

三、创伤文化

某种程度上而言，1980年后创伤的历史就是20世纪70年代罗伯特·斯皮策的方法论胜利的延续。正如PTSD国家中心（1989年所创立的包含七所高校的体系）的执行主任马修·弗里德曼在1988年的一次采访中所解释的，大多数PTSD诊断的早期先驱都将之视为一种“心理疾病，而非一种生理疾病”。作为PTSD国家中心的第一位主任，弗里德曼的任务就是将PTSD带入精神病学主流，而主流从20世纪80年代起就逐渐关注心理疾病的生物学特征。因此，全世界研究PTSD的机构都受美国VA和国防部的兴趣和资金投入的影响，倾向于探索PTSD的神经学或生物学基础，而非这种疾病的精神分析、文化、跨文化的方面。创伤的叙事与政治和内在精神冲突的内容越来越少，而应激激素和神经元化学反应的内容越来越多。这种预算导向的现实还造成了研究倾向于与美军老兵个体纠结，并将其结果应用到全球人民。

1983年，国家还在纠结于与越南有关的痛苦问题（包括使用橙剂（Agent Orange）的后果，即美军在东南亚广泛使用的一种有毒农药），国会下令VA进行一项研究，来评估战争对越南的影响。美国越战退伍军人再调适调查（National Vietnam Veterans Readjustment Study，NVVRS）这项有希望的研究发现，有15.4%的越战老兵在当时的研究中可以被诊断为PTSD，31%的老兵一生都遭受着PTSD。美国越战退伍军人再调适调查这项最开始的研究有助于创建现代创伤研究的数据基础，而且至今仍被用作一种流行病学的基准。

然而，正如有关越南的一切，美国越战退伍军人再调适调查也是有争议的，其数据和意义都可以或多或少重新评估，正如有关刺杀肯尼的迪华伦报告（Warren Report）那样有争议。2006年，哥伦比亚大学的流行病学家在研究者重新处理了数据，并且得出结论说，越战老兵终生患PTSD的概率接近18%。一位在最初的研究者、做实地采访的哈佛大学心理学家[①]，之后再次做了检查，发现美国越战退伍军人再调适调查高估了PTSD患病概率大概300%。他认为研究者所涉及的很多老兵"基本都生活得很好"。听到关于此研究的这些争论［在《科学美国人》(*Scientific American*）有大量涉及］会带来一种切身的感觉，即**我们关于创伤的知识是多么难以捉摸，精神病诊断又是多么主观性的艺术，即便现代神经科学取得了很多进展**。在这些统计学争论当中，有某种超越数据的东西，某种超越了这场战争的特殊性的东西，而这场战争直到现今也是美国历史上最漫长的一场战争。

美国越战退伍军人再调适调查的争论当中创造出来的完全就是PTSD自身的神话，即被广泛接受的战争叙事，这种叙事太过邪恶，对心灵太过有危害，以至于其逼迫社会最终站起来承认创

---

① 参看詹姆斯·麦克纳利的《什么是心理疾病?》(*What Is Mental Illness*)。这场争论在《科学美国人》和许多有影响力的神经学博客上都有记录。在2009年4月13日的《科学美国人》中，戴维·多布斯（David Dobbs）为VA修订过的PTSD诊断体系发声，他说道："这些改变很难在这样一种文化中流行，这种文化反对一切这样的观点，即PTSD并非是战斗所带来的正常或必然的结果。大多数人夸张了其恐怖性，并且假定PTSD是流行病，忽视了一切反面的证据。"他这样总结道："PTSD存在。他存在，所以我们一定要治疗它。然而我们在文化上对于PTSD的痴迷却放大了它，并且或许最终成了一种失败，即无法将PTSD放入背景中去理解，无法接受我们自身的攻击性。这可能是我们自身的战后神经症。"

伤是一种人类处境。非常类似于19世纪的南北战争，越南战争撕开了美国社会的一道伤口，这道伤口至今没有愈合。我们反复遭遇这些老的伤口，多少就像患有PTSD的个体反复遭遇他们的创伤。前往伊拉克，以第一人称目睹美国的战争，都教会了我很多事，其中之一就是越战及其造就的分裂一直与我们同在。越战及其影响打开了智力、政治、文化经验方面许多新的大道，而这些大道我们至今仍在摸索。2000年，与约翰逊总统不和的国防部长罗伯特·麦克纳马拉（Robert McNamara）发表了一篇名为“无止尽的争论”（Argument Without End）的文章，这是他第二次重新思考战争，文章的题目似乎就描述了关于越战心理影响的争论。

除了精神病学近来注重生物学之外，还有一种更大的社会兴趣在说，PTSD主要是一种脑部变化，是由内在化学过程所主导的。倘若发现了PTSD的一种潜在的生物学基础，倘若这种基础可以得到描述，正如抑郁在今天被描述为“一种脑部的化学失衡”，那么与PTSD相关的污名就得到消除。不仅如此，倘若可以发现一种对创伤后应激障碍的“治愈”方式，那么整个社会就不必再纠结于试图处理导致创伤的事件，而这些事件的根源就是社会不公的问题。通常而言，受到创伤的人是虚弱而没有公民权的，正如阿瑟·艾根多夫所指出的，**任何真诚地为解决PTSD问题而做的尝试，都必然从减少人类能够控制的创伤源开始：战争、大屠杀、折磨、强奸**。罗伯特·利夫顿回应这种情感时说道：“一直都有道德问题，在这里这些问题是和政治问题不可分的①。我认为某些心理学家可能错误地认为，这只是一种技术问题。”事实上，越战老兵反战组织最初的一帮领袖很担心这种情况，即创伤后应激障碍本质上变成了一种可处理的医学问题，就像狼疮和关节炎一样，这种结果会鼓励政府发动战争并进行虐待和屠杀。

在 1995 年于《美国精神病杂志》上发表的一篇有影响力的文章似乎抓住了这种张力，作者瑞秋·耶胡达和亚历山大·麦克法兰（Alexander McFarlane）主张，在“想要将受害者的地位正常化的人们，与想要将 PTSD 定位成一种精神疾病的人们之间出现了一种冲突。创伤应激的未来领域取决于承认相互对立的两种范式和工作进程，自这种诊断得到确立、理论的不一致得到澄清、下一代概念问题得到革命之后 15 年里，这种对立就已经出现了。”也许不该感到意外，两位作者在承认了利夫顿、沙坦及其同事的工作之后，转而认为科学胜过其他探索创伤后应激障碍的方式，他们总结道：“如今，PTSD 在精神病分类学中的位置已经完全确立了，而科学的发展应该提供这个领域的组织上的哲学。”

这种重新关注脑科学的硬件并非无懈可击。主要的缺点之一

---

① 引用自杰拉尔德·尼科西亚《回到战争》。在彼得·克雷默（Peter Kramer）的著作《倾听百忧解》（*Listening to Prozac*）中，他写道：“当我开始质疑时，我的感觉是，新的生物物质主义成了一种文化现象，这种现象超越了科学证据。一直有些偏向于对人工制造的自然观察。在对时代精神的回应中，唯一改变的就是我们对证据的选择，我们选择我们所期待的。”对于学术界以及社会中这种神经文化的出现，克雷默的话有着先见之明。

就是缺乏对幸存者高度主观化经验的重视，这种经验很难听到，也很难进入科学的测量之中。而且由于 PTSD 是由外部事件引起的，因此理所当然，它比起精神分裂或躁狂抑郁或其他任何心理疾病都更不可能是一种“脑部活动”。然而，反观今天创伤研究的领域，我们会有一种很清晰的感觉，即在更大的范围中，脑成像技术并没有被视为一种有效工具，而是一种通向幸存者心灵的窗户。经常可以听到今天的研究者，声称希望这样的技术能够一劳永逸地“证明”PTSD 的存在。我们生活在这样一个时代，自然科学凌驾于其他学科之上，而人性时常被视为一种奢侈的追求。这导致了一种临床文化，尤其是在精神病学界当中，这种文化倾向于将神经科学视为理解人类经验的不二法门，这种临床文化用化学语言来描述患者的痛苦，就好像在“滴定”患者对“延时曝光”治疗的情绪反应，好似一个人所遭受的心理疾病的痛苦可以像化学等式一样去平衡。

在某些人看来，这种生物学思维的高潮成了一种荒谬。正如 PTSD 国家中心一位 VA 的高级临床医师最近跟我开的玩笑：“跟我说说战争，这样我就能更好地对你做海马移植。”正如在纽约开业的一位精神分析家威廉·诺曼德的简要说法：“精神病学已经从无脑走到了无心。”一位广受欢迎的作者及神经学家奥利弗·萨克斯这样说道：“我们所有人都有自己独特的心理世界——我们自己的内在的心路轨迹和面貌，而对我们大多数人而言，这些都不需要明确的神经学‘关联’。”1979 年，当代神经科学黎明时期，诺贝尔奖得主埃里克·坎德尔（Eric Kandel）也发表过类似的观点，他说一切学科都需要“反学科”从而推动人类知识的发展：“神经学的硬派命题尽管更满足科学需求，但是其显然没有精神病学那些软派命题更有存在主义意义。”人类心灵或许是自然界最复杂的造物，不论怎么保证，都不应该依赖于一个单一的学科去解释其整体性。

在耶胡达和麦克法兰的文章发表的同时，出现了一种日渐增长的认识，即某些观察者所谓的“百忧解的时代”的到来，这个时代的主导是一种生物学的物质主义，以及一种对现代药物及其解决越来越多的个人问题的越来越强的信念。这些个人问题很多在此前都没有被视为是一种心理疾病。在精神病学家彼得·克雷默的畅销书《倾听百忧解》中，他描述了他的一些受药物影响的患者“并没有以转化的形式治愈疾病”。基于他对这种转化的经验，克雷默开始将百忧解视为一种“装饰性药物”，这个词精准地描述了美国这种新型心理健康文化背后的驱动力，这种潮流越来越将患者视为消费者，并且想尽办法满足其需求。新的导向对精神病学产生了深刻的影响。在百忧解开始出现的1987～2007年之间，被诊断有心理疾病的美国人增长了几乎250％。

现代创伤精神病学一直都受美国人对心理疾病态度的变化的影响，在百忧解问世不久，一些医生听闻同行们用这种药物处理抑郁症取得了显著效果，于是他们也开始选择5－羟色胺再摄取抑制剂（Selective Serotonin Reuptake Inhibitors，下文简称SSRI），即百忧解所属的一类药物给 PTSD 患者。这类处方有时被视为一种“去标签化”的基础，选择使用 SSRI 的原因是这种药物已知的副作用较少，而且似乎可以减轻与 PTSD 相关的情绪麻木的症状。左洛复（Zoloft）是 1991 年出现的一种 SSRI，如今已经成了用于治疗 PTSD 最常用的处方药，而且是第一种获得美国食品和药物管理局（Food and Drug Administration，FDA）许可用于这种治疗的药物。

与一种特定心理疾病相关的药物对另一种疾病有效，这种偶然的发现最终变成了现代药物研究的典型形式，如今主要的药物制造商都承认，他们并没有生物学的“目标”来研发新药。对于使用 SSRI 治疗 PTSD 而缺乏科学依据，困扰的不仅仅少数临床实践者。2007 年，在 VA 的要求下，享有声望的医学研究所（Institute of Medicine）对这种情况进行了调查，并且发现“对于所有受调查的药物类型，都没有足够的证据证明其对 PTSD 治疗的有效性。”换言之，对于 PTSD 的药物治疗，结论依然未定。

除了科学知识当中的这些巨大分歧之外，公众对于生物学就是未来的信念依旧在增强。随着这种信念的戏剧性增强，以及像百忧解这类“装饰性药物”的流行，人们定义心理疾病的门槛戏剧性地降低了，而 PTSD 这个概念却在文化中得到了越来越多的普及。正如一位牛津大学的精神病学家最近所言：“社会已经不会再沉默忍让了。”1992 年，世界卫生组织（World Health Organization）将经过些许修改的 PTSD 内容纳入了国际疾病分类（International Classification of Diseases）的概要当中，这是全世界使用得最广泛的一种诊断工具，这一步实际上保证了创伤后应激障碍得到全世界的接受。PTSD作为一种同情的组织形式，以及一种与暴力受害者相关的概念，其最终被证明为一种着实强有力的概念。一位新罕布什尔州（New Hampshire）曼彻斯特的临床医生和律师认为："创伤后应激障碍是20世纪90年代的一种心理疾病，随着今天大量PTSD的个案得到诊断，它已经几乎算是一种迅速增长的产业了。"

自1980年起，创伤研究领域最大的挑战之一就是出现了越来越多的处理方式。正如20世纪90年代的百忧解，PTSD起初是一种精神病学潮流，后来变成了一种文化现象，不仅成了理解其自身的一种方式，也成了诠释文化和历史本身的一种方式。诚然，众所周知，许多最新对于PTSD"计划"的批判，都关注于个体层面的诊断是否变得太过流行、太过强大、太容易被权威专家所利用，以及是否这种诊断在本质上是用医学化的方式在处理正常人类的灾祸。1995年，艾莫利大学的一位创伤学者凯茜·卡鲁思（Cathy Caruth）暗示说，PTSD看上去延伸得没有边界，她说道："这种分类及其对一种病理的官方承认，提供了一种如此强大的诊断，以至于这种诊断似乎可以包含一切：一下子，不仅仅是对战争、自然灾祸，还有对于强奸、儿童虐待以及其他各种暴力的反应都被理解成了PTSD，某些解离障碍的诊断也被转化成了创伤诊断。"

这种诊断的强大力量如此延伸，甚至引起它的战争都退居其次，这一点值得关注。回顾过去，似乎PTSD在20世纪末触及了我们当中的一些东西，就好像这个诊断概念举起了一面镜子反照我们自身，它揭露了人类意识是如何破碎的。当时，PTSD突破了VA的诊所，开始以一种明显文明的方式潜入了文化的梦境之中。每个时代都有其疾病。流行于20世纪60年代的边缘型人格障碍（Borderline personality disorder）这个诊断似乎就捕捉到了许多父母对其子女尤其是女儿所感到的不安。到了20世纪80年代，艾滋病这个幽灵就开始纠缠美国人，部分是因为当时国家正在纠结于十年前开始的性解放的合法性。到了20世纪90年代，PTSD这个概念开始膨胀，失去了其与越战的紧密联系，成了一种文化基因，其多种多样的症状在各种媒体上得到了呈现，包括20世纪90年代回忆录、非裔美国小说、“见证诗歌”、摄影和电影等精巧艺术的兴盛。

据作者、创伤学者罗杰·卢克赫斯特（Roger Luckhurst）所言：“在20世纪80年代PTSD的概念化和概念扩展之后，20世纪90年代的电影里出现了一种明显的对线性叙事的打破——包括倒叙、循环叙事、将关键剧情打上马赛克，从而只有回顾时才能理解，这种技术部分是为了表达受创伤主体的经验。”像昆汀·塔伦蒂诺（Quentin Tarantino）的《低俗小说》（*Pulp Fiction*）和哈罗德·雷米斯（Harold Ramis）的《土拨鼠之日》（*Groundhog Day*）都将叙事进程放入了一种新的、分散的轨道上，将故事拼接进一系列重复的循环当中，打乱了时间节点，使得闪回不仅仅成了一种电影技术，也成了整个叙事的幻想。

在“9·11事件”几个月之前所上映的克里斯多夫·诺兰(Christopher Nolan)执导的创新性的电影《记忆碎片》(*Memento*)中，其主角伦纳德·谢尔比(Leonard Shelby)在家庭遭到袭击之后，就患上了一种顺行性失忆症，这使得他没有办法创建新的记忆。他只能被迫活在一系列只有十五分钟的片段里，据卢克赫斯特所言，他存在于“创伤后的无时间状态里[①]，看似时间是任意的，但事实上是被一种他不知道也无法控制的强迫性的重复所强化了。”(强迫性重复是弗洛伊德所引入的一个概念，即**幸存者倾向于在现实生活和梦境里重演其创伤。**)而他仅存的记忆一直在纠缠他，即他亡妻的记忆闪回，而他要为妻子的死复仇。在一个沉重的场景，伦纳德问道：“如果我感受不到时间，我怎么能奢望治愈？”这部电影以一个重复性的笔记结束，暗示着故事的循环会继续，也许无限继续下去。伦纳德杀死了杀死其妻子的“谋杀犯”之一，并且选择了另一个要消灭的目标。在下一个循环开始之前，他问道：“现在，我在哪儿？”

到2011年9月11号，PTSD作为一种文化现象已经被广泛接受了，并且深入地渗透到了助人行业，自世贸大厦倒塌之后，大约有几千名创伤咨询师涌入下曼哈顿地区，去看看创伤后应激障碍的高潮到底带来了什么。联邦紧急事务管理署(Federal

---

① 卢克赫斯特，《创伤问题》。

Emergency Management Agency）花费了1.55亿美元开展心理咨询工作，为二十多万需要处理创伤和痛苦的民众服务。让许多人震惊的是，仅仅三百人站了出来，某些观察家将这种情况归结于国家需要清理下曼哈顿地区，并发动战争。

尽管这种特定的流行病无法具象化，但如今有种粗略的假设，即创伤事件的幸存者，甚至那些远距离看到过创伤事件的人，都会患上某种形式的创伤后应激障碍。让那些奋战在伊拉克和阿富汗的步兵感到失望的是，那些无人机操作员，坐在美国带空调的拖车里，操作着无人机飞跃巴基斯坦的人，如今也被空军的医生诊断成PTSD。2004年，在那场席卷斯里兰卡的毁灭性的海啸当中，一位杜克大学（Duke University）的精神病学教授告诉一位记者："根据从其他大型灾难中获得的先前经验[①]，我们可以预测，大约有50%～90%的受灾群众将会体验到类似于创伤后应激障碍和抑郁的状态，如果这得不到治疗，那么会延续很多年。"布什总统和奥巴马总统手下的国防部秘书罗伯特·盖茨（Robert Gates）在其回忆录《责任》（*Duty*）中写到，他相信"没有人在经历过战争之后还不带有伤痕，不带有某种创伤后应激障碍的痕迹。"

它曾经是一帮越战老兵的梦[②]，如今成了PTSD，一位研究斯里兰卡海啸的观察家这样描述："它是痛苦的通用语言"。

---

① 伊森·沃特斯，《像我们一样疯狂》。

② 同上。

第六章　治疗

要从市中心到圣地亚哥的VA医院，你要沿着5号州际公路开车往北走十四英里，路过一个金光闪闪的摩门教寺庙（Mormon temple），从诺贝尔出口出去，穿过全食超市（Whole Foods Market），然后右转进入拉荷亚（La Jolla）城，直走开上山坡，穿过石低啤酒厂（Rock Bottom Brewery），UCSD（加州大学圣地亚哥分校）的药物科学斯卡格斯学院（Skaggs School of Pharmaceutical Sciences）就在左边，再右转就到了。医院本身是一座白色的五层建筑，已经翻修并扩建了很多次，以至于开始有点儿像一座巨大的乐高雕塑。并不是所有的部分都契合得很好。停车场停满了哈雷－戴维森摩托车（Harley－Davidsons）、房车、皮卡和SUV，其中很多都不是州外牌照。医院离海滩不足一英里，好似每天都是阳光明媚，温度在22度左右，站在停车场中你都能闻到海洋的味道。医院坐落在圣地亚哥县的中部海滩，这里有美国最大的军事基地星落群，包括往北二十英里外的彭德尔顿营，医院是VA圣地亚哥卫生保健体系（San Diego Healthcare System）的核心。最初的大楼完工于1972年[1]，令其自豪的是标准

---

① http：//www. sandiego. va. gov/about/。

承载有 304 张床位。医院可以服务于整个地区二十多万老兵群体，包括美国最大的伊拉克和阿富汗战争老兵集中地。

一进入医院里面，海滩就似乎在百万英里之外。讽刺的是，访问一家美国主要的 VA 医院很像是来到了一个外国机场。我们进入的时候要经过迷宫般复杂的指路标，还要走严苛的官僚流程。眼神的交流是要避免的。文件是检查过的。时间流逝很慢。我们立马会被一副副长期受苦的面孔所环绕，这类面孔并不是那种典型的美国市郊面孔。在这里可以看到整个家庭，三代同堂，就像是海难受灾者一样互相偎依在一起。当然，这里的空气中有种明显的忧伤和无奈的气息。

倘若我们敢于用心了解背后的故事，那么我们能够期待的就是 VA 的故事，所有的故事都只有三个主题：老兵的悲剧、设施的破旧、员工的无情。要说 VA 医院就是每一次美国的战争的最后预算所投入的地方，这一点儿都没错。VA 就是病态版的迪士尼乐园：**即使你从未来过，你都会感觉你来过**。然而，据我所知，VA 这所 PTSD 的归零地（Ground Zero）的真相远比我想象得复杂、混乱和迷人，说迷人是因为我实在找不到更好的词了。VA 这个联邦政府中的第二大机构，其与学术化的医疗机构关系密切，在这里公众和私人、军队和平民、现实和象征都互相碰面。是的，VA 时常是个悲伤之地，然而正像很多你第一次到的别国，只有当你真正睁开眼睛、环顾四周、开始与人们交流时，你才会发现其仍然会让你感到震惊和充实。

我第一次拜访圣地亚哥 VA 的医院时，我正要去见一项研究的一位协作员，这项研究是为治疗 PTSD 而寻找与左洛复最为匹配的个体心理治疗方法。我等待了几个月，一周之前我终于通过了附近使命谷诊所（Mission Valley clinic）的精神科实习生的筛选。我之后了解到，这个筛选面试是这个领域中的关键。一旦你通过了基础的引导性面试，你就进入了这个系统。你就在那儿。我了解到，与 VA 打交道其实就是一场持久的马拉松。如果你放弃了，没有人会停下，而比赛仍在你身边继续。在一个小时面试的结尾，实习生告诉我，要找一位治疗师的唯一也是最快的方式，就是自愿充当拉荷亚医院所主导的二十多项研究其中之一的被试。

“拉荷亚，你是说死星（Death Star)?”

“是的，死星。”她笑着回答道。

我走进大楼，开始心生畏惧，看着那些老兵从身边匆匆走过。这里就是活的历史。一帮穿着瓜雅贝拉衬衫（guayaberas)、戴着绣花的 VFW（美国海外退伍军人）的帽子的菲律宾老人。一位截肢者，上半身看起来像个大学新生，而下半身，活像科幻小说中的形象，半机器的身体走在明亮的走廊上，金属的义肢活像是隐形战机的机翼。这一代人或多或少都能从其穿着辨认出来。伊拉克和阿富汗战争老兵很容易辨认。他们脚踏板鞋，背着数字迷彩的背包，仿佛他们是靠着能量棒和红牛过活的。他们身着 T 恤，许多 T 恤上都印着复仇秃鹰和恐怖分子的追杀令，显出他们对死亡的漠视。你越往下追溯，风格就越是接近正式，最终你会发现一个长得很像你祖父的人，他们打着领带、穿着带肘贴的外套，那还是在黑暗时代购买的，那时讽刺还不是一种主要的交流方式。

在主走廊的休息室里，我的呼吸开始急促。黑色的洗衣标签上写着涂鸦。

"和平或是死去"

第五海军陆战队一营三排

费卢杰、拉马迪、卡尔马

上帝是吾之牧羊人

2005年8月15日

和平。我正在死去。

那似乎在用短短几行字来写下一切。那是位置和日期的诗歌。部队的名字，也就是你为了想得过去，而给自己诉说的谎言。当你归乡时，你所期待会发生的一切都不会发生。“这该死的地方，我一回家，这场战争就结束了。”你在伊拉克每天都能听到这种事情。曾经会有热情，之后却是长眠的夜晚，归来之后的空虚，亦或完全拒绝归乡。第五海军陆战队第一营是我老营队的姐妹营，也是我在2004年所采访的第二个营队。卡尔马是费卢杰北部的一座小镇，在那里我第一次遭遇简易爆炸装置袭击，结果导致了两名宾州国民警卫队士兵的死亡。

在两北区（Two North）等待之后，在进入精神病诊所的当天，我面见了研究协作员马克（Mark），谢天谢地的二十分钟。他戴着眼镜，有着一种管事者式的和善的可信任感，他向我解释了这项研究。这项研究旨在为治疗 PTSD 而找寻与左洛复最匹配的个体心理治疗方法，这是有史以来最大的一次研究，需要花一年来完成，其中涉及四个独立的 VA 中心中的数百名老兵：圣地亚哥、安阿伯（Ann Arbor）、查尔斯顿（Charleston）、波士顿。这位 MBA（工商管理硕士）治疗师马克喜欢做研究，而且说做这项研究的调查员就像摇滚明星。“这项研究的主要调查员有着一份三十六页长的简历。”

正如他之后给我的解释：“这项研究里有着全世界最好的研究员。这很有趣，因为我喜欢做这种实验，这可不是在尝试新鲜事物。我的意思是，你要尝试新鲜事物，但是我喜欢做这种事情，就是那种我可以跟别人说，‘瞧，这是研究，但是我们的治疗并非试验性的。’这太酷了，延长暴露疗法（Prolonged Exposure Therapy，研究中接受调查的一种心理治疗形式）。这是一种我知道对 PTSD 绝对有效的疗法。我知道，这听起来有点儿自大，但是如果你接受这种治疗，并且做好治疗师要你做的事，你的症状就会有巨大的好转。如果你不做好，那就不会有。比如说，延长暴露疗法背后的研究说，这种疗法对 85%的人有效。如果你问我，我会说这真是非常高的治愈率。”

让我写完一叠厚厚的问卷和同意书之后[①]，马克将我转给了萨拉（Sarah），她是一位VA的雇员，在给了我一杯水之后，她打开了一个厚厚的文件夹，递给了我著名的《PTSD临床管理问卷》（*Clinician－Administered PTSD Scale*，*CAPS*）。这是使用得最广泛的PTSD诊断工具，《PTSD临床管理问卷》是一种结构化的问卷，由PTSD国家中心编制，在VA的行话里，它时常被称为"PTSD评估的黄金标准"。它选取了《精神障碍诊断与统计手册》第四版中的PTSD诊断指标，由一份三十个项目的问卷组成，其需要花近两个小时去完成。对于创伤幸存者而言，这可是个令人紧张的经历。

为了完成《PTSD临床管理问卷》，患者会被要求确定一或两个主要的创伤事件。然后患者会被给予一系列与这些事件有关的问题，比如"你是否有与这个事件相关而不想有的记忆？这些记忆是怎样的？你还记得什么？"在做完第一部分之后，患者会被要求用一个四点量表回答频率和强度。正如与PTSD治疗最相关的事情一样，患者被期待将其创伤经历凝缩到一两个单独的事件中，

---

① 参看弗里德曼《PTSD操作手册》。VA及其信任CAPS，而CAPS是实证支撑的治疗的基础。据研究所称，CAPS非常可靠。然而，正如像加里·格林伯格这样的批评家所指出的，这类精心编制的、新克雷佩林主义式的诊断工具并非没有缺点。格林伯格在2010年的著作《制造抑郁》（*Manufacturing Depression*）中认为："这种描述性诊断的取向的把戏，就是让你眼睛盯着手册上的纸张，而非患者。这就是为何，医生知不知道我的名字，有没有注意到我在开玩笑这都不重要。具体的细节不方便说……心理健康行业在努力消除精神病学当中的人的成分，然而其做的最好的就是在记事本上圈出答案，并且训练那些从业者忽略面前的这个人。"无需多言，理想的诊断就是"患者与医生之间的对话"，然而至少在VA对待PTSD的时候，这种方式早就是过去时了。

以便让其能够被语言描述出来，并在随后被主试者所记录和评分。

这就是让我痛苦的。我在伊拉克的经历中有几刻与众不同。这些时刻走得很远，然后回来，跟我说话，在某种程度上消耗了我，愉快地将我淹没。其他时刻也让我痛苦着。比方说，在萨蒂亚的那一刻。在卡尔马附近大桥上的那一刻，那一刻就是等待救援直升机的漫长的几分钟。那些时刻没有明显的叙事线索。那是道德混乱的时刻。那是一切都成为可能的时刻。那是一切都是虚幻的时刻。那是发生在那几个月中的时刻。那是我还在等着结束的时刻。那是仍待被语言驯服的时刻。

对我的第一次《PTSD临床管理问卷》，我选择一次简要的事件。一次我坐在海军陆战队的直升机里，飞越炮火中的费卢杰，一个事件的发生使得我很难在某种情况下飞行。在我开始描述带给我梦魇的事件之前很短时间内，我的血液开始升温，呼吸开始变得急促，就好像某个看不见的人在我胸中燃起了加热装置。

我说出了我的故事，坐在超级种马直升机上起飞，直升机收起起落架，满载着陆战队士兵，我看着窗外突然一道翠绿色的曳光弹在我对面飞过，我身旁的人在慌乱中抓住了我的胳膊，直升机在空中猛烈地摇摆，机上两位机组人员开火还击，空弹壳滚落在机舱的地板上，进出的声音混合在一起，我摘下我的头盔，坐在它上面。

萨拉坐在我对面，把她的文件夹折成九十度放在腿上，就像一个高中生试图保护自己的答案不被偷走。我的身体开始升温，开始回到过去，好似我理性的部分在徒劳地试图向前进。我的身体回到了直升机上。我大脑的高级部分试图讲述这个故事。萨拉比我更加冷静，她躲在文件夹的城墙之后，她的铅笔冷静地在纸页上盘旋。

面试接下来的部分进行得很顺利，十分顺利，以至于一系列现实生活的恐怖故事继续了下去。我身上的某些东西决定去喜欢萨拉，尽管她很天真，尽管我理应蔑视她：她的天真、她缺乏经验、她缺乏经历所带来的一切特权，让她可以随意去关注她想关注的东西。她就像很多我遇见过的 VA 创伤工作者，这些工作者似乎都是年轻女性：漂亮、几乎都带着令人惊讶的甜美，她们脸上没有一点儿愤世嫉俗。

我的一部分仍旧想要，需要靠着杰克·尼克尔森（Jack Nicholson）在《唐人街》（*Chinatown*）续集《重返唐人街》（*The Two Jakes*）说得那句台词过活："你不能相信一个从未有任何丧失的人。"但是我的另一部分知道，我需要打破这条定律的时候到来了。

而且我觉得这个时刻就是现在，所以我这么做了。

我能看到，让我感到更好或是收集我的生活故事或政治哲学并非她的职责。她的任务是完成一个形式，完成她所受训的工作，高效地完成，不带一丝戏剧性。她是一个数据统计者。我能看到，这份工作对她而言并不好做。她是一位受训的专业人士，然而在我看来，每天花几小时倾听这样一些故事，一定会带来负面影响。

之后，我才认识到那份《PTSD临床管理问卷》，不论它是什么样的，带走了主试者的巨大负担。《PTSD临床管理问卷》作为一种道德中立的工具，它有种抗生素的特性。它避免主试人员接触到那些血液、肮脏、污秽和创伤，使得PTSD这种传染病难以传播。萨拉就好像实验室技术人员在做细菌培养——戴上乳胶手套，这样就不会污染样本或自己被感染，小心翼翼地把样本放入塑胶试管，然后将它们密封在里面。

不一会儿，我发现我的思想飘走了，我开始描述其他一些发生在伊拉克的事情，这些事情和直升机毫无关系。还有一些其他更为重要的事情需要诉说，被迫将答案限制在单一的事件上让人感觉很糟糕，就好像随机地阅读一本小说中的几页。她告诉我，我们应该谈论几件事情，但是至此，我们都已经花了一个小时来谈关于费卢杰上空的那架直升机。

因此，我给她讲述了2007年发生在萨科力维亚的一个故事。一天晚上，在隐蔽好之后，我和一位年轻的海军陆战队中士开始聊天，他站起身来告诉我，他要去准备他的第一次巡逻了。一个小时之后，我坐在地上听着连队作战中心的无线电广播，他的巡逻队接连遭遇了两枚简易爆炸装置，爆炸杀死了一人，伤了其他六人。无线电里公告了“TIC”。“TIC”的意思就是“部队遭遇敌情”（Troops In Contact），这意味着战场上每一架可用的飞机都要转飞到事故地点给予援助，最终十二架直升机起飞了，一架接着一架，等待着地面指令。这时，第二支巡逻队出发了，这支巡逻队也遭遇了简易爆炸装置，伤了另外六人。六位海军陆战队队员都是第一次服役，他们来这里才一周。换言之，他们都是年轻人。

又过了一小时，之前和我聊天的那位士兵撤回了连队。当我走到他身边想看看是否我可以给予他什么，一支烟、一瓶红牛、几瓶水，他开始咒骂我，一连串污言秽语回荡在被征用的酒店大厅里，这个酒店被征用作为战地指挥所。多年之后，我苦苦思考这件事，思索我和他巡逻之前的交谈。那次交谈的结尾，他吐露给我，他这次服役最大的目标就是找到某种方式，以此告诉他妻子在伊拉克发生的一切。

“如果我一直不说，只会在长期以来让事情变得更加糟糕。我需要她知道我是什么的。”他曾说。在我值得写进《PTSD临床管理问卷》的战争经历中，这个故事象征着很多事情：战争爱情之谜、亲密关系的悖论、向没有参与过战争的人解释战争的不可能、每一个士兵都带有的秘密感受、从艰苦中所获炽热的体验，只要你降低警惕，举止像个人，你就完蛋了。他向我揭露了他自身的一小部分。一个小时之后，他的腿上就全是弹片。这似乎有个模式，一个序列、一件事导致另一件事，一种思想连接、一种在形式和内容上都有的关联：这位中士向我说起有关于他妻子说起的事情，然后爆炸，他看到我，吼道：“见鬼，你他妈的!"

我想知道这位中士和艾丽卡之间是否有某种关系。难道我在头脑中建立了这种关系而不自知？有某件事发生在萨科力维亚，存在着某些我已经忽略掉的线索？我还记得那些吗？为何我回家之后没有将那一切告诉艾丽卡？为何我什么都没有告诉她？为何我向她保守了这么多秘密？难道我一直把她视为一个未受战争影响的港湾？

我花了几分钟来讲述萨科力维亚的故事，以及我对这个故事的理解。讲出这个故事让我感觉很好。我之前从没有和任何人讲过。我内心的某个部分觉得萨拉，或者和她类似的某个人应该听到这个故事。事实上，我需要她听到。当我回看她时，她面无表情，好似在等我讲完。我注意到，她的铅笔停了下来。之后，我了解到，因为我讲述的关于那位受伤中士的故事并不是我一开始做《PTSD临床管理问卷》所选择的那一个，萨拉没法在工作范畴内理解它。

“因此，在最近的三十天里，你有多少次记起……直升机事件?”

这又到了下一个小时，我们开始一一讨论在《精神障碍诊断与统计手册》第四版上列出的十七条症状。每一个问题都是如此开始：“在最近的三十天里，你有……反复做关于这个事件的痛苦的梦……难以入睡或维持睡眠?”等等。之后又是完全相同的一系列问题，其是这样开始的：“在最近的三十天里，你有多少次……”

接着，突然间我们就结束了。萨拉翻看着她的文件夹，检查着我的答案。“你必须试试。”她说。

我感觉筋疲力尽。我想试着说说她文件夹里没有的事情，但是我感觉一天之内已经流了太多血。我对这个面试室的感觉成了一种谵妄。之后，我回想那些没有写进我《PTSD临床管理问卷》的一切。我在拉马迪和费卢杰之间偏远的前哨战度过的那一周，我走进多拉的营地战地指挥所，看着墙上的十八幅图片，每一张都是一名被杀掉的士兵的面孔，还有所有那些在这个糟糕的国家里没有遭遇敌情的巡逻队，里面的海军陆战队士兵看着我，就好像我疯了，因为我没有带武器。当我与老连队的士兵们一起差一点儿死掉的时候，我所感觉到的是平静。当我发现我没有死掉，我所感觉到的是失望。

我几周都没有听到VA反馈的任何消息，直到马克打电话给我向我道歉，并解释由于记录失误，他们过了一个月都没联系我，这个失误导致我的《PTSD临床管理问卷》无效了。我需要再来一次。因此，我又回来了，并且又花了一个下午与萨拉面谈，这次我选择了萨蒂亚的一次袭击作为我的那一刻。

一个星期之后，马克给我回电话，以他那一向犀利的风格向我解释到，由于我在一项调查中报告说我偶尔会一天喝三瓶酒，所以我没有资格参与这项研究。

"患有PTSD又酗酒的人，"他笑着说，"任何一个做研究的人，或者我应该说，任何一个做着很好的研究的人，这些研究可以用来理解为何患PTSD的人会喝酒，或为何人们患PTSD之后会喝更多的酒。他们都知道，患PTSD的人喝酒或是服用其他药物，是因为除了很快入睡并且没有梦魇的时候之外，他们受这些药物影响的时候是唯一能摆脱其症状的时候。所以，坏消息是你没法参与我们的研究，但是还有另一项很好的研究正在起步，那项研究在寻找你这样的人。只是要保证，你在本项研究里没有虚报你的饮酒量。还有一个坏消息是，你还得去做一次《PTSD临床管理问卷》。”

之后一周，我再次回来，又和另一位主试者完成了另一份《PTSD临床管理问卷》，还有一小时长的认知评估，我为此还付了二十美元。这项研究和之前一样，是由 PTSD 国家中心所主导的，由国防部资助。这次研究花了我八周的时间，其旨在寻求一种如延长暴露的疗法与控制饮酒的咨询的结合。

发现你患有创伤后应激障碍通常就是虎头蛇尾，这令人吃惊。而马克回我电话，告诉下一步该怎么做，我其实抱有怀疑。我所交谈过的大多数创伤幸存者在遇到其诊断时，都会产生一种混合着安慰和兴奋的情绪，即“他们的痛苦终于有了个名字”。我之后遇到的一位伊拉克战争老兵告诉我：“当我开始在 VA 的网站上读到那些症状的时候，我哭了起来，**因为我感觉，天呐，这一切都是真的，不只是我脑子里的东西**。其他人也有这种麻木的情感。我记得我告诉朋友‘我知道我爱我女儿，但是我感觉不到。我什么都感觉不到。’感觉我的思维已经紊乱了，而我没法组织起来，我看着症状列表说着‘对呀、对呀、对呀’。我感到安慰，因为痛苦有了解释，并不只是我疯了。”

在艾莉丝·希柏德被强奸数年之后，她坐在纽约公立图书馆（New York Public Library）的主阅读室里面，阅读着有关 PTSD

的文献。她已经纠结于症状数年，但是却没有真正花很多工夫在PTSD这个标签上，而是将之轻视为“大多是一种心理呓语”。然而，在读到朱迪思·赫尔曼的《创伤与复原》中所描述的睡眠障碍后，她写道：“这些段落开启了最扣人心弦的阅读，我在阅读我自己，”她说道，“有一段越战老兵以第一人称写的片段，我反复读了好几遍，并且记了下来。不论怎么说，阅读这些人的故事让我开始有了感受。”

一周之后，我回到双北地区，这时已经是自我第一次接触VA之后六个月了，我遇到了我的新治疗师斯科特（Scott）。

斯科特取得了临床心理学博士学位。他很严肃，但很快微笑了起来，一只耳朵上打着耳钉，他是一位退伍空军军官的孩子。他的一位祖父曾经在韩国服役当军医。他解释道，和老兵工作是他“回到过去的方式”。

他之前和很多老兵工作过，但是他的第一个行为就是承认自己没有经验。“现在，我可能要犯错，并且说一些蠢话。你不介意吧?”他就像一位年轻的推销员，把每一次陈述都转化成提问，好似在暗示这些会谈都是与我有关、与我的经验有关、与我的回应有关、与我的选择有关。暗示着他的问题都是在提醒我，他需要得到我的信任。由于我对《PTSD临床管理问卷》之前有不好的体验，因此我一开始很防备，决定尽可能少说。由于我之前和很多VA的创伤工作者有过交流，所以我觉得他们几乎对反恐战争一无所知。因此，我在第一次会谈的时候带了一本《惨败》

(*Fiasco*) 送给斯科特作为礼物，这本书写的是伊拉克战争的历史。对我而言，这只是一种公平。我被要求加入他们的研究，并且了解他们那个世界的东西，我要求他来了解一点点我这个世界的东西，这不算过分吧？

经过一般的介绍之后，我简要地聊了一些关于攀岩和芝加哥的话题，他曾在那里完成研究生学业。之后我们深入了下去。

延长暴露疗法是 VA 的"黄金标准"PTSD 心理治疗之一[①]，其由两部分组成，都旨在消除创伤带来的恐惧，并且通过去除患者的"逃避"行为，而使之能够重新控制其环境。众所周知，延长暴露是一种满灌疗法（flooding therapy），其依据的是经典学习理论，其源自于著名的俄国生理学家伊万·巴甫洛夫（Ivan Pavlov）的工作，巴甫洛夫偶然注意到，狗在听到与食物有关的铃声时，会条件性地流口水。治疗的第一部分在医院完成，也就是"想象"的工作，即让我闭上眼睛反复重新讲述我选择的创伤事件的故事。我要不断这样做，直到我不再害怕，直到它不再激起我身体的恐惧反应，直到在有时混乱的条件语言中，它变成"习惯"。

---

① 参看埃德娜·弗阿（Edna Foa）等人的《治疗强奸创伤》（*Treating the Trauma of Rape*），弗里德曼《PTSD 操作手册》，芬利的《战斗领域》（*Fields of Combat*）。对于一般的研究者，延长暴露疗法通常很难学习，因为这种治疗有很多名字。在科学文献中，我们可以发现"延长暴露""暴露疗法""想象疗法""想象暴露""满灌疗法""冲击疗法"，所以很难确定，到底在讨论的是什么。还有一个事实加剧了这种混乱，即"延长暴露"通常混合到了 VA 另一种主要治疗手段——"认知处理疗法"，即"认知行为疗法"，即使这两种治疗截然不同。延长暴露疗法很大程度上源自于伊万·巴甫洛夫和埃德娜·弗阿的工作，而认知加工疗法（Cognitive Processing Therapy，CPT）则很大程度上源自于阿伦·贝克和 VA 的帕特丽夏·瑞西克的工作。

治疗的第二部分，也就是“生活”部分，我被要求在现实生活中做些事情，以类似于选择中的创伤事件的方式来做。这种疗法背后的理论就是，通过在治疗师办公的安全环境下，以及非伊拉克的相对安全的现实环境中，重新激活那些恐惧的记忆，这样我就会以这种方式忘记创伤，这种方法就类似于巴甫洛夫训练狗将食物与其他不相关的刺激联系在一起。

所有这些活动的主旨都在于解除这些恐惧反应，这些反应是由其他刺激的事件造就的，不论是在小巷里开车，让我下意识地想起在伊拉克开车；还是坐在飞机上，让我下意识想起飞过费卢杰的海上种马直升机。最后，我被要求每周至少一次，在家里听我们会谈的录音。

在这一点上，斯科特不像是个销售员，他开始大声并急促地笑了起来。他解释道，延长暴露就像膝盖手术，就像物理治疗，就像是解除狗的恐惧症，就像学习冲浪，因为一开始你会被浪花冲到，但最终你会学会站在海浪顶上。他继续说道，创伤就像是把满是文件的文件夹抛到空中。“我们要做的就是全部收集这些文件，将之归类并整理好，”他说，“关键在于我们的工作要有强度并重复。我们可以慢慢开始，跟我讲故事，并保持下去。”

“把它想象成体育活动。”我临走之前，他如此说。

第二次会谈，斯科特一开始就描述了自主神经系统对 PTSD 的影响。“某些事情触发了你，不论是开车还是走在人群里，某些事情让你想起了伊拉克，而激起了你战斗或逃跑的反应，是吧？而你的自主神经系统只能维持大约四十分钟。之后你就崩溃了，是吧？”我同意。为了帮助我控制这种无意识的反应，他让我做一种“再呼吸训练”，这种放松技术让我想到了瑜伽。

他指导我闭上眼睛，他在我面前走来走去，让我慢慢减缓呼吸。“这就是你这周的家庭作业。当你感到被激发了，我希望你就这么试试。好吗？”

我们的会谈每周两次，一次九十分钟，每次都在那间破旧的办公室，里面遍布着罗纳德·里根（Ronald Reagan）第一任时期的家具，会谈专注于创伤后应激障碍里不受控制的那些方面。基本上而言，任何在意识领域之下的观念都被拿出来谈。尽管当时我并没有意识到，但我们所做的正是集中于创伤动物性的方面，试图抓住刺激反应这种动物水平的事情，全都是幸存者在灾后出问题的那些本能——感受那些在幸存场景中学会的刺激，并且把它们放入到非幸存场景中去，大脑创建着本来不存在的模式。

“在身体认识到一些事情很早之前，心灵就捕捉到了它们。”小说家苏·蒙克·基德（sue monk kidd）在《蜜蜂的秘密生活》（*The Secret Life of Bees*）中如此写道。问题就在于，一旦大脑在某种幸存场景中学到了某些事情，就很难消除这种学习，好似大脑无法违反其第一诫：你要注意危险。延长暴露基本上旨在让大脑仅仅消除第一诫。这并非一项简单的任务，因为确实当一件危及生命的紧张事件发生了哪怕只要一次，它就会以某种方式刻进大脑，而没有威胁的事件做不到这一点。

英国登山者和作家乔·辛普森在其著作《触及巅峰》中，描述了他经历了一种延长暴露疗法的原汁原味的现实版。在他被诊断为PTSD之后，他被告知要等待六个月才能见到一位治疗师。“在那段时间里，我经历了六个月的轻微惊恐发作，有种无端想哭的感觉，还有一种持续的无力感。之后我给一家公司做了一次励志演讲，重新讲述‘巅峰’的故事，几天之内，那些症状消失了……再三讲述‘巅峰’的故事无意中被证明是对这种情况的一种有效治疗。显然，让受害者重新尽可能生动地讲述那些充满恐惧的经历，这是心理治疗师的惯用手段。通过每次讲述他们真实的故事，故事会逐渐变成一种虚构，变成他人的经历，他们便可以把自身和创伤隔开。”

在讨论过治疗的某些基本点以及治疗期待的结果之后，我和斯科特以“想象”治疗开始了。他让我闭上眼睛，想象自己回到了萨蒂亚的悍马车上，让我用一般现在时讲述，就好似我重新回到了那里。我描述道，车开在林荫大道上，转弯进入了烟雾笼罩的街上，看到了燃烧的房子，意识到我们进了死胡同，听到了前面的布莱德利开始掉头，悍马开始倒车，然后爆炸。在这初次“重复”之后，他问我感觉如何，我的心跳是否加速，呼吸是否急促了。确实如此。

“很好，让我们再做一次。”他说。

我闭上眼睛，回到悍马上，重新讲述了整个故事，我选取了一些细节，就像在一所老房子里拿取了一些被遗忘的纪念品。街上是布莱德利沉重刺耳的噪音，着火的房子前是低矮的煤渣墙，沃尔默朝机枪手吼着，而机枪手并没有听到。没有听到是因为他的耳膜被爆炸声震到了。我睁开眼睛，低头看看我的脚，我意识到我在流汗。不一会儿，我完全回到了现实，然后我看着斯科特，等着看看下一步应该怎样。

讲述故事是刺激的。这个冒险故事一开始并没有太多扣人心弦的情节。说实话，这是个没有英雄、没有任何道德教育的故事，只有一帮疲惫的士兵在一条肮脏的街上开车，或是被一颗老旧的迫击炮弹炸得人仰马翻，这颗炮弹很可能是苏联制造的，诞生时间甚至早于悍马车上这些家伙的出生年月。我的一部分最终很乐意讨论战争、讲述战争，然而将战争缩减到这一个小片段，这有种毁坏文物的感觉，好似我们把战争变成了一部虐杀电影。我选择了某些可能有助于更好做准备的情景，这可能有助于解释我当时的情绪状态，因此我开始告诉他有关萨科力维亚的事情，那里发生了一件怎样疯狂的事，我是如何离开作战指挥中心，走进那座老旧酒店的大厅，看到那里满是受伤的海军陆战队士兵，他们中大多数才离开新兵训练营六个月。然后我听到那位中士的咒骂，当我走近的时候，他说的“妈的”和“见鬼”回荡在大厅高高的天花板。然而，在我真正讲到故事的重点之前，斯科特举起了一只手，让我停了下来。

“大卫，现在我知道你在那里见过许多疯狂的事情，但是我们需要回到想象中来。我们需要让你回到悍马里面，让你真正进入到那些情绪当中。因此，让我们再做一次，但是这一次，我希望你真正让自己投入进去，投入到那些情绪当中，好吗？你认为你能做到吗?”

因此，我们再做了一遍。在这一天工作结束前，我们又重复了两次。然而，我离开之前，我们简要地讨论了我“生活”中的家庭作业，作业是让我到市中心附近某个诡异的街区走走，看看它是否还会激起我对伊拉克的回忆。

当我站起身来，我可以感觉到我的脸上出现了奇怪的表情，我的拳头握紧了。那些天里，离开医院都让人困惑、让人发狂。有些感觉冒了出来，但却无法命名。我感到血液都不同了，血液很热。我在多拉所感到的血管里的毒液又回来了。整个过程都很奇怪，都远离于我所理解的自然节奏。在治疗室里，与斯科特一起想象，我对那种单调感到烦闷，甚至无聊。我遭遇爆炸的故事一开始从未如此有趣，但如今它却显得比放了一个月的臭狗屎更加不新鲜。我们总是在讲它，我回到萨蒂亚几分钟，记起那些恐惧，然后又结束了。但是一旦我走进医院带有荧光灯的走廊，看着那些人，一种混合着愤怒和怨恨的情绪就从我胃里升起。我紧咬牙关，开始往回走向我的皮卡。我对这一切感到了一种苦味，我之后将这种味道描述为一种“身体上的恶心”，仿佛伊拉克带来的一切恐惧一直困在我心里，一直在发酵。

我开始觉得这种对待并非是一种治疗，而是一种惩罚、一种苦修。

这种治疗持续了几周。我揭露了某些我想谈论的事物，某些我有的想法，还有当我在战争时期每次看杂志时脑子里出现的问题，听我说出这些之后，斯科特总是让我回到想象中去。在这点上，一个下午，我就进进出出萨蒂亚的那个死胡同七次。我说“我”进出死胡同，因为我常常感觉自己在单独行动。很快，我就清晰地意识到，这并非传统意义上的“治疗”，随着治疗师和患者之间的谈话越来越深入，问题就在对话中出现并解决。我发现，这是一种非常受控制的治疗，甚至有点呆板，有点表演的性质，我有一个角色要去扮演。这个角色就是患者不断地重复其故事，无止尽地重复。而治疗师的角色就是“在场”并给予安慰，用一些冷静而坚定的短语和修辞来工作。我之后了解到，这就是一种“手册化”的治疗。换言之，这种治疗旨在为医学机构招揽顾客，而成了一种“有效”并经过了科学检测的治疗。

每次会谈我们都会花几分钟讨论我喝酒的事情，我如何处理我的“酒瘾”，然后我们又会回到想象当中。这让我想起大学时的一位西班牙语老师。我曾说起我关于动词时态的困难：过去时、将来时等。我那位老师聚精会神地听着，接着我们不可避免又进入了词汇表中，开始记忆那些词汇。重点好像不是你是如何感受那些词汇的，你为何会纠结于那些词汇，而变成了继续记住那些词汇表。我提醒自己，延长暴露就是一种基于重复的治疗。

而且这也让人感到痛苦和迷惘，它似乎以某种我不理解的方式改变了我身体的化学过程。一切都感觉有点儿像是灵魂出窍的体验，仿佛我一直盘旋在我身体上空几英尺的地方，这种感觉持续了一天。

我选择了这种治疗，是因为我一直被研究协作者马克和其他人告知，这是最有效的治疗，这是一种一对一的治疗，而且对于有我这种经验的人来说，这是“完美”的治疗。

我一直被告知，这是 PTSD 治疗的“黄金标准”。

一周之后，我向斯科特抱怨道。

“我已经几年没有感觉这么糟糕了，”我开始说道，“说实话，我甚至记得我在伊拉克都没感觉这么糟糕。我们可以试试别的方法吗？”

斯科特很耐心地听着，在我怨声载道的时候，他一直在点头，我一直在说这种方法是多么无效、我的睡眠是多么困难、我是多么难以工作、我是多么难以阅读、开始这种治疗之后我有多少新症状出现。

“我非常感谢你的真诚，”他说道，“我感谢你一直在思考这些。因为这很重要，你所说的这些很重要。现在发生的就是我们在搅动这口锅，在激起这些记忆，已经好多了。相信我，这种治疗已经帮助了很多人。”

这种说法似乎并没有带来吸引人的效果，也没有体现出他那标志性的隐喻。“我们现在做的一切都是在清理伤口。因此，我说你胳膊上有道伤口，伤口已经感染了，正在化脓，你会怎么做？”“你会清理干净。”我配合地说道。

"现在，当你第一次揭开绷带，涂了些抗生素在上面，会感觉怎样？"

"会真他妈的疼。"

"对呀。所以当我们初次开始时，它会有点疼，会有点烧起来的感觉，然而之后就会好转。我们只需要继续坚持，并且清理伤口。"

之后，我们进行了五个星期的治疗，好转发生了。一天晚上，也就是我们结束了下午的会谈几个小时之后，我拿起我的手机，试图拨打一个电话号码，这时手机坏了。我一下子火了，把手机摔到了旁边书柜的角落，我反复锤着手机，把我的卧室弄得一团糟。我冲进厨房，拿起一把大的不锈钢菜刀，就像希区柯克电影里的谋杀犯一样，开始拿刀一下一下地捅着我的手机，嘴里吼着些污言秽语。

我不断地捅着手机，直到我把刀刃都捅得弯成了九十度。在我屋子的窗外，我听到邻居们争论着报警的利弊。

延长暴露是 VA 最为顶级或是"A 计划"的 PTSD 疗法[①]，它是现存的一种经过彻底研究以及经验验证的精神治疗。科学对这种疗法的支撑已经超过一个世纪，而且可以追溯到心理学的诞生之时，当时这门新兴学科还试图在哲学和文学的领域敲开一扇

① 有很多研究显示出延长暴露方法是有效的。2008 年，权威的美国医学研究所声称："在其评估各种心理治疗的过程中，委员会发现有足够的证据支持暴露疗法对于治疗 PTSD 的有效性。"在评论区又加上了一条："暴露疗法对老兵的有效性——尤其是对慢性 PTSD 的有效性的证据与一般的证据并不那么一致。"

自己的神龛。毫不夸张地说，延长暴露疗法在创伤治疗的家族中有着最为纯正的科学血统。它源自于经典条件反射或“学习”理论，这种理论最早在19世纪初就由巴甫洛夫提出，延长暴露疗法背后的原理非常简单：几乎一切人类行为都是习得的，这些行为可以通过操作一个人所暴露其中的刺激而消除。

研究者们把行为学习理论应用于PTSD，他们建立了一个广泛的模型，来描述症状是如何产生并持续的。这些理论家设想，一旦被暴露于某种创伤刺激下，患有创伤后应激障碍的人之后就会避免那些让人回忆起原初创伤的场景，这个过程会使得受害者得不到治愈，无法前进。这时，原初的创伤刺激就会开始演变、转移，变成包含着许多与创伤相关的随机刺激的集合，直到整个世界都变成诱发恐惧的刺激。这种效果在小说家乔纳森·萨福兰·弗尔（Jonathan Safran Foer）的小说《特别响，非常近》（*Extremely Loud and Incredibly Close*）有所描述，在小说中叙述者谈论到“9·11事件”的影响时，说道：

甚至在一年之后，我仍然处在一种做某些事情感到困难的时期，比如说洗澡、乘坐电梯。有很多东西让我感到恐惧，比如吊桥、细菌、飞机、烟花、地铁上的阿拉伯人（尽管我并非是种族主义者）、餐馆或咖啡厅或其他公共场所的阿拉伯人、脚手架、下水道、地铁门、没有人认领的包或鞋子、大胡子的人、烟雾、绳结、高大建筑、头巾。很多时候，我感觉我置身在一个巨大的黑色海洋里，或是在深度空间里，但不是以一种令人着迷的方式置身其中。就好像一切都离我难以置信地远。

在VA的圈子里，经常可以听到类似于这种“巨大黑色海洋”效果的事情，我们经常可以听到临床医生描述其患者活在一个“PTSD泡泡”之中，即一种严格受限的活动范围，在其中患者的症状不会被激发。有一位我曾经采访过的伊拉克战争老兵，他在费卢杰失去了几个兄弟，对他而言，这个“泡泡”仅仅包括他屋里的一间卧室，而再无他物。他就算待在阳台，都可能激发他那些糟糕的回忆。

源自于经典学习理论的一种最新疗法就是著名的“满灌疗法”。这种疗法由心理学家托马斯·施坦普弗（Thomas Stampfl）在1967年创造，这种疗法会让患者暴露在一个完全都是恐惧刺激的环境下，比如说把一位有蜘蛛恐惧的人放进一个满是无害蜘蛛的房间。满灌疗法的一个经典成功案例就是一位对坐车旅行有恐惧的青春期少女：她一直开车开了四个小时，直到她的恐惧消失。二战期间，一帮表现出厌恶噪音甚至音乐的美军士兵接受了住院治疗，他们被迫看战争纪录片，纪录片的音轨里就是一段持续增大的战斗噪音。大多数士兵尽管在一开始都被吓坏了，但最终对其感到厌烦，并且除了一人之外，其他人都表现出了症状的减缓。自此之后，满灌疗法就变成了一种对多种恐惧症和强迫症有效的疗法。

1980年在PTSD症状被精神病学界认可之后，几乎立马就出现了对PTSD患者使用满灌疗法的思想。由于将战争老兵放回战争场景，这在逻辑上都不可能（更不用说在道德伦理上），于是研究者们开始寻找一些其他方式，来选择性地将 PTSD 老兵重新暴露在其创伤记忆当中。1982 年，波士顿大学的心理学家特里·基恩（Terry Keane）开始探索一种直接回忆的技术，其被称为“想象中满灌”或“想象”，并以某种方式来重新激发并修改越战老兵的创伤记忆。许多调查者继续研究这个问题，到 20 世纪 80 年代末，很清楚的一点是，满灌疗法或是其变体，有潜力成为 PTSD 治疗的标准。

然而，任何医学研究者都能作证，从实验室中探索这种治疗的广泛用途，是一条漫长的道路。资金限制、政治、制度惰性、功利主义，连同学术时尚倾向，都会以某种方式闯入科学进程，这种方式甚至让老兵研究员感到沮丧。随着现代科学逐渐专业化，最有创新性的那些研究员，被投资机构和科学出版物所忽视，这成了常态，这是因为投资机构和科学出版物只为他们自己的工作游说。正如 VA 官方一位元老对我抱怨道：“通常科学上能通过的也就是流行的东西。”

满灌疗法和各种暴露疗法的支持者也遇到了一系列挑战。实践的治疗师常常会感到深深的不安，因为要让受创伤的患者屈从于这种异常艰难的治疗形式。治疗师所要求的这种重复关注[①]，可能在治疗事实上对患者而言是“再创伤”，这种倾向公然违背

① 参看艾琳·芬利《战斗领域》，与一位私人开业的心理治疗师卡罗琳（Caroline）的私人交谈。

了临床治疗减轻人类痛苦的信条。这些疗法的反对者甚至在理论上声称，满灌疗法可能导致某些患者患精神病，完全摧毁任何康复的希望。

最受满灌疗法激励的就是埃德娜·弗阿（Edna Foa）①，她是宾州大学的一位心理学家。弗阿有着超凡魅力、深刻的理解能力，并且还有着近乎无限的精力，她经常跑遍全国去做演讲，开 PTSD 治疗工作坊。一位参与者在描绘她的一个传奇性的工作坊时，这样说道："我看到她整整四天没有坐下来过。"弗阿出生在以色列的海法（Haifa），在密苏里大学（University of Missouri）接受临床心理学训练。她在 20 世纪 80 年代开始研究强奸后干预，将很多治疗技术整合在一起。但是因为没有进展，她感到很灰心。直到 2000 年，在她和丈夫回以色列休假期间，她的灵感来了。

仅仅在他们回以色列五天之后，第二次巴勒斯坦大起义（Second Intifada）爆发了。这场冲突杀害了超过四千名群众，激发弗阿转向了对战争 PTSD 治疗的研究。她在基恩的工作基础上，重新定义了满灌和想象疗法技术，将之与"生活"元素结合，后者使得患者能把从治疗师办公室里学会的技术应用到复杂的现实生活中。许多研究，其大部分都是弗阿所监管的，都显示出延长暴露疗法能显著地减弱 PTSD 症状。有时候她会被开玩笑地视为延长暴露疗法的"老前辈"，2001 年弗阿被提名登上《时

---

① 艾琳·芬利，《战斗领域》。

代周刊》(*Time*)全球最具影响力的一百号人物，这是嘉奖她为治疗创伤后应激障碍所做的的工作。

然而，不是所有人都信任这种新型治疗，其中就包括英属哥伦比亚大学（University of British Columbia）的心理学家斯坦利·拉赫曼（Stanley Rachman），他在1985年发出警告，反对将动物身上的“恐惧习得”行为与人类的进行直接类比。正如哈佛大学教授杰罗姆·卡根（Jerome Kagan）所写：“老鼠所表现出来的一种强化的惊恐反应[①]……可以作为一切人类焦虑状态的模板，这一点并不明显。”人类的内在世界远比其他动物更加丰富和复杂，而这可能影响PTSD的出现，很多其他理论家都论述了这种观念。

1991年，哈佛医学院（Harvard Medical School）的精神病学教授，也是一位富有经验的PTSD研究员罗杰·皮特曼（Roger Pitman），他发表了一个关于六位接受满灌疗法的越战老兵的个案研究，并且对这种疗法表达了强烈的担忧。在十二周的治疗过程中，两位老兵自杀了。另外一位有酗酒历史的老兵在满灌疗法开始不久之后，就打破了其持续了19个月的戒酒生活开始喝酒。一位患者在治疗期间开始遭受惊恐发作。一位四十五岁的老兵“B先生”说：“你的研究在一个层面有效，但是在另一个层面加重了很多问题……它在我的人格中打开了恐怖的口子，而我本来已经成功掩盖好了。”在这些研究的结论里，皮特曼和他的团队

① 斯科特·斯多塞尔，《我的焦虑时代》。

画起了红线，说道："我们认为我们已经积累了足够的经验来质疑这个保证——满灌疗法对 PTSD 患者不会有造成再次创伤的风险。"皮特曼于 1996 年发表的一项更长的研究发现，将这种适用于单一恐惧症的疗法应用于像 PTSD 这种更为复杂的情况，会带来严重的缺陷。研究声称，由于延长暴露疗法未知的副作用，PTSD 可能无法通过暴露来改变。

一位以色列的首席研究者扎哈瓦·所罗门（Zahava Solomon）所主导的一项类似的研究，于 1992 年发表在了《创伤应激反应杂志》（*Journal of Traumatic Stress*）上，研究发现，以色列军队老兵在接受满灌疗法之后，报告说"其精神症状在强度和严重性上都有所增强"。由另一位哈佛大学研究员贝塞尔·范·德·科尔克（Bessel van der Kolk）所编撰的一部有关创伤后应激的一套最为广泛引用的书籍中，这样总结对延长暴露疗法的评论："需要重视的是，暴露可能带来严重的并发症[①]。"在最近的一次电话采访中，皮特曼告诉我，在他的研究结果发表之后，他很多同事都秘密地告诉他："你是对的，我们也发现了同样的事情[②]。"

2008 年，VA 不顾这些研究的干扰，开始大规模展示延长暴露疗法，一位耶鲁大学的心理学家称之为"在心理健康领域前无古人"。为了支持这种疗法，VA 开始在全国组织工作室，雇佣弗阿作为其训练领导者之一。"对于弗阿而言，当务之急是传播言论。"

---

① 范·德·科尔克，《创伤应激》（*Traumatic Stress*）。

② 与皮特曼的电话采访。

《时代周刊》的分析员杰弗里·克鲁杰（Jeffrey Kluger）写道。

自疗法初次展示之后，VA 内部和外部的创伤工作者都开始表达一种对延长暴露疗法安全性的担心，并且说，延长暴露疗法对于战争 PTSD 的疗效并未经过证实，而且在伦理上也很糟糕。圣安东尼奥（San Antonio）的一位 VA 的医学人类学家做了一项关于 PTSD 治疗的政治研究，研究被写成了一部著作《战斗领域》（*Fields of Combat*），一位临床医生引用了书中的话，把延长暴露疗法最近在伊拉克和阿富汗战争老兵中的使用描述成“没良心的”。另一个人说，这种疗法似乎“太过原子化”，以至于对老兵无效，因为它太关注于某一单一创伤事件。一位圣地亚哥 VA 的研究助理曾和我聊过，她说她也听过其他老兵抱怨延长暴露疗法，她说这种疗法的脱落率“非常高”。2012 年，一项由健康网站 23andme. com 所主导的独立调查发现，在 531 名 PTSD 患者中，延长暴露疗法在 31 种疗法中是最不受欢迎、最无效的一种。我所采访过的一位强奸受害者曾经完成了两个月的满灌疗法，她说：“满灌，可能是对的。我再一次被灌满了恐惧和偏执。”

看看 VA 所处的更大的政治环境，就能理解这种对 PTSD 的有风险的新反对活动。随着越来越多士兵从反恐战争中回家并与 PTSD 作斗争，VA 已经处在一种日渐增长的压力之中，他们迫于压力以一种引人注目的方式回应这种危机。对于 VA 中的那些领导，他们大多都来自越战之后的那个年代，这些信号太熟悉了：一大波老兵从一场不受支持的战争中归来，迎接他们的是医疗体制，医疗体制的资源被用到了极限。2007 年，沃尔特·里德(Walter Reed) 医院丑闻的政治影响辐射到了 VA 身上，其给 PTSD 治疗师对老兵的治疗方式带来了巨大的改变。老兵经过筛选并被指派给一个个体治疗师，治疗师持续与其工作数年，这样的模式恐怕时日无多了。2014 年，几名老兵在菲尼克斯（Phoenix）的 VA 医院等待了太长的时间，结果导致几名老兵死亡，并最终导致 VA 的秘书长埃里克·新关（Eric Shinseki）被撤职，这个事件只是为 VA 提供快捷并有效的治疗增添了压力。

VA 内部的关注点在于那些大型的、可量化的类似于延长暴露疗法和认知加工疗法（Cognitive Processing Therapy，CPT）这样“实证基础的治疗”，这些通常都被 VA 视为 PTSD 治疗的“黄金标准”。这种形势也影响了一代人。一位受训为精神分析家的 VA 官方元老向我抱怨道：“这些新型治疗让我担忧，这些临床医生绝对学不到如何做一场真正的治疗。”美国最受尊敬的一位创伤理论家乔纳森·谢伊，最近关注着这种大规模治疗及其效果，而这种治疗也是他从 VA 退休的主要原因之一。

然而，VA 开始使用延长暴露疗法和认知加工疗法是有很好的理由的。这些治疗背后的科学依据被很多专家高度评价，而且由于这些疗法相对简单，因此这些疗法比起其他长程治疗，具有治疗更多老兵的潜力。2008 年，富有名望的美国医学研究所(Institute of Medicine) 断定延长暴露疗法是少数几种能有效减轻 PTSD 症状的疗法之一。许多研究都验证了延长暴露疗法的有效性，这些研究都发表在许多世界顶级的同行审阅的科学刊物上。2002 年 8 月在《咨询与临床心理学杂志》（*Journal of Consulting and Clinical Psychology*）发表了一项研究，题为《想象暴露加剧了 *PTSD* 症状吗?》（*Does Imaginal Exposure Exacerbate PTSD Symptoms*），在文中弗阿承认对延长暴露疗法安全性的普遍担忧，但是给出结论说："延长暴露疗法已经得到了越来越多经验的支持，其有效性超过其他 PTSD 治疗疗法。有些研究甚至认为，这是对于治疗这种疾病最为有效的方法。"

然而，延长暴露疗法的问题带来了许多质疑，质疑对心理治疗的现代研究是如何被主导的。对于那些实证基础治疗的研究者，他们倾向于通过一种仅仅是经验主义的狭窄透镜来审视治疗，患者的结果可以很容易地用临床实验测量出来，然后可以依此推断出最好的疗法。人们只采用了这些结果的表面价值，而这种方法并没有太多关注治疗师与患者的关系之间那些微妙、模糊、不那么明显的因素。

在治疗师加里・格林伯格的著作《制造抑郁》（*Manufacturing Depression*）当中，他挑选出埃德娜・弗阿的一项实验，这项实验把延长暴露疗法和另一种所谓"支持性咨询"的 PTSD 疗法做对比，他把这项研究视为有缺陷的心理治疗研究的典范，而如今这种研究经常得到发表，格林伯格认为，在这类实证基础的治疗对比研究中，VA 常常无法客观地比较两种研究，并且最终仅仅只是展示出"这是一种更为有效的工作，另一种是无效的工作。”另外，格林伯格也指责对临床实验而言很常用的统计程序：“排除了那些没能完成研究的被试……并没有把他们算作是一种失败，大多数研究将他们视为脱落，就好像他们一开始就没有参与进来一样，从数学上说，这会使得这种疗法显得比其应该有的样子更为强大。”这种随机取样的统计手段对于延长暴露疗法这样的疗法来说尤其有问题，因为延长暴露疗法的脱落率在 PTSD 的治疗中是最高的。

这种对延长暴露疗法的争论在大体上很像是另一种创伤后谈话治疗的问题，这种治疗在千禧年之初也非常受欢迎。这种治疗就是有名的严重应激诱因疏泄治疗（Critical Incidence Stress Debriefing，CISD），其于 1983 年由一位志愿消防员杰弗里·米切尔（Jeffrey Mitchell）创立，这种疗法鼓励创伤幸存者谈论创伤，有时甚至在事件发生之后二十四小时就尽快开始。典型的严重应激诱因疏泄治疗会谈会持续大约三个小时，它也有类似于延长暴露疗法那样说出来的设置。和延长暴露疗法一样，这种疗法的核心思想就是公开地讲出导致痛苦的创伤事件最糟糕的部分。和延长暴露疗法一样，其问题在于很多研究者都指出这种疗法常常会使得问题变得更糟。一项对 952 名科索沃（Kosovo）维和部队士兵的美国军方研究发现，严重应激诱因疏泄治疗并不能带来康复，事实上还导致了更严重的酒精滥用。另一项研究关注严重应激诱因疏泄治疗对一群火灾幸存者有着怎样的影响，研究发现接受严重应激诱因疏泄治疗的这一组比起控制组而言，有三倍的概率更可能患上 PTSD。

罗杰·皮特曼仍然对延长暴露疗法持怀疑态度，他说尽管这种疗法对于某种创伤显示出了有效性，但它对战争 PTSD 似乎显得没有多少效果，战争 PTSD 通常是由于数年时间内个体压力源的积累所致，它和强奸所致的 PTSD 不同，后者是单一事件的结果。皮特曼告诉我，对于所有类型的 PTSD，延长暴露疗法“并不像公告的那么有效”，他还补充道：“它带来的并发症在文献中被低估，没有被完全呈现出来。”

在我们谈话的末尾，我向皮特曼承认，我很担心很多人对这种 PTSD 有效疗法的批判，我向他解释道，另一位很受尊敬的研究者也反对这种疗法，唯恐我被视为一名“困难的”患者。皮特曼不为所动，说道：“这很重要。这是研究中的漏洞，需要得到确认。”

我拿菜刀捅手机那件事发生两天后，我回到圣地亚哥的 VA，参加我每周四下午与斯科特的会面，这让我感觉多少有点儿不安。我很愤怒，对我前面的司机感到愤怒，对 VA 感到愤怒，对我自己让自己这么无助、这么疏离于这个世界、没有电话而感到愤怒。对这种典型的荒谬的方式感到愤怒，我通常把这种方式联系到越战老兵那陈词滥调的疯狂之上，带有这种愤怒控制问题的人，就像约翰·古德曼（John Goodman）在电影《谋杀绿脚趾》中的角色一样，每次我想到这个角色，就忍不住觉得搞笑。在我开车离开我在北园的家之前，我都会有意识地走过我家后面的巷子，确保那里没有障碍、没有工人不留神把卡车停在那里，挡住我的路，并造成什么意外。

在驾车的过程中，我路过摩门教寺庙，路过拉荷亚镇的全食超市，进入加州大学圣地亚哥分校的校园，我纠结着我该和斯科特说我脑子里的什么，我一直在想着“菜刀事件”。事实上，我已经把菜刀丢到了一边，将它放到了一个抽屉里，在我邻居的视野之外。

菜刀在这一点上已经不再是一件厨房里的工具，而变成了其他东西的集合体，进入一种象征客体的领域。这种客体被暴力所污染，这把菜刀现在就是一个证据，一个需要从正常的家庭环境中删除的客体。

我在完全没有注意的情况下完成了这一切。在走出门将我手机的残骸扔到垃圾桶之后，我捡起了菜刀，将它放进了厨房远处角落一个从未打开过的抽屉里。我并没有扔掉它。

我需要集中注意力才能开车，让我的皮卡走在路中间，保证我心中的“恶心”是受控制的，尽管我意识恶心并非是个合适的词汇。并不是说我想要呕吐了，而是我在某种更深的层面感到不适，仿佛我的身体在化学层面上还处在战争世界中。“经验的力量精准地浮现了，换言之，对此的理解崩塌了。”凯西·卡鲁思在《创伤：在记忆中探索》中如此写道。在我 2013 年 4 月 24 号的日记中，我这样写道：“我在更深的层面感到刺痛和恶心，这难以描述。”

回到治疗室，在为我这种刺痛的情绪所致的尴尬道歉之后，我简要地描述了所发生事情的细节。菜刀、手机、失控，这对我来说很反常，我没有违警记录、没有暴力史。我这个人其实非常讨厌肉搏战斗训练，即使我在匡蒂科接受过这种训练。显然，斯科特并没有感到惊讶。他问我最近在喝酒吗，我告诉他喝得和平时一样，一两瓶啤酒，我有意避免喝醉，因为我不知道喝醉了会做出什么。

这时出现了一段沉默。

“你当时没有喝醉？”他问道。

“没有。”

“没有喝一点啤酒？”

“没有，”我解释道，“那是后来的事了。”

我问到我们是否要试试别的治疗方式。我提到想象是一个问题。他似乎感受到了我的不悦，他又换了一个隐喻，并且开始将我描述成一辆汽车的司机，而他是领航员。“现在我可能是个唠叨的领航员，但是我们没法前进，除非你已经准备好，把脚放到油门上。”

我向斯科特解释，问题不在于酒精，不是隐喻里面要揭开的绷带，不是要搅动的大锅，不是吹到空中的文件，也不是正在驾驶的汽车，而是一种对创伤本质的错误理解。我在伊拉克经历了这种创伤，我认为这种创伤是持续生活在死亡恐怖的环境下几个月积累的结果，而回到家之后却发现没有人对此哪怕有一点点关心，这种创伤并不仅仅在萨蒂亚遭遇一次简易爆炸装置的命悬一线。在我心中，在菜刀事件爆发后所继续的治疗似乎是一种“全然的疯狂”。

我咬牙切齿地说完这一切之后，我成了文献中常见的那种“固执的患者”，也就是一个抵抗治疗的患者，一个不再符合接受过检验的临床疗法的患者。正如加里·格林伯格之后向我详细解释到的，我是一个通常不再被考虑到研究结果中的患者，一个基本上被完全抛弃的患者。

“重要的是要强调，暴露可能导致严重的并发症。”哈佛大学精神病学教授贝塞尔·范·德·科尔克在其著作《创伤性应激：重大经历对心灵、身体和社会的影响》（*Traumatic Stress*：*The Effects of Overwhelming Experience on Mind*，*Body and Society*）中如此评注。范·德·科尔克继续写道：“沃恩（Vaughan）和泰里尔（Tarrier）报告了应用了这种技术的七个被试；两个并没有好转，一个在侵入性和逃避性的症状方面都恶化了。皮特曼等人停止了对越战老兵的满灌疗法研究，因为其带来了一系列严重的不良反应。”六个月之后，我在电话里听到罗杰·皮特曼向我解释了这项不良反应，这些反应他二十年之后还生动地记得。

延长暴露疗法背后有很多“好”科学，这些科学可以清晰、连续地追溯到19世纪，这种科学本有机会被一系列研究者所颠覆，但是却没有被颠覆。科学被权威所支持，而权威成了体系的基础。然而，科学在某种情况下会使得问题更加糟糕，糟糕得多。

想想后来的这几个月，我开始想知道，到底为何这种极端的治疗如此必要，这种治疗在外人看来可能是残酷且反常的。而且我开始想知道，创伤后应激障碍的什么成分使得这种虐待式的方法变得似乎合理？创伤后应激障碍的什么部分迷惑了临床医生的心灵，让他们依靠这种与虐待无甚区别的方法？这种治疗中是否也有一种魔鬼式的强迫重复在起作用？是否有一种通过强迫性地回顾，而勉强去控制它的倾向？我把这些反思说给了我一个作家朋友，她也是加州大学欧文分校的一名博士生，她无意中提到，延长暴露疗法在某种程度上就像是一种驱魔仪式。事实上，在接受延长暴露疗法之前，我阅读过一些一战中英军和法军处理炮弹休克的极端方式，这些方式包括系统性地使用电击，根据一位相关历史学家的说法，这种治疗“似乎有效，可以去除症状”。

我向斯科特描述完我的反应不久之后，我就告诉他，除非我们能使用另一种形式的治疗，一种不需要重复想象满灌的治疗，否则这就是我的最后一次会谈。在讨论完我脱落的利弊之后，我向他描述了我曾经交谈过的其他创伤幸存者，他们都对延长暴露疗法有着不良反应。

“我不能说延长暴露疗法没有效果。我们有几百甚至几千名士兵接受了这种疗法，这种疗法对他们确实有效。”他说道。

我回应说：“英军在一战中电击了几百甚至几千名士兵，技术上来说，这种疗法对他们也确实有效。”

他似乎对这个类比感到不悦。

在他眼中，我们正处在一个临界点，并且在“陷入某种危险之中”，而这在“意料之中”。在几分钟的拉锯之后，斯科特还是坚持延长暴露疗法是有效的，而且对我而言是最好的治疗，而我则声称这种疗法是“疯狂的”，我们争执不下。

在我们分开之前，斯科特好似要让某个第三方机构听清楚我们会谈的录音，而我是个“固执”的患者，他用一种从容的语气问道：“你想要结束和我的延长暴露治疗吗？”

“是的。”

离开延长暴露治疗之后，我几乎立刻就觉得更好了。明白了我被迫愚蠢地重复萨蒂亚的伏击之后，我所感到的焦虑以一种迅速的方式散去了。我离开治疗后，我的愤怒和恐惧每天都会下降几个百分点。离开延长暴露治疗两周之后，我感到几乎已经正常了。在读完罗杰·皮特曼的研究和其他出版的研究之后，我明白这是那些遭受了延长暴露疗法的不良反应的人们的典型状态，增加的恐惧感慢慢消退了，患者回到了开始治疗之前的状态。没有记载说老兵或其他 PTSD 幸存者会因为接受延长暴露疗法而自杀[①]，但是我担心，正如我症状的短暂，对于我这个脆弱且又少了一个资源的人而言，这种变化可能最终即便不是致命的，也是毁灭性的。

---

① 乔纳森·谢伊在《越南的阿喀琉斯》一书中称：“在 PTSD 治疗的早期，心理健康专业有着一种民间信念，即‘说出一切’就可以带来安全、冷静、自我关照。据参加我们项目的老兵所说，这种有好意的‘战斗简报’的结果是灾难性的，导致了很多自杀情况。”谢伊所描述的“战斗简报”和延长暴露疗法并不一样，但是两者似乎出自同一种原则——创伤的蔓延可以被排除、被清洗，用斯科特的比喻来说，就是可以像一个化脓的伤口一样被“清洁掉”。想了解更多，请参看朱迪恩·赫尔曼的《创伤与复原》。

结束延长暴露疗法几天之后，我就打电话给 VA 看看还有什么选择。我被告知，下一步是试试另一种有实证基础的 PTSD 治疗，也就是著名的认知加工疗法。这种治疗一般会设置十多个老兵的团体，下一个团体在三周后开始。

我的约见在一座小的使命谷诊所，它在办公用品店对面的街上，坐落在南加州最大的零售街中央，认知加工治疗每周四中午进行一次，一次九十分钟。团体的氛围是一种入门级的 AA 制，这里并没有通常那种古板顺从的面孔，或是要坐牢式的悔悟，这里有的是千里之外的凝视，有些人麻木到一动不动，而另一些人似乎吃了某种兴奋剂一样活跃。我们十几个人在房间里，就像是朱迪思·赫尔曼在其著作《创伤与复原》中所谓的“创伤的辩证法”[①] ——有些人起来了，有些人落下了，有些人完全……不在场。只要促进者说些什么关于简易爆炸装置或狙击手的事情，十几条腿就会开始上下抖动，活像是缝纫机针上下摆动。

这里有平常的介绍。这里有费尔南多（Fernando），他在“9·11事件”之后在中东服役了七次，最近才从海军陆战队退役。这里还有格雷格（Greg），他是一位年轻的父亲，每次从座位上走下来之后，都会拄着他那根铝制的手杖。还有提姆（Tim），这位经历过伊拉克战争的老兵现在住在圣地亚哥州。凯尔（Kyle），他坐在我左边那张带花纹的二手店买来的椅子上，

① 朱迪思·赫尔曼《创伤与复原》。

他的眼睛躲在棒球帽下面扫视着房间。我认识约什（Josh），他是和我一起在几个月前参加选拔测试的老兵之一。他锤我的时候几乎像是个残疾。他坐在等候室里一动不动，他的妻子就坐在他身边，耐心地引导他一行一行地填写一堆厚厚的文件。我的右边则是一条标语：请保持克制，不要讲述战争的故事。你的故事对别人而言可能是个“触发器”。

是的，乍一看，这似乎本应该是个压抑的场景，然而我却暗自兴奋。这是一个痛苦的房间，一个充满焦虑的房间，房间里这些人为了签字参加付出了很多，甚至付出的比他们预想的还要多，然而对我而言，这件房子充满着某种奇怪的诗意的美感：某种我们很少能在这个世界看到的东西，创伤和丧失和现在人们脸上的历史。有时在陆战队晚上训练完之后，我会听到一种奇怪的嗡嗡声，有种在教堂的感觉，然而对我而言，这里在我面前呈现出来的则是一种神圣，一种古希腊时代的英雄主义。我突然发现，这个房间就是旅途的一部分，是伟大的奥德赛的中间站：有些人在上升，有些人在下落，但是我们都在同一屋檐下，不论愿意与否，我们每个人都将走向某处。

正如坐在我对面的那位消防员。这里就是救赎的开始，即便治疗很无聊，展现的方式也让你不得不克制；这里也是死亡的开始，至少在充满了这个房间的面孔看起来是如此。

之后，我对这个标语感到生气，出于某种原因，我最终坐在标语旁边，以至于只要我一走进治疗室，它就是我第一眼看到的东西。无疑这个标语有着重要的目的，然而它如此让人恼火，如此让人沮丧，以至于让你知道你脑子里的某种事情，只有受过专业训练的人才能处理，就像是个装了埃博拉病毒的试管。我已经知道了这一点。我只是不想再看见它写出来。这就像《PTSD临床管理问卷》和萨拉，我一开始就把他们视为一种隔离效果，人们用这样的方式让幸存者们觉得自己是不能被接触的，是一种种姓的成员，其糟糕的业报并非是他们具有传染性，而是他们对公众是有害的。

我们的促进者克洛伊（Chloe）和希瑟（Heather)，她们都在将近二十九岁的时候拿到了博士后文凭。克洛伊就像是理解的天使，长相甜美、非常有耐心，让我联想起南部小镇的人们。希瑟在我七个月之前参加选拔的时候就见过，她非常严肃，举止有着东海岸风格，这让她显示出一种权威感。她们就好像是成对出现的，彼此互相平衡。

很奇怪，小组以一个问题开始了。

希瑟的钢笔悬在黑板上，问道："PTSD 对你们而言意味着什么?"

"梦魇。"

"从未感到安全。"

"喝酒过多。"

"感觉内心死了。"

"没办法和妻子说这些。"

“没法睡觉。”

“感觉我忽视了我的孩子。”

“孤立。”

“等着下一次恐怖袭击的发生。”

众人的膝盖开始上下抖动。

“一直感到愤怒。”

“很好，”希瑟停顿了一会儿说道，“这些我都从老兵那里听到过很多次，‘愤怒是我唯一拥有的情绪。’”

所有这些都被写在了黑板上。

我左边的凯尔轻声说道：“FTW。”

我凑过去问他 FTW 是什么意思。他转过头，悄悄地对我说：“操他妈的世界（Fuck the World）。”

之后，凯尔告诉我这是他第四次参加认知加工治疗。他曾经感觉好了一阵子，之后那个愤怒的世界又回来了，因此他又掉了进去。这对他而言就像教义问答。凯尔有个机械头脑，他通过双手与这个世界联系，他就像坐在一辆汽车的内部。当你和他说话时，你会感觉到他的人格在沉重地下坠。他之前像是数字九，现在给人的感觉像是五个半。

我们拿起一本黄色的练习册，封面写着认知加工治疗－C 患者。

克洛伊解释道，家庭作业是认知加工治疗的重要组成部分，并且是在每周参加活动之前都需要完成的工作。“你要摆脱你自己放进去的东西。”她毫不拖泥带水地说完了这句。克洛伊人很好，一直都非常亲切，很难想象，她曾经在堵车的时候，会对别的司机说出任何粗鲁、令人不悦或咒骂的话语。

认知加工治疗背后的理念，她继续说，就是检查你的思维，并且看看思维是如何带来情感，以及这些思维和情感最终如何带来你对于自己和这个世界的信念。

“认知加工疗法会教会你避免极端思维。”她说道。

认知加工疗法是最受欢的 PTSD 治疗之一。它和延长暴露疗法一样，是 VA“A 计划”中的一种心理治疗。认知加工疗法最早由帕特丽夏·瑞西克（Patricia Resick）在波士顿 VA 发明，其用于治疗强奸受害者，认知加工疗法是由一种很流行的心理治疗流派所改进的，即认知行为疗法（Cognitive－Behavioral Therapy，CBT)。认知行为疗法可以帮助患者再造环境刺激，重新定义人们对其生活中的事件的反应。认知行为疗法背后的理论就是，心理健康是对环境的适当反应带来的。根据认知行为疗法的一位创始人的说法：“作为我们情绪本质的一部分，恐惧作为一种健康适当的反应，其出现在感知到对身体安全造成威胁或者危险的时刻。它能警示个体危险的临近，让个体采取防卫行动。然而恐惧不适当地出现时，就是当环境是没有威胁或者是中性的时候，这时环境会被解读成带有潜在的危险或威胁。”认知行为疗法本身是东海岸学派创建的，但它在当时像是一种禅宗哲学（Zen philosophy)，尤其是它有种观念，即外界的一切事件基本都是中性的，是我们对这些事件的反应影响了随后发生的事情。这种心理治疗最初的一位支持者称之为“习得的乐观主义”。

认知行为疗法的创始人阿伦·贝克（Aaron Beck）是宾州大学精神病学的名誉退休教授，也是贝克认知疗法研究所（Beck Institute for Cognitive Therapy and Research）的主席。贝克最初受训成为一名精神分析家，之后开始用认知行为疗法来治疗抑郁症。在他在20世纪60年代提出这种疗法之时，他已经沾染上了“时代的特点”[①]，那个时代在精神病上的主导是，美国国家精神卫生研究所（National Institute of Mental Health）所推行的“系统性的临床和生物学研究”。贝克一开始是一名忠实的弗洛伊德主义者，他开始观察抑郁症患者的梦境。根据弗洛伊德的抑郁理论，我们从这些梦中看到的本应该是一种受压抑的愤怒，但是他发现的却是“这些梦……包含着丧失、失败、拒绝、抛弃的主题，而梦者则呈现为残疾或者患病者。”他所理解的梦就是患者白天生活的夸张表达。贝克反思了这些之后，开始认为抑郁并不完全是由心灵中的无意识冲突导致的，而更可能是由消极思维导致的，这种思维会成为一种解读世界的习惯方式。

患者内心生活的某种东西失去了平衡，然而这并非本我、自我、超我之间的战争导致的。在贝克看来，这是一种图式，一种失调的信念，这种信念组织起了患者的经验，并且给予其错误的

① 引用自加里·格林伯格的《制造抑郁》。

认知。要纠正这种认知，贝克开始实验他所谓的“苏格拉底式提问”，这完全与那种非常回顾式的探索相悖，而他就是接受这种训练成为一名精神分析家的。

贝克设计了一种源自于行为治疗的疗法，将行为治疗与当时时兴的认知科学混合在一起。在认知治疗中，他解释道：

治疗师和患者一起工作，从而确定患者扭曲的认知，这种认知来自于其失调的信念。这些认知和信念都受制于实证检验。此外，通过行为任务，患者会学会掌控他先前视为无法克服的问题和情景，结果就是，他会学会重组他对现实的思维。

这样，认知行为疗法最终成了一种实证基础的心理治疗，因为其有效性不仅可以从经验上测量，其方法论的细节也是依据一种经验主义时间观的思想。正如一位立马表示支持的作者写道的：“认知行为疗法教会了什么是客观性[①]。”

认知加工疗法则运用了认知行为疗法的原则来治疗创伤后应激障碍的患者，治疗师让患者写下他们为何觉得创伤事件会发生，从而开始治疗。治疗师和患者一起创建一种“黏着点”日志，从而发现某种方式，即关于创伤事件的错误的信念如何让患者得不到康复。（在这个程序里面，PTSD被描述为不仅仅是一种疾病，也是一种“未康复”的实例。）关于黏着点的某些例子可能是“我本不应该和基斯（Keith）一起离开聚会，被强奸是我的

① 安德鲁·所罗门，《正午恶魔》。

错。”或者是“在桑金（Sangin）附近失去纳特（Nate）是我的错。我的巡逻队走了一条糟糕的路线回基地，结果遇到了简易爆炸装置。作为巡逻队的副队长，我本应该说些什么。”认知加工疗法和延长暴露疗法一样，也有某种重复的特点。治疗最初的几周涉及写下一系列的“A—B—C 工作表”（激发事件（Activating Event）、信念/黏着点（Belief/Stuck Point）、结果（Consequence）），这样有助于打破患者内在思维独白，从而理解其感受背后的逻辑过程。因此，对于强奸受害者，这个逻辑过程可能是这样的：“我绝不应该和基斯离开聚会。被强奸是我的错。我感觉我是个被伤害的人。”一旦患者看到这个循环，她就会开始控制这个过程。

从哲学的角度来看，认知加工疗法在某种意义上是一种非常美式的治疗。认知加工疗法关注于日常的生活，维持认知操作系统的运转。认知加工疗法作为一种治疗方案，其并不关注过去，也不关注创伤带来的重大形而上的或社会的问题。认知加工疗法是一种短程治疗，其有着固定的目标和限度，是一种心理急救方式。认知加工疗法没有道德取向。它解决不了任何问题。它只是能让你每天早上能从床上起来。

认知加工疗法经过了广泛的研究，并且已经代表了美国的一种医保标准，而且保险公司也愿意为之赔付。它对 PTSD 似乎有显著的效果。瑞西克在 2002 年做的一项研究使用了一个性侵犯受害者的大样本，研究发现认知加工疗法的效果和延长暴露疗法一样，然而认知加工疗法在处理罪疚感方面更有效。然而，我想说认知加工疗法相对于延长暴露疗法有明显的优势，它给患者当下的心理健康和安全带来的风险更小，这对老兵而言非常重要，因为众所周知，老兵们会展现出攻击性行为、酒精成瘾以及高自杀率。另一项于2004年发表在《行为疗法》(*Behavior Therapy*)上的研究，追踪了一些接受了延长暴露疗法和认知加工疗法的患者五年，结果发现接受了延长暴露疗法的患者中有29%的PTSD症状复发，而接受了认知加工疗法的患者则没有这种情况。

在对认知加工疗法和延长暴露疗法的讨论中，主要的问题在于，这两种治疗或多或少都明确地是为研究者设计的，是一种“操作化”的治疗，它们有意地将治疗师个人的角色最小化。许多批评家，包括加里·格林伯格和B. E. 温波德（B. E. Wampold）都指出了这一点，并且认为这一点是这两种治疗的主要缺陷。他们的观点大致是，治疗师与患者或来访者之间建立的关系，即“治疗联盟”（therapeutic alliance）是任何疗法中最重要的一环，事实上，这种联盟比使用的治疗技术更为重要，这种看法被很多研究所支持。正如一位强奸幸存者说的：“好的治疗师会真正认同我的经验，并且帮助我控制自己的行为，而非试图控制我。”我的一位遭遇过强奸的好友伊莉斯直白地说道：“很多治疗师缺乏同情心，他们并不真的知道自己在做什么。这么说有点儿严厉，但是从理想角度而言，他们自己都应该去经历一下创伤。”

一项由乔治·华盛顿大学（George Washington University）

的汉斯·斯楚普（Hans Strupp）主导的研究，其展现力非常绝妙，其证明了这些批评的观点：斯楚普选取了不同理论背景下的专业治疗师，并且拿他们和一组英语教授对比，告诉他们使用基本的治疗技术并且与患者建立一种共情、理解的关系。结果是英语教授和有经验的心理治疗师做得同样好。

我们的第二次会谈，希瑟一开始就描述了她所谓的“公正世界理论”。很多人依附于一种信念系统，尽管自己并不自知，而**公正世界理论基本上认为：“好的事情发生在好人身上，坏的事情发生在坏人身上。因此，我肯定是个坏人。”**

尽管我并没有感觉到战争或萨蒂亚让我变成了一个坏人，但这个理论还是让我产生了共鸣。人们加入海军陆战队出于各种不同的理由，但是在我最初的那段服役时光，尤其是在我选择了步兵之后，**我感觉被一种自我毁灭的冲动所驱使，即一种去经历我所认为的极端境况的欲望，去体验生死一线的情况。**我决定去伊拉克做一名记者，这就是这种欲望的延伸，这让我有种感觉，战争有种既让人高贵又让人低劣的东西：高贵是因为战争会教会你生存和兄弟情谊的乐趣，低劣是因为它也会让你知道战争是如何将人变为牲畜。

约瑟夫·康拉德（Joseph Conrad）在《黑暗之心》（*Heart of Darkness*）里描述了他所谓的“憎恶的魅力”，以及强烈地需要“活在一种不被理解当中”，要真正看到它，你必须被它所触及，呈现出某种黑暗。

这就是我所想的。

当我深思希瑟所讲的内容时，我开始意识到这种憎恶的魅力是如何影响我的生活。正如我很多在海湾战争和索马里服役的海军陆战队兄弟一样，我从伊拉克回来之后感觉自己被标记了，以一种难以言表的方式被改变了，这是因为我一直在接触死亡，我已经不再属于这个正常的世界。这并不仅仅是我爱上了战争的刺激，而国内的生活如此无聊，而是我在伊拉克见到的事物使我不再相信这个正常的幻象，而大多数人们依靠着这种幻象来过日常的生活：世界很安全是个谎言、社会很公正是个谎言、政府值得信任是个谎言、好工作能赚钱是个谎言、坏人受惩罚是个谎言。T. E. 劳伦斯在一战后看到自己的事业被英国政府所背叛，他似乎也有类似的感觉，他说道："如果一个人被一种极限经验所榨干，那么这个人就是我。我认为我永远不再适合任何事情。"

从我在匡蒂科还是一名候补军官开始，我就被告知领导者必须对他们的行为负责。在我心中，布什政府以及军队的高官从未对他们的行为负责。在费卢杰首战失败以及阿布格莱布监狱事件之后，2004 年布什的再次当选以及一系列的事件都让我深感震惊，驳斥了我作为一名海军陆战队队员所接受的教导——行为会产生后果，让军队去作战是一项神圣的使命，而这一切一直在严重破坏我此时被灌输的公正世界理论。

对于这类基本问题，即许多幸存者所纠结的问题，古希腊人视为冒犯忒弥斯（themis）或冒犯正义的问题，有趣的是，认知加工疗法很少论及。不仅如此，治疗师使用认知加工疗法技术试图询问一些重要而有分量的问题，这些问题在某些情况下定义了历史，然而当他们听到你的回答，他们又会告诉你，你可能对此持有太悲观的态度。

在我第一次填写“A－B－C”工作表的时候，我写道：“A. 政府撒谎。B. 当权者都是骗子，他们的谎言杀死了我很多朋友。C. 我对此感到痛苦而无助。”我被要求按照相应的“A－B－C”范例来写，之后克洛伊天真而温柔地问，我的“B”信念是否真的“百分之百真实”。

百分之百真实。政府撒谎让整个国家去打仗。政府撒谎掩盖了自越战以来的最严重友军误伤事故，这次事故造成十八名陆战队士兵死在了美国空军的A－10攻击机的炮火之下。政府派遣了太少的军队去维护伊拉克治安。政府驳回了身处当地的指挥官们的判断，并且命令四个海军陆战队营进入费卢杰，当伊拉克的议员抱怨时，又将他们拉了出来，正如《沙龙》和《洛杉矶时报》(*Los Angeles Time*)，以及之后一项牛津大学的研究所报道的一样。政府一直在坚持逊尼派的暴动已经“进入了最后的挣扎”，实际上当时安巴尔省的伤亡已经到了顶峰。政府及其后继者一直在坚持2007年美军的到来是“有效的”，而实际上有美国训练的伊拉克军队，在面对2014年基地组织的袭击时，大部分都全线崩溃。

我又一次变成了一位固执的患者吗？我又一次抗拒治疗或是其哲学依据吗？我在做不必要的争辩吗？也许是吧。然而我认为有一个更好的问题需要去回答，即假如我从伊拉克回来之后所体验到的这种异化和对社会的不信任，并不是那么极端或“不现实”，而事实上完全合理，正是因为这种合理，所以一战后被英国社会所唾弃的西格夫里·萨松说道：“在文明的名义下，那些士兵以身殉国，出于文明，我们仍需证明士兵们的殉国并非是一种肮脏的欺骗。”这种“文明”本身就是不现实的，其期待着老兵们去原谅、去忘记，这难道没有可能性？由于使用军事力量的谎言还在影响着美国的政策，我对此从更为经验的角度的精准反应，这难道不是我的一种幻灭感？

此时，另一个略微更偏执的观念出现了，即像认知加工疗法这样的治疗让创伤幸存者闭上了嘴，让他们振作起来，忘记所有那些他们所经历过的令人遗憾的事件，这些令人遗憾的事件往往都是因为权力的滥用导致的。这是一种更大的看法的一部分，即需要将创伤幸存者视为来自地下的信使，朱迪思·赫尔曼声称：“就像受创伤的人们一样，我们（作为一个社会）需要理解过去，从而开拓现在和未来。”

平心而论，思考这种公正世界理论的各种问题，对我而言是刺激而有用的。这也可以用于审视，我对社会的信任是如何在伊拉克战争之后改变的。或许克洛伊、希瑟、帕特丽夏·瑞西克、阿伦·贝克都是对的。**也许对于创伤事件，克服它最好的办法就是试图将之视为一个特例、一个孤立而只发生了一次的事故，所得的教训最好被当作是一次具体案例分析，而非对整个世界的评判。**

然而我内心的历史学家想知道，倘若那些致力于让PTSD得到承认的越战老兵反战组织的策动者想到，把越战视为一次特例、一个孤立的事件，那么会发生什么。而且我想知道，PTSD自1980年以来所带来的是什么。我想知道，通过用这种惩罚性的延长暴露疗法，或是认知治疗这种美式乐观主义疗法来处理PTSD，那些临床医生是否就能将PTSD核心的道德问题——对军事理论使用的适当性、女性在社会中的安全性、虐待的影响，缩减成一种冷漠的失败者、临床手册中的星号。我想知道，在这个过程中，他们是否旨在将这种历史中最有力的人文概念之一缩减成一种纯粹的技术问题。而且巧合的是，他们是否认识到了PTSD奠基者们最为担忧的问题，像罗伯特·利夫顿和阿瑟·艾根多夫他们，担忧着这种诊断在道德上会被精神病学中性化。

随着团体会谈的继续，我们被要求将我们的A－B－C工作表转化成“挑战问题工作表”，我们被鼓励根据问题的几个基本点来探索我们的各种黏着点。你的信念基于事实吗？你是在用一种非黑即白的方式思考吗？你获得信息的来源可靠吗？你是否脱离了情境看待事件，或是只关注于事件的一个方面？是否你的判断基于感觉而非事实？

有趣的是，尽管很多其他老兵有和我类似的担忧，这种担忧的特点是围绕着“社会信任”这个主题，然而很多人还是关注“安全与治安”问题。一个总是重复提到的小组主题涉及提姆所描述的，他所讨厌的“不同种族的人们”，尤其是“中东人”，这个群体似乎包含了所有带着非西式帽子的人们。提姆后来叙述了最近的一个事件，即他与当地的一名伊拉克当铺商人吵起来之后，他攻击了这个伊拉克人。他说，那个人用阿拉伯语朝他吼着，这惹毛了他。他的腿像缝纫机针一样上下抖动个不停，他解释道他最近停了药，而且在冲突发生的那天，他穿着一件纪念 T 恤，上面印着“叛乱份子猎手”一行字，旁边还有他死去兄弟的名字。

之后提姆说的这一切得到了这样的回应，即他被要求去思考，他听到阿拉伯语的反应，是否是将一种仅限于在伊拉克的知识不恰当地应用在了美国环境之下。克洛伊问他，是否有这种可能，即在八年前的伊拉克适用的行为，在今天的美国已经不适用了？接着他又问到，是否提姆让“事件脱离了情境”，看到了本不该有的模式。在我听来，这句话有点像关联症。

费尔南多之后告诉我们，在看到一堆“中东人”聚集在影院之后，他再没有去看过电影。他说，他一直等着“另一只鞋掉落，等着另一次袭击的到来。”

之后，在十二周的团体活动末尾，我和费尔南多坐在诊所的等候室聊天。他告诉我，他要去一个能帮助他的团体，他非常感谢有机会能和克洛伊和希瑟谈话，尽管他对希瑟中途离开感到失望（希瑟在圣地亚哥 VA 的任职期已经结束，她被调到了 VA 内部的一个新项目里面），他称这项调动被“搞砸了”，并且相应地导致参与人员数量暴跌。他似乎还是有点儿多疑，对他所感受到缺乏安全感而感到失望，当他看到全身裹满“布卡”的女人时仍然感到不安，然而他似乎更为放松，不那么容易被激怒了。

和费尔南多一样，我觉得认知加工疗法很有效。它提供了一些技巧（找不到更好的词）、一些有用的认知工具。而且我和他一样，也觉得填写 A－B－C 工作表，思考我的黏着点日志，通过挑战信念系统来将这些联系起来，这一切都很不切实际，并且多少有点儿荒谬。我需要用这种方式重新审视我过去的每一刻，从而达到一种平衡吗？一个接着一个的工作表？倘若我偶然想起那个海军陆战队士兵，他告诉我他需要告诉他妻子一切，那个士兵之后被伤得两腿满是弹片，那么对于这样的事件有合适的工作表吗？有那样一个工作表可以描述我那天所做的一个联想，即你需要小心那些告诉过你什么的人？有那样一个工作表，适合于一切我试图告诉艾丽卡但是又告诉不了的事情？有那样一个工作表包含着、“现实检验”着一切我需要和她说但没有说出的词汇？

正当我们坐在这古怪而杂乱的等候室里面聊天时，这震撼到了我，即不论认知加工疗法到底是什么，它都是一种捕捉时间之流的尝试，尝试着减缓那些发生得太快的时刻，尝试着给那些时刻强加一种秩序和理性意义。换言之，也就是试图剥离它们的神秘，剥离它们纠缠的能力。在我的日记中，我写道：“倘若延长暴露疗法是一种情绪化疗，那么认知加工疗法就是一种情绪太极。”而且我想知道，我对此的抵抗有多少只是出于我不愿意放下那些回忆，不愿意放下战争的神秘及其独特性。如果我放下了这一切，如果这变成了一段没什么特别的经历、一个孤立的事件，那么还有什么剩下的？那么我又是什么？如果战争只是一段短暂的道德问题，那么我为何还在被它纠缠？

费尔南多是个比我更务实的人，在我们结束最后一次会谈之前，他问道：“所以，我要带着这些工作表度过余生？”

心理动力学治疗是一个源自于弗洛伊德精神分析的治疗学派，尽管它并不是时兴治疗 PTSD 的方法，然而它还是有相当骄傲的治疗记录。心理动力学的思想家们同样很重要，他们大多数在主流机构之外工作，他们也一直在发展关于人类创伤最为清晰、最为深刻的思想。尽管如今创伤工作者的舆论认为，心理动力学治疗不符合时代潮流，其是一种历史古董，不能与像延长暴露疗法和认知加工疗法那样有实证基础的疗法相提并论，然而值得记住的是，最早将 PTSD 理论化的那些精神病学家——哈伊姆·沙坦和罗伯特·利夫顿都是在更广泛的精神分析的传统下工作的。此外，弗洛伊德很多关于成人创伤的最初的洞见都经受住了时间的检验，其包括强迫重复的思想，至今仍然是创伤研究领域最为深刻的概念之一。然而，心理动力学派在 PTSD 方面的问题一直都是过分强调童年发展，而不愿意关注成年期创伤。正如哥伦比亚大学的心理学家和精神分析家吉丝莲·布朗热（Ghislaine Boulanger）所写道的：“在 20 世纪大多数时间里，精神分析理论对那些被现实所伤害的人关注太少。”布朗热与很多政治犯工作了几十年，她是极少部分推动心理动力学对 PTSD 的理解的发展的理论家之一，她将 PTSD 称之为“成年期的创伤”。

VA 为全世界 PTSD 的治疗定下了基调，其长期强调一种像延长暴露疗法和认知加工疗法那样的极端经验主义的治疗，给短程心理动力学治疗在其有效性方面打了个“C”级评分，这个最低的等级，以及在精神病学上两级分化的暗示，将弗洛伊德主义者与伪弗洛伊德主义者放在了生物学取向的精神病学家的对立面，也将生物学取向的精神病学家放在了更加认知行为倾向的治疗师的对立面，以此继续。

当我为了此书的写作而去采访那些临床医生时，我很快认识到，心理健康领域摇摆不定，且已经巴尔干化了（Balkanized），其中对某个主要问题的保持一致的舆论几乎不存在，而自然科学在其中的地位越来越高。弗洛伊德及其信徒已经阐述了许多有关PTSD的基本概念，然而我们在创伤的学术会议上很难听到人们对他的信任，以及对他的引用。我所交谈过的一位VA高级管理员认为，当今对生物学的重视，以及狭义的经验主义基本上是一种自证预言：“钱在哪里，生物学研究就在哪里，那么研究发现（如果你愿意这么称呼的话）也就出自哪里。”尽管他接受过精神分析训练，然而他解释道：“我通常不会说我自己有心理动力学背景，因为这常常会带来一场毫无意义的对话。”

针对心理动力学治疗的主要抱怨就在于它并非是有实证基础的治疗。哥伦比亚大学的精神病学家、诺贝尔奖获得者埃里克·坎德尔在开始其临床训练不久之后，就对精神分析产生了幻灭感，他写道：“在精神分析引入的六十年之后[1]……精神分析已经耗尽了其大部分新颖的研究力量。到1960年，很明显的一点在

① 埃里克·坎德尔，《搜索记忆》（*In Search of Memory*）。

于，甚至对我而言，通过观察个体患者并仔细倾听他们这种方式，已经获得不了多少新的知识和洞见了。尽管精神分析在历史上一直有着成为科学的野心……它一直想发展出一种经验的、可检验的心灵科学，但它在方法上却不怎么科学。精神分析在很多年里都没能提出一个可以重复实验的假设。的确，精神分析在传统上就更善于提出观点，而非检验观点。”

尽管精神分析缺乏一种高贵的科学血统，但心理动力学治疗仍旧是观点的源泉，也是治疗 PTSD 的一种可行的选择，尤其是对那些遭受着创伤导致的罪恶感和羞耻感的人们，以及那些有时被称为“情结”的 PTSD，或是那种有多年持续的创伤所致的 PTSD。华盛顿的贝塞斯达－沃尔特·里德医院（Bethesda - Walter Reed）中一位海军精神病学家拉塞尔·卡尔（Russell Carr）发展出了一种有希望的短程 PTSD 疗法，其基于一种当代心理动力学治疗，也就是著名的“主体间系统理论”（intersubjective systems theory）[①]。卡尔在巴格达工作了一年，他在 2011 年的一篇文章中指出，尽管心理动力学治疗在发展上和接受程度上落

---

① 参看罗伯特·史托罗楼的《创伤和人类存在》（*Trauma and Human Existence*）。拉塞尔·卡尔在《战斗和人类存在》（*Combat and Human Existence*）中写道：“正当我在 2008 年夏天准备动身去伊拉克时，我在考虑如何理解那些遭受过创伤的士兵，那种创伤经历带给他们深刻的羞耻感，并且让他们难以和别人建立关系……到伊拉克几个月之后，当我的一位患者自杀时，我产生了一种非常强烈的急迫感。我感受到了他的自杀对他的连队、抢救他的医护人员、基地的其他心理健康团队的影响……正当我想着他并且继续与其他患者会面时，我感到了一种强烈的急迫感，我要找到一种更好的方式去理解创伤的影响。我之后偶然发现了罗伯特·史托罗楼的文字。我弄到了一本他的新书《创伤和人类存在》。这本书基本上改变了我与受创伤的军事人员工作的方式。”

后于延长暴露疗法和认知加工疗法，仍然有必要发展出其他类型的治疗，这只是因为很多“经验支持的 PTSD 治疗的脱落率高达 54%。”

主体间性理论（intersubjective theory），也就是卡尔所探索的思想学派，其源自于罗伯特·史托罗楼的工作，史托罗楼是圣莫妮卡（Santa Monica）的一名精神分析家和哲学家。据他所言，创伤事件的幸存者通常会以一种与这个世界的其他人截然不同的方式感知生活，这些其他人史托罗楼称之为“正常人”。在他看来，受创伤的人并不相信，或者说从理智上并不认为世界是个危险的地方，而是以一种深刻的方式感知到了世界的危险和威胁。随着时间流逝，这样的人会深刻地发现自己与他人的不同。幸存者会感到自己被困于巨大危险的那个时刻，无法逃脱。当下已经不存在。“正常人”还活在过去、现在、未来的连续时间中，他们决不能理解幸存者所活在的那个解体的时刻。正如史托罗楼所见，每个人都渴望得到理解，受创伤的人也是如此，他们不屈不挠地走向有类似经历的他人，史托罗楼称之为“同一片黑暗中的兄弟姐妹”。

在他的军队的实践中，卡尔在全国治疗了一些最为慢性和复杂的 PTSD 案例，包括狙击手、前进空中控制员、特别行动人员，这些人出于职责杀死了很多伊拉克和阿富汗人，而他们也纠结于因为杀人带来的罪恶感和羞耻感。卡尔认为主体间性心理治疗关注于共情，关注于患者独特的情感世界，并且能帮助患者找到一个“关系之家”，这是一种非常强效的治疗。经过和卡尔与史托罗楼详细地谈话之后，我可以证明，尽管主体间性心理治疗缺乏一种广泛的经验基础，但其背后的理念与延长暴露疗法和认知加工疗法那种机械的、死板的技术形成了鲜明的对比。

当然，问题是主体间性心理治疗就像经典精神分析一样，比起延长暴露疗法和认知加工疗法更具哲学的味道，这给它的广泛运用带来了一些挑战。然而，卡尔不得不缩减凝练史托罗楼在伊拉克时提出的一些观点，并且取得了巨大的成功。正如所有的心理动力学治疗师一样，主体间性心理治疗更依赖于一种治疗的艺术，而非科学，这使得治疗师要花更多的精力与患者发展出一种连接。这对卡尔而言似乎很奏效，他在伊拉克的时候，就有很多士兵跟他说：“医生，你比任何我交谈过的人都要更理解这些事情[①]。”

我明白像埃里克·坎德尔这样的人的观点，他们认为精神分析并未以科学为依据。把一位陆战队准下士放到躺椅上是很荒谬的。然而，在写这本书时，与像卡尔、史托罗楼、布朗热这样的实践者谈上几小时，给我的帮助和做了十二周认知行为治疗一样大。我从与那些心理动力学治疗师的交谈当中收获的主要的一件事就是，创伤所带来的精神负担的一种更深层次的意义，以及一种人道主义的关怀，还有就是一种新的愿望，想要去探索创伤相

① 拉塞尔·卡尔，《战斗和人类存在》。

关的问题，而不是仅仅将之视为手册化治疗当中一个死板的术语。卡尔、史托罗楼、布朗热在交谈中都显得兴奋而有情感，而我所采访的认知加工疗法和延长暴露疗法的倡导者们则是冷冰冰地谈论着创伤，仿佛他们不需要动用情感，就可以凌驾于这个问题之上。如今，我是一名作家，我透过一位从陆军军官转变到记者的视角经历了这场战争，因此我并非你们这样普通的幸存者，然而我确实从谈论创伤是如何改变我的时间感、听到马丁·海德格尔是如何思考时间的过程中获益匪浅。

尽管 VA 内部几乎没有人认可这种治疗，然而这种治疗的"非特异性"疗效，患者通过与治疗师的连接中所获的益处——即便这些治疗师只是简单地运用了治疗技术的英语教授，都有着很多的经验支持。然而在我看来，VA 和国防部这个 PTSD 治疗的巨头，并未对这种事情产生多少兴趣。似乎他们想要的是一种可大批量运用、可测量、可模式化操作的治疗，并用这种治疗吸引眼球。如此一来，情况就很像你在教育领域看到的全国性争论了。每对父母都知道，是那种充满激情、有点古怪的艺术家式的老师才能真正影响他们孩子的生活，然而这种优质教育极难制度化，美国的教育行政人员通常对这种《死亡诗社》（*Dead Poets Society*）般的杰出教师持怀疑态度，因为他们惧怕未知。

然而，还有希望的信号。VA 已经开始训练一些老兵成为患者代言人，他们都参与过团体治疗。2010 年，海军陆战队开始启动一种同辈咨询式的计划，即训练一些士官，使之掌握基本的处理战斗行动应激的技术。VA 还运营了大概两百家“零售”式的老兵中心，其分布在全国各个商业区，可以给老兵提供那种 VA 的研究者们轻蔑地称之为“支持性”的咨询。我采访过的几位老兵都发现老兵中心是更好的选择，因为老兵中心更小，候诊名单比一般的 VA 医院短得多。

大多数人们没法仅仅通过硬撑来摆脱创伤后应激障碍。慢性 PTSD 是一种威胁生命的问题，它必须得到治疗或是亲人的照顾。在治疗期间，你必须不断地努力，不断地去寻求同伴和他人的建议。幸存者社团确实很重要。写这本书的过程让我与那些遭受过强奸的朋友走得更近了，就好像这个过程让我和其他老兵，以及在野外遭遇意外后幸存下来的家庭成员走得更近了。正如我上面所写的，寻求治疗并不代表着软弱，就像去营地救助站或是急诊室休息也不意味着软弱。我的很多英雄都纠结于创伤后应激障碍：满头白发的军士长、荣耀勋章的获得者、著名的登山家、诗人、小说家、各种艺术家。如果你对治疗感到尴尬，你不必告诉任何人：直接去吧。只要寻求被证明是有效的治疗就好，研究者们称之为“期待”现象。这么说来有点儿令人吃惊，但是即便是坐在等候室里都会让你感觉更好，因为你已经踏出了摆脱痛苦的第一步。

创伤的一个奇特悖论就是，它发生在一瞬间，但会影响一辈子。但它究竟会影响多长时间，这通常取决于幸存者的选择。我采访过很多创伤幸存者，他们说遭遇强奸之后的日子，或是战后吸毒成瘾的日子都是他们“迷失的岁月”、他们的渴望、他们想要回到的岁月。我觉得自己是个受启发的斯多葛主义者，我在挣扎、痛苦、努力中发现了深层次的意义。我生命中最快乐的时刻都在几近死去的经历之后。温斯顿·丘吉尔（Winston Churchill）曾说：“没有什么事情比被射中又毫发无损更让人兴奋的了。”**生活没有痛苦便没有意义，然而总有一天你会接受这个事实，即并非所有的苦难都能净化、提升一个人，麻木并且让自己孤立于这个世界只会适得其反，而且会摧毁掉你自己和你所爱的人。**

作为一名前海军陆战队士兵以及一位报道战争数年的人，我见证了这似乎永不停歇的十多年杀戮的结束。恐怖的结束带来了理解的希望。海明威于二战结束后的一年，也就是 1946 年写道：“我们已经走过以服从、机智的勇猛、决心、遵守纪律为第一要务的时期，我们进入了一个更加艰难的时期，在这个时期，人的职责是去理解他所在的世界，而非仅仅为此而战。”

第七章　药物

詹姆斯·麦克高夫已经习惯在建筑的侧边见到自己的名字，习惯于接受宴请，习惯于看到自己的画像被挂在门厅走廊上。然而他并非企业巨擘，亦非体育明星，也不是热衷于慈善事业的金融大牛。他是一位神经学家。他如今已经八十岁高龄，当他走出了他在加州大学欧文分校的学习与记忆神经生物学中心（Center for the Neurobiology of Learning and Memory）（他于 1981 年创立的）的办公室，走进了科学图书馆时，路过了詹姆斯·L. 麦克高夫大楼（James L. McGaugh Hall），这是一座四层高的教室，其完工于 2002 年。麦克高夫是加州大学欧文分校于 1964 年开办以来首批受到聘请的教授之一，也常常受诺贝尔奖青睐。麦克高夫将他整整六十年的学术生涯都奉献在对人类记忆的生物学细节的理解之上。

麦克高夫是一位典型的科学家，长得有点儿像一位退休的新闻主播，他住在自己那庄严的城堡中太久，以至于很难想象，他曾经也是一位愚笨的年轻人，一个只拥有印着自己名字的单车和棒球手套的小男孩儿。他说话的声音洪亮而有节制，让人联想起美国中西部，但事实上，他来自于 20 世纪 70 年代加州那片失落的大陆。麦克高夫工作非常严谨，金属框的眼镜挂在鼻子上，眼镜上面是一头蓬松的灰色头发。他在冷战的高峰时期在加州大学伯克利分校（University of California，Berkeley）接受教育，他在一个角落的办公室工作，从这里能够俯瞰到校园的环形街道。校园是个开放的空间，白色的围墙在加州的阳光照耀下闪闪发光，两百条长桌放置在各个拐角处。进入校园需要得到保安的许可，这位保安对日程的操控以及日常工作，都使得他不像是个助手，而更像是第三部门。

在记忆科学的世界，麦克高夫就是一位活生生的传奇①，似乎从那天起就抛掉了那种老旧的观念，即人类的记忆是静态的、是固定的整体、是一卷永远运转的磁带录音机，而麦克高夫则将时间视为一种动态、内在上不合理、无常的东西，这种东西可以被深深的修改和操作。

倘若麦克高夫的工作有某种指导原则，那么就是：记忆不像人类，它们并非生而平等。在事业的早期，他认识到情绪和其他因素一样影响了记忆在哺乳动物身上形成的方式。尽管这个事实

---

① 本章基于我在 2007～2013 年与麦克高夫及其同事的邮件采访。在麦克高夫的著作《记忆与情绪》中，他描述了他的某些发现以及他的学术训练某些方面背后的思想过程。采访完麦克高夫之后，我在《新英格兰医学杂志》偶然发现了一篇有趣的文章，作者是特洛伊·丽莎·霍尔布鲁克（Troy Lisa Holbrook），这篇文章似乎确证了麦克高夫的工作，并且其数据收集自伊拉克。霍尔布鲁克和其同事发现，在“抢救和创伤护理时期”给受伤的士兵使用吗啡，可以使得他们患 PTSD 的概率下降 50%。伊拉克的医生们并没有意识到，他们破坏了创伤记忆的“超巩固”，其方式和麦克高夫在实验室中所做的一样。

直到最近才被科学所承认，然而人类已经在几个世纪之前凭直觉认识到了这一点。正如麦克高夫在其著作《记忆与情绪》的前言部分所写："中世纪时期，在书写用来记录历史事件之前[①]，人们发现了用来记录重要事件的方式，比如在划定一块土地给某个城镇时，人们会挑选一个大约七岁的年幼孩子，让他仔细观察这次活动，然后将他扔到河里。据说，这样一来，对这个事件的记忆就会深深印刻在这个孩子心中，对这个事件的记录就能在这个孩子的一生当中保存下来。"这个古怪的故事讲述了恐惧是如何影响记忆的，也是这个故事主导了麦克高夫的工作，而且很有可能定义了他之后的传奇。

科学家们很早就知道某些药物可以增强记忆。一项由卡尔·拉什利（Karl Lashley）发表于 1917 年的研究表明，服用了小剂量士的宁（strychnine）的白鼠，比服用盐溶液的白鼠能更快地记住迷宫（少量的士的宁通常被用作一种灭鼠药，其功效类似于兴奋剂）。麦克高夫在 20 世纪 50 年代偶然发现了拉什利的研究，当时他还是伯克利大学的一名研究生，于是他开始思考这对长时记忆会有什么影响。他认识到，比方说，白鼠在接受一项实验任务的训练一小时之后，你可以通过施加电击而打断这个学习过程，这个事实意味着当学习过程开始之后，白鼠的大脑里就一直有个过程在持续进行。换言之，长时记忆的形成并非在一瞬

① 詹姆斯·麦克高夫，《记忆与情绪》。

间，而是需要花时间去“固化”这种记忆。神经科学家们称这个过程为“记忆巩固”。记住这一点后，麦克高夫推测，他可以在白鼠的任务学习之后，很快为之注射一种兴奋剂，正如他举的中世纪历史的那个例子一样，这本质上相当于将白鼠扔到河里，从而增强白鼠的记忆。

当他将这个想法告诉他的研究生导师时，导师认为这是一个很糟糕的想法。“这是一次短暂的讨论。”麦克高夫在四十年之后尖锐地写道。

由于受到了导师反应的打击，麦克高夫只能等到导师去欧洲休假，才开始他的实验，他在训练白鼠之后很快就给它注射了士的宁。让他感到震惊和兴奋的是，他发现他的直觉是对的。通过有规律地给白鼠定时注射士的宁，白鼠犯的错误更少，并且能更有效率地通过实验室的迷宫。这种通过在事件之后使用药物来增强记忆的观点，自此之后在全世界的实验中得到了重复验证。

获得硕士学位之后，麦克高夫开始实验使用其他的药物来增强记忆，包括安非他命（amphetamines），苦味毒（picrotoxin），吗啡（morphine）。在他的工作进入到一系列僵局时，麦克高夫和他欧文分校的同学拉里·卡希尔（Larry Cahill）开始研究自然产生的兴奋剂对记忆的影响。他们很快发现，当哺乳动物兴奋时所释放的肾上腺素也能增强某个特定事件的记忆，其原理和士的宁类似。他们可以通过注射肾上腺素来从根本上增强白鼠的记忆能力。

然而，麦克高夫想知道，是否反过来也是如此呢？假设你可以给白鼠（或人）注射某种物质，从而破坏肾上腺素对记忆过程的影响，那么会怎么样呢？如果你能让某个人忘记或至少抑制某种特定记忆的能力，那么会如何呢？

当我在校园的办公室见到麦克高夫时，他一开始就向我解释他工作背后的神经学原理，总结了他轰动一时的小讲座：从神经学的角度说，有一种药物可以防止 PTSD 的出现。

心得安（propranolol）——一种 α 受体阻断剂，其在 1964 年被发明出来用于预防心脏病，这种药物阻断了人类体内肾上腺素的作用。正如他所解释的，倘如你在创伤事件发生几小时后，给一个人使用心得安，你就能阻断这种神经过程，这种过程会使记忆创伤化。在神经科学的语言中，**你可以防止大脑的“超巩固”，防止这个事件永远铭刻在杏仁核当中，**杏仁核是大脑的恐惧中心之一。你可以防止患者被“扔到河里”，这段经历可以像其他事件一样被记住——而不会出现心跳加速、呼吸急促、杏仁核受到过度冲击。从神经学的角度说，一场严重的车祸可以等同于一段去咖啡店的路途。

接着他解释，心得安完全安全，可以口服，没有多少副作用，而且已经被广泛地应用了十几年，已经过了专利期。这意味着，心得安像很多老药物（比如青霉素（penicillin））一样，不会受到某个特定药品公司的控制。

唯一重要的就是时机问题。要使得心得安起效，你必须在受创伤者遭遇“重大情感”事件的六小时之内给他使用这种药物，时间越快越好。我之后了解到，另一个不小的问题是，至少对于战场上的士兵或难民营里的难民而言，一旦他们服用了心得安，他们可能没法获得由肾上腺素以及正常的战斗逃生反应所带来的益处，从而无法应对危险。换言之，从达尔文的角度看，他们会变得没有防御能力，任人鱼肉。

一个小时之后，我带着困惑离开了麦克高夫的办公室。尽管我收获了一些基本的神经科学知识，然而有些事情对我而言并没有比我来之前清晰多少。当我走过加州大学井然有序的校园，我想知道这是否一直以来都是个错误。我从始至终思考 PTSD 和创伤的方式都是深刻、几乎是存在主义式的，认为它是一种在世的方式，而不仅仅是一种单独的诊断。创伤——梦魇、恶魔、消失的希望、浓稠的悲痛、丧失的岁月、个人生活秩序的巨大颠覆，这一切仅仅是肾上腺素不合时宜地起效的产物？肾上腺素的过度释放结果会导致杏仁核中去甲肾上腺素（一种在紧张时释放的神经递质）的过度释放吗？这种过度释放会导致大脑的恐惧中心中记忆的过度巩固吗？这就是四十几年前利夫顿和沙坦开启的这趟奥德赛的历史结论吗？

我们的记忆，也就是定义我们自己的信息的基础，可以被如此轻易地操作，这个观念公然挑战了我对创伤后应激障碍所笃信的一切。这个观念也公然挑战了我对于人类本质所愿意相信的一切。这个世界如此之大、如此复杂，如此地充满了惊喜和幻灭以及崇高的丧失，而这一切可以被一种六十年前发明的心脏病药物所驱逐，甚至当时利夫顿还没有走进越战老兵反战组织的办公室，这一切都超过了我的接受范围。

在我看来，我感觉自己有点儿像约翰·济慈（John Keats），他在 1816 年沉思艾萨克·牛顿所开辟的新世界——自然科学时，写道：

……将剪下天使之翼，
精密地征服一切秘密，
清空神秘的气息以及地下的宝藏
——拆开彩虹。

然而，至于时机，对于要在创伤事件发生后必需的六个小时内使用心得安，仍然留下了重要的问题。作为一个被战争和灾难折磨一辈子的学生，我明白这的确是一种苛求。你期待着将上千军队从前线拉回来，或是聚集起成千上万的飓风受害者，然后给他们服用一种药物，让他们在十到十二天内变成一群无助的绵羊，这种想法就是科学败于现实世界的典型范例。对于步兵和特种部队，这样做本质上会使得他们无法战斗，否认了他们身上进化了百万年的生物调节机制。

然而，在我回家并且上网搜索了一圈之后，我了解到，研究者自麦克高夫和卡希尔做出了开创性探索之后，一直在试图解决用药时机问题。2008 年，哈佛大学的罗杰·皮特曼及其同事在《精神病学研究杂志》（*Journal of Psychiatric Research*）上发表了一项初步研究，这项研究解决了时机问题。尽管所涉及的许多研究主题相对较小，但结果很有希望。皮特曼选用了一组被诊断为PTSD的患者，并且选择性地让他们观看情感上令人不安的图片，给他们服用了心得安。皮特曼他们的发现令人震惊：图片加上心得安的服用重新唤起了他们的记忆，这种唤起减轻了他们将近50％的症状。（皮特曼和麦克高夫于2001年主导了一项类似的实验，其在创伤事件发生六个小时之内给四十一名急诊室患者服用了十天剂量的心得安，结果获得了略微更好的疗效。）皮特曼的结果足够振奋人心，以至于国防部奖励了他的团队七百万美金，用来研发一种能够阻断PTSD患者的创伤回忆再巩固的药物。

2014年1月，皮特曼告诉我，他已经进入了一项研究的最后阶段，这项研究使用了类似于延长暴露疗法中的“想象”，从而在创伤事件发生的几个月之后激活患者的症状，并让他们服用心得安，他们正在寻找能减轻创伤后应激障碍的相同模式。换言之，心得安的使用时机问题已经得到了解决。

在米歇尔·贡德里（Michel Gondry）2004年导演的电影《暖暖内含光》（*Eternal Sunshine of the Spotless Mind*）中，一位名为约尔·巴瑞斯（Joel Barish）（金·凯瑞（Jim Carrey）所饰）的隐居艺术家发现，他前女友关于他们爱情的记忆都被一种由一位精神病学家发明的新技术所抹除了。巴瑞斯感到震惊而愤怒，他也决定采用同样的手段来擦除脑海中关于他前任的所有痕迹。

当他问起这是否有损伤脑部的风险时，那位精神病医生梅尔茨维克（Mierzwiak）博士答道：“从技术上讲，这项手术就是脑损伤，然而它和饮酒宿醉一样，你什么损失都不会有。”这时，巴瑞斯开始后悔自己的决定，在电影的大部分内容中，在巴瑞斯的记忆被梅尔茨维克和他的技术所擦除之前，我们看到的是这对倒霉的恋人在巴瑞斯的记忆中互相追逐。

这部电影是由查理·考夫曼（Charlie Kaufman）所写，在心得安的药物潜能被广泛报道（两年之后，也就是 2006 年 11 月，一个夸赞心得安的 60 分钟的故事）之前，这部电影就进入了影院，然而电影中描绘的这种手术在很多方面都像是心得安，我们不得不相信考夫曼创作的这部艺术作品就是对生活的模拟。在考夫曼的故事里，这种致使失忆的技术所带来的影响，几乎完全是消极的，其创造了一种道德混乱。戏里的人物不在乎他们行为的后果，没有人会记住这些行为，当然也没有人会透露出来。电影核心的浪漫几乎被这种可以随心所欲消除记忆的能力给摧毁了。一切客观、真实的意义都丧失了。随着情节的展开，我们发现，似乎那位慈祥的梅尔茨维克医生事实上也用了这种技术很多次，来删除自己与那位年轻而迷人的前台姑娘（克尔斯滕·邓斯特(Kirsten Dunst）所饰）之间的故事。在电影结尾，邓斯特扮演的角色偷取了梅尔茨维克的所有文件，并且寄给了他的所有病人，从而消除了这位神经科学怪人所造成的伤害。社会似乎还没准备好接受可大批量操作的记忆擦除术。

考夫曼的剧本受科幻小说家菲利普·狄克（Philip K. Dick）的作品影响很大，而狄克已经预言了心得安的问世所要面临的批判。

2003年10月，在皮特曼最有希望的实验研究出版之前，布什总统的生物伦理理事会（Council on Bioethics）就发表了一篇题为《超越治疗：生物技术与追求幸福》的专文，作者在文中探讨了心得安的潜在效用，并问道："让我们对糟糕事情的记忆变迟钝，从而让我们很舒服地活在这个世界，没有痛苦，这是否不道德或是残忍？那些残酷的真相——落选、不被理解、悲剧，难道不是提醒我们，尤其是当我们严肃地思考人类罪恶的现实时，这个世界并非完全美好？此外，钝化我们对于令人羞耻的、令人恐惧的、令人厌恶的事物的注意和记忆，难道不也是带来了风险，有可能钝化了我们对于可爱的、鼓舞人心的、美丽的事物的反应？"

理事会的报告虽然很遗憾地没有提到早年反恐战争的"罪恶"和"作恶者"，但是这篇报告还是谈到了很多基本点：很长一段时间以来，心得安都是一种最受道德争议的药物之一，它会从根本上改变社会对待创伤和道德恐惧的方式。正如许多生物伦理学家观察到的，它带来的道德问题基本上是无穷无尽的。正如《时尚先生》的专栏作家查克·克罗斯特曼（chuck klosterman）的主张："自百忧解之后，心得安可能是在哲学上最令人烦恼的一种药物[①]。它公开地质疑了现实的重要性。"

克罗斯特曼对流行文化很着迷，他继续问道："你的生活有

① 查克·克罗斯特曼，《遗忘是一种新赐福：一种突破性药物可以擦除你的糟糕记忆——但不是所有人都认为你有这样的权利》（*Amnesia Is the New Bliss: A Breakthrough Drug Can Erase Your Worst Memories — But Not Everyone Thinks You Have the Right to Take It*）。

多么大？这并非是个修辞上的或不可能的问题。答案很简单：你的生活和你的记忆一样大。遗忘对别人有影响，但对你自己不会有影响，这就是《记忆碎片》的主旨。现实就是我们所知的一切，而我们（明显）无法知道我们记不得的东西。这意味着心得安提供了一个缩小现实的机会。**它并没有使过去的事件在脑子里完全消失，而是扭曲了它的意义和情境。**因此，倘若人的人格只是其现实的聚合体（而且倘若现实只是记忆的聚合体），那么可以说，心得安是人工地缩小人们生活的一种药物。”

克罗斯特曼和其他批判者认为，通过摆弄人类记忆的原理，我们可能不知不觉中挑战了人类的本质，使得恐怖、暴行、强奸以及任何一种破坏都成了一件平常事。佛罗里达州立大学（Florida State University）的英语教授保罗·奥托卡（Paul Outka）抨击道：“去否认一种‘正常的精神病理’[①]，将之重塑为一个整体，其能够视任何恐惧和幸存为不带来永久伤害的事件，这样基本上会使得人类变成另一种不同的东西。”

奥托卡问得很好。尽管准确地说出心得安在稀释创伤记忆的威力方面有多少效果，这还为时过早，然而认识人类创伤的一项基本原则就是，创伤有着某种重要的道德意义。如此说来，PTSD是一种将道德暴行制度化的方式。正如罗伯特·利夫顿和其他人所主张的那样，以一种极端的技术基础来治疗创伤，就像

① 保罗·奥托卡，《历史、后人类、创伤的终结》（*History, the Posthuman, and the End of Trauma*）。

治疗其他精神疾患一样，这完全没抓住重点。对他们而言，创伤超越了个体。创伤是象征性的。创伤是历史在肉体身上的呈现。当创伤被社会听到时，它就是一种证词。

自越战和PTSD出现以来，美国战争的伤亡总量急剧下降，这并非是一种巧合。PTSD在众多事物中完成的使命，就给了让暴力受害之前所缺乏的一种地位。当今的社会比起20世纪前半期，对受害者有了更多的关注。而这一点在很大程度上是因为越战那一代人的奔走呼吁。倘若通过现代神经科学的奇迹，我们最终稀释掉了创伤的道德力量，那么我们就有风险，可能会创造一种远比我们当今社会更加暴力更加残酷的社会。

然而，并不是每个人都相信心得安代表着一种对社会秩序的威胁。圣地亚哥大学（University of San Diego）的一位法律教授，也是一位有着大量阅读量的神经伦理学博客博主亚当·科尔伯(Adam Kolber)，他主张心得安是一种所谓的“记忆的自由”。科尔伯引用了一名幸存者的话，其说道：“我患有严重的PTSD，而且把我的灵魂卖给了恶魔，从而摆脱了每天七个小时地狱般的闪回记忆和梦魇。”科尔伯写了一篇对心得安带来的可能的影响的法律评论，文章长达六十六页，他说道：“过于担忧记忆受到限制，不足以证明它的治疗效果有限。此外，对限制记忆的选择支撑着我们的兴趣，即自我决断的幸存，远离精神疾病的兴趣，而且能够让我们更强烈地认同那些我们决定要保留下来的记忆。限制记忆能够减轻很多人的痛苦，既然有这样的潜力，那么记忆限制至少不应该被完全禁止，而是我们有权力去限制我们的记忆。”

尽管有着诸多争议，但心得安和 β 受体阻断剂的治疗潜力还远不为人知。这种药物在如今这种情况下能够在某种条件下，减弱某种特定记忆的效能，然而它绝非是像《黑衣人》（*Men in Black*）这类科幻电影里面的那种记忆清除药物。正如皮特曼的主张：“原来的记忆的确还在大脑深处。”当我在第一次经历了 VA 的想象治疗时，我发现引起创伤后应激障碍的，是整个一系列应激事件，是处在紧张的环境中很长的时间，而非某一个可以通过 β 受体阻断剂轻易隔绝或治疗的单一、孤立的事件。

这样一来，在 PTSD 诊断方面，心得安仍然带来了更为令人困惑的问题，因为没有一项临床试验能够通过使用 β 受体阻断剂或其他类似药物，从而完全消除创伤后应激的症状。事实上，之前发表的每一项研究都显示，中断记忆的巩固或再巩固，可以使得 PTSD 患病率降低大约一半。那么我们怎么处理另一半呢，这些患者也服用了心得安或类似的药物，但是还是产生了创伤后应激症状？将他们视为实验设计缺陷的结果吗？将他们视为顽固的患者吗？他们对于那些使用《PTSD 临床管理问卷》的评估者而言，不能代表他们的症状吗？有没有可能，我们所谓的 PTSD 有一部分存在于神经科学的领域之外，正如它今天被理解的那样？有没有可能，创伤的某些方面存在于道德领域，即它不仅是一种被恐惧所纠缠的感觉，也是一种被恐惧所玷污的感觉？

除了技术细节问题，创伤与 β 受体阻断剂的混合，其带来的长期后果并不确知，这仍旧是一个严肃的问题。尽管多年来，成千上万的人服用了心得安，但是只有相对一少部分按照科学家所提倡的方式在使用。然而对人类的神经系统以及战或逃反应（这种反应保证了人类能生存在地球上数百万年）的操作并非没有风险。我们在创伤后应激障碍上看到的那种对危险的高度警觉，夸张的惊恐反应，这些都是几千年来的进化的产物，其无疑保证了人类在生物学上具有竞争性。正如科学中的很多事物一样，我们对新兴科技进入社会所带来的后果，并没有多少认识。确实，问题就在于，尽管人类在科技上一直在经历着巨大的进步，我们在伦理能力方面并没有取得同等的进步。在科技和伦理之间永不停歇的军备竞赛中，科技一直是赢家。那些记录这场无止尽的竞赛的结果的研究者，给了它一个名字：历史。

正如我在此书的其他地方所主张的，技术即是创伤的巨大变体。心得安在空前的程度上操作记忆的能力出现之后，我们将很可能在之后看到一种人类对于创伤的完全不同的反应。因为心得安在十多年前就得到美国食品和药物管理局的认可，它如今在整个美国的精神病医生和急诊室里都能见到，而且成了一种没有指明用途的药物。从我被告知的那些内容里面也体现了它的某种成功。

有趣的是，那些紧密关心着这种新进程的研究者们，对于其潜在的伦理问题却基本保持沉默。我向皮特曼和麦克高夫问过心得安所带来的潜在社会影响，他们两人都拒绝回应。

值得庆幸的是，另外还有一些能够治疗创伤后应激障碍的有效药物，这些药物没有心得安那么受争议。哌唑嗪（Prazosin）最开始是用来降低血压的药物，之后被发现可以有效减轻受创伤人群的梦魇，对其药效的认识早于 PTSD 的出现。哌唑嗪可以限制大脑中蓝斑核（locus coeruleus）中去甲肾上腺素的作用，蓝斑核这个区域与唤醒和觉醒有着密切关联。哌唑嗪不会让你打瞌睡，它也不是一种镇静剂。它能让你在瞌睡时进入睡眠，它的药效大约可以维持八个小时。穆雷·拉斯金（Murray Raskin）在 2003 年主导的一项研究调查了十位越战老兵，研究发现在睡觉前服用少剂量的哌唑嗪可以显著减弱患者的梦魇和其他睡眠障碍。接下来的研究使用了平民 PTSD 患者，研究发现服药的被试，相比没有服药的被试平均可以多睡九十四分钟。许多服用过哌唑嗪的人都说，他们那些创伤的、重复的梦魇被不带创伤场景的平常梦境取代了。

对治疗 PTSD 非常有经验的精神病医生相信，高质量、安稳的睡眠是 PTSD 康复的必备条件，缺乏这种条件会恶化其他症状，比如愤怒、冲动控制、易激惹性。因此，哌唑嗪有着巨大的潜力，它在 PTSD 的药物中很独特，因为它直接针对着 PTSD 的一种核心症状。有些临床医生发现患者在服用哌唑嗪之后饮酒更少了，因为他们不再需要用酒精来帮助睡眠，或是摆脱症状的痛苦。

最流行的一类治疗 PTSD 的药物就是选择性 5－羟色胺再摄取抑制剂（SSRI），这种药物可以提高大脑中 5－羟色胺的含量。百忧解、左洛复、帕罗西汀（Paxil）、西酞普兰（Celexa）都是

SSRI 类的药物。2004 年的一项调查研究了 220 000 名 VA 患者，调查发现 SSRI 很明显是治疗 PTSD 用得最多的处方药，研究中 85%的患者如果在服用精神类药物，他们都选择 SSRI。鉴于 VA 在 PTSD 研究的领先地位，这个研究发现可能对于整个公众来说都是事实。在 SSRI 类的药物中，左洛复是在 PTSD 治疗中使用得最多的药物。SSRI 并不针对 PTSD 潜在的病理机制，而是帮助患者管控其症状。

珍妮 · G（Jenny G）是一位空军老兵，她曾经在伊拉克最危险的一个省目睹了一场战斗，她由于接受延长暴露疗法被再次唤起了的梦魇，之后她开始服用左洛复，她告诉我："药物真的改变了我的生活。在我服药之前，我会强迫性地记忆且担忧那些最细微的事物。服用左洛复之后，我没有那么担忧了。我没有那么强迫了。我没有那么容易生气了。我曾经到了不能吃不能睡的那种地步，因为我会担心，这让我很痛苦。当时，我前夫威胁我要夺走我女儿的监护权。这也许就是我的爆发点。我的医生告诉我，'我担心你可能会中风。'所以，我开始服用左洛复。由于服用药物，之后我不再驾驶飞机，但是这也值得。"

从空军退役之后，珍妮为了加入 VA 的一项研究，要服用另一种药物，她不再服用左洛复，她发现她的症状几乎立马就回来了。"我回到了之前的状态。我状况很糟糕。如果我再不重新服用左洛复，我想我会因为攻击别人而被捕。我个人的地狱就是沃尔玛。那里有太多人，来自各地的人。不论你走到哪里，人们就在你身旁。在没有服药的情况下，如果我不得不走进去，我会疯掉，并且最终会与自己产生巨大的内在冲突。对很多我交谈过的老兵而言，左洛复一点儿效果都没有。但它对我却是个奇迹。它似乎对我的大脑化学机制有效。它确实让我有点儿回到了曾经的状态。我还是感觉像是个外星人，而不是伊拉克战争前的那个我，但是已经比之前好多了。”

左洛复和其他 SSRI 类药物有着治疗 PTSD 的良好记录，但是它们对这种疾病的药效完全是偶然发现，SSRI 类药物最初是用来治疗抑郁症，而非 PTSD。在第一种 SSRI 药物百忧解，于 1987 年上市不久之后，VA 的精神病学家就听到了同行们使用这种药物获得的巨大成功，于是他们也开始给 PTSD 患者开这种药物，尽管当时并没有研究支持这种药物治疗 PTSD 的有效性。虽然 SSRI 类药物对 PTSD 患者的效果是积极的，但是和治疗某些抑郁症比起来，这种效果并不是革命性的改变。随着对百忧解能够让人们“活得更好”的报道的广泛传播，其治疗抑郁症所带来的改变则在 20 世纪 90 年代中期主导了美国人的想象。相反，医生们发现，SSRI 能够减轻与 PTSD 相关联的抑郁和愤怒，并且可以减轻那些像珍妮这样最为焦虑的患者的痛苦。大多数医生都认为百忧解、左洛复、帕罗西汀是安全的药物，而且很方便开，所具有的非常有限的副作用使得这种进展很容易被接受，尤其是把它们和思瑞康（Seroquel）这种抗精神病药物做对比的话，后者一直饱受争议。正如一位礼来公司（Eli Lilly）的科学家所说：“百忧解是一种非常宽容的药物[①]。”

精神病学家们所公认的一种信念就是，精神疾病最好用药物加心理治疗的方式治疗，这似乎就是 PTSD 的情况。20 世纪末，依然没有科学来支持给 PTSD 患者服用 SSRI。这类药物的确似乎不会伤害患者，它们能帮助患者从深深的恐惧和忧虑的炼狱中摆脱出来，这是许多创伤幸存者所希望的。然而直到 2002 年，也就是百忧解诞生的将近五十年之后，针对左洛复治疗 PTSD 患者的最初的两项随机临床试验结果才被公布出来。

尽管有着这些缺陷，2002 年公布的实验以及其他实验还是足够说服美国食品和药物管理局批准左洛复和帕罗西汀治疗 PTSD。2004 年美国精神病学学会也紧随其后，推举 SSRI 成为治疗 PTSD 的药物，并称其“有着大量的临床证据支持”。对于 PTSD 的药物治疗如今产生了一种有趣的双元性。一方面，有一类药物很安全、很流行（在医生和公众心里），但是似乎只针对 PTSD 的少数几个主要症状。另一方面，没有一项针对越战老兵中那些长程慢性 PTSD 患者（这类人一直是 PTSD 研究的核心群体）的临床试验显示出，这类药物能够改善症状。的确，在一项用于越战老兵的研究中，服用安慰剂的一组胜过了服用 SSRI 的那一组。美国最为权威的医疗机构，即美国医学研究所似乎认识到了这种

① 安德鲁·所罗门，《正午恶魔》。

矛盾性[①]，其在 2008 年公开了一项报道，这项报道官方地承认了许多研究者已经知道的事实：没有证据表明有任何一种药物能够完全治疗 PTSD，SSRI 也不例外。在 VA 的词典中，没有治疗 PTSD 药物的“黄金标准”，在 VA 的临床文献中，很多药物都被描述为仅仅是“一种实证依据的心理治疗的重要辅助”。由于在药物上没能取得成功，因此 VA 在 2006 年开始决定支持延长暴露疗法和认知加工疗法。

PTSD 的药物治疗获得突破的一个主要障碍就在于，PTSD 不像抑郁症或注意缺失障碍这种疾病，它从未获得过药物行业的关注，而药物行业在传统上给了药物研究最大的红利。正如 2002 年最初左洛复临床试验中的一位研究员杜兰·贝克（Dewleen Baker）的解释[②]：“PTSD 的定义比抑郁症要晚得多，大多数药品公司一开始都研究抑郁症，回过头来才研发治疗 PTSD 的药物。行业里的很多人并不了解 PTSD 相对更强的流行性，而且我觉得有些人被那些疯狂的越战老兵的传言吓跑了。左洛复能够得以研究，部分是因为有人在推动研究，这个人有一位患有 PTSD 的亲戚，也就是一位朝鲜战争老兵，他了解这种疾病，也知道它需要得到治疗。公司只有研发出某种进入市场获得专利的药物，才能

---

① 参看美国医学研究所《创伤后应激障碍的治疗》(*Treatment of Posttraumatic Stress Disorder*)，美国医学研究所的评估部分如下：“委员会认为，鉴于研究设计的缺陷和结果的不一致，没有足够的证据支持 SSRI 类药物对治疗 PTSD 的有效性。委员会也观察到，SSRI 类药物被广泛地使用，也非常安全。委员会通常发现患 PTSD 的老兵的适应症，因为其也共患抑郁和焦虑障碍。委员会还总结道，SSRI 的文献很难得到。”

② 与杜兰·贝克的私人谈话。

够赚到钱，因此这种潜在没有专利的药物并不会得到关注。”

药物研究缺乏进展[①]，这也揭露出了 PTSD 一个挥之不去的问题：其缺乏一种相应的神经生物学模型。简而言之，尽管神经科学家们不这么认为，但是他们都只有对受创伤者大脑里发生了什么的最初步的知识。PTSD 这个诊断[②]在一开始，就被批判太过模糊、太过宽泛、在病因学上太过多样、太过充满模糊的哲学观念，而无法在精神病分类学上找到明确的定位。这些批判中有许多对 20 世纪 70 年代晚期的研究者们而言都很明显，而且四十年后仍然没有得到解决。强效的心理治疗源自于对这些疾病的深入理解。从 PTSD 中看到肾上腺素机制的改变，这只是这种理解的第一步。不幸的是，这一步是否已经踏出尚且值得怀疑。作为一种过了专利保护期的药物，研究和销售心得安或哌唑嗪并不能带来多少经济刺激。要赢得治疗 PTSD 这场战役的胜利，你不必知道 PTSD 是什么，从何方而来，但你必需理解它做了什么，这种理解还远远不够。

公平地说，研究者们也并没有理解为何 SSRI 会对抑郁症有效，然而抑郁症是一种比 PTSD 古老且常见得多的疾病，而主要的制药公司也有更多的时间和经济支持来研发药物。比如说，百

---

① 参看马修·弗里德曼《PTSD 操作手册》，作者在文中认为：“尽管对 PTSD 的生物学转变的解释有所进展，然而药物学的发展并没有同步……倘若我们对 PTSD 的神经学异常现象有着更广泛、更细微的预测，那么我们确定异常药理机制的能力就会增强。”

② 杰拉尔德·尼科西亚，《回到战争》。

忧解的发展可以追溯到20世纪60年代[1]，当时一些为礼来公司工作的有机化学家开始思考5－羟色胺在大脑中的作用。PTSD国家中心的第一位，也是在职最久的执行主任马修·弗里德曼甚至认为，未来可能会出现一种根本性的PTSD“范式转变”，这种诊断可能会被细分，并重新概念化成一群相关的疾病，其中“几种有区别的、病理性的创伤后疾病可能会出现。”在弗里德曼看来，这意味着，可能会依据它如何改变肾上腺素机制，如何影响海马－垂体轴等，而将之划分为一组疾病。

作为一个社会，我们如今发现自己处在PTSD的一个有趣的十字路口。这个疾病从未如此接近国家议题的中心，然而它与药物学的关系一直不明确。它不像抑郁症，抑郁症早就被认识为人类状态的一种基础部分，PTSD仍旧在令人惊讶的程度上作为一种文化和存在主义现象，是一种无法治愈，也没有多少生物学基础的状态。作为一种人类经验的脉络，这对于它的未来意味着什么？作为一种诊断范畴？由于我们现今对药物的偏好，而且PTSD又并非任何一类药物能很好地治疗的，这个事实似乎注定让PTSD远离了医学视角，然而这种诊断在不断地进入公众视野，这种情况带来了几个棘手的问题：倘若我们对PTSD的生物学认识如此之弱，倘若它无法被药物有效地治疗，那么这类诊断到底是什么？倘若没有专治的药物，它还能作为一种精神疾病而

① 彼得·克雷默，《倾听百忧解》。

存在？它真的如我们今天的理解一样是一种精神疾病[1]，还是像某些理论家如乔纳森·谢伊和布雷特·利茨（Brett Litz）的说法，它也许是某种类似“道德损伤”的东西？

我自己对于药物和PTSD关系的看法，让我联想起，弗兰克·辛纳屈（Frank Sinatra）在被记者问到他的生活哲学时，他说道：“基本上，我追求任何能让你度过夜晚的东西——祈祷、镇静剂或者一瓶杰克·丹尼（Jack Daniel's）酒。”我认为你应该依据这种药物对你多么有效来评判它，应该依据你是多么渴望生活而平衡它的副作用。（我个人认为适量地饮酒是最好的PTSD药物，我所知道的其他创伤幸存者也有同样的观点。）现代药物学带来了很多关于人类行动和身份的令人烦恼的哲学问题，然而对于PTSD，我倾向于说，倘若有某种药物对你有效、能够帮助你控制症状、帮助你度过漫漫长夜，那一定是件好事。

我从未服用过左洛复或是任何一种SSRI（尽管我差一点儿就参与了VA的实验），但是我明白，在很多情况下，左洛复和其他类似的药物是唯一能防止某些创伤幸存者自杀的东西。PTSD对于很多人代表着很多事物，它太过紧密地联系在我们关于死亡和灾后余波的复杂的文化叙事之上，它让那些大制药厂感到太过失望，以至于我认为暂时不太可能（心得安可能除外）有任何一种药物能够治疗它。

---

① 乔纳森·谢伊，《越南的阿喀琉斯》。

第八章　另类治疗

高挑的身材、一头金色的秀发、轻盈的步态[①]让她看起来好似永远在舞台上领奖，伊莉斯·科尔顿一直都无法被忽视。她固执、世俗而直率，她不是那种倾向于保持理性的人。在我认识她很多年之后，我才知道她年轻时是个演员，我对自己说："是呀，当然。"

伊莉斯来自纽约，我遇到她的时候，她抱着一本加州福音书：她吃得很好，喝酒很少，生活得比她预想得要好。她的声音还是有点儿东海岸口音，一旦你学会听出这种口音，会觉得这种口音有点儿尖。在这外表之下是才智，那种街头的感觉，一般来说不会在密西西比州西部出现，这种才智可以滋润整个夜晚，将你从日常琐碎的谈话中带到那片遥远、充满传闻的土地，在那里没有人会说蠢话、错话、无意义的话。

她被创伤的黑暗所笼罩的那一刻发生得很早，太过久远。然而当人们生活的转折点到来时，我们都会说来得正是时候，还能什么时候来呢？那是 1996 年的夏天，她当时十九岁，住在城市里的一座小公寓里。她曾经受邀参加一个汉普顿斯（Hamptons）

① 本章依据的是我于 2013 年春季对伊莉斯·科尔顿（非真名）的采访和私人交流。

的聚会，很多电视明星都去过这里。她从附近工厂认识的一个名叫迈尔克（Michael）的家伙愿意搭她一程。按伊莉斯多年之后的说法，她当时是个“有点儿野的孩子”，而且她喜欢聚会。

在聚会上，她喝了点儿酒，一个朋友把她拉到一边。“伊莉斯，你应该知道，迈克尔不是个好家伙，我只是希望你小心，因为我觉得他不怀好意。”“坦白地说，那是我记住的最后一件事。”她这样告诉我。

之后，不知道迈克尔在她的酒里下了什么药，总之她晕了过去，迈克尔把她带回了自己家并且强奸了她，这并非只是一种失去意识的感觉，或是陷入黑暗的感觉，而是一种死去或接近死去的感觉。

后来，迈克尔（这个人的姓她从未记起来）把她丢到了路边，好似整件事成了一个标志性的日期，她上了楼，然后爬上了床，没有告诉任何人她的痛苦经历。她能说什么？这时离早上还有很久，还在黎明前，黑夜掩盖了她的瘀伤、她所受的冲击、她断裂的肋骨。她甚至不知道自己的状况有多么糟糕。第二天，当她醒来时，她的室友过来在灯光下看了她一眼，然后“完全被吓坏了”。她的室友设法拉起她，她们一起去了医院，之后伊莉斯在医院待了好几天。

她和家人从来不亲近。确实有些家庭就像打仗的原始部落，也有些家庭让这个世界充满光，让这个世界看起来是个安全、温暖的地方。伊莉斯的家庭属于二者之间，但她被强奸这件事似乎不是这个家庭能够处理的。

“我母亲完全疯了，”她解释道，“对我而言，告诉她这件事只会让事情变得更糟糕，因此我从没有告诉过我家人。我只告诉了在这座城市的一些朋友。我对此感到很羞耻。我觉得被强奸是我的错。我知道我参加了太多聚会，我觉得这么多年来我多少有点儿放纵自己。”她的朋友，以及给她录口供的警察同伊莉斯一起思考了一个计划，一个起诉迈克尔的计划，逮捕他并给他立案。这位警察也鼓励她说，根据他们掌握的证据，逮捕他是很有机会的。

在这段时间里，伊莉斯的父亲生病了，并且因为肺部感染而住进了医院。他几周后去世了，好像整个世界都结束了。这是一场双重打击。“当我父亲去世之后，我很确定我患上了 PTSD，它包围了我。我对世界的整个认知都停了下来。我不想承认我应该住院，但是我确实需要进入某个机构。”

伊莉斯的父亲过世之后，**她开始丧失了时间感**。严格地来说，她还活着，但是她几乎只是在走过场，每一天都是前一天的重复。她早上起床，打开化妆盒化妆来掩盖瘀伤，去上班，回家，然后立马爬到床上。最终，身上的瘀伤消失了，但是这种定势还在继续。起床，工作，睡觉，重复。时间一天天流逝，她退出了演艺界，在一家百货公司的化妆品中心打工。“一直睡过去是我唯一可以不去面对那件事的办法。我没法再面对这个世界。对我而言，整个世界都是危险的地方，而我甚至一点儿都没法处理被注视的情形。在社交场合，人们看着我，期待我说些什么的时候，我脸就会通红。我多少可以应付，但是我高度紧张，身陷于一种“战或逃”模式中，以至于我只能记起生命中的一部分经历，碎片化的记忆。整个世界对我而言都是触发器，但是我的首要触发器是男性。我完全没法处理任何一位男性对我的注意。”

她唯一能处理的男性就是她童年的朋友——马丁（Martin）。一天，马丁突然问她是否想吸毒。当然，她对我说：“我觉得自己一直都活得很痛苦。因此我告诉他，‘说实话我觉得我现在的生活已经糟透了。’我想去开点药吃。但是那对我没用。我看过一位治疗师，但是也没有用。我已经放弃了。因此我吸毒了，而且这是典型的嬉皮士经历。”她笑着说，“我们曾经像孩子一样在户外嬉戏，如今不得不成了一根根野草，我们在公园里游荡，还把那里想象成一片牧场。这很愚蠢，我真的不建议吸毒，但是吸毒确实让我摆脱了抑郁，让我稍微清醒了一点儿。我还记得我对马丁说，‘这让我觉得还有一点点事情可以去享受。我满脑子都是这些大问题，比方说，为什么事情发生在我身上？”

在某种层面上，伊莉斯非常不幸，但是在另一种层面上，她又非常幸运：她有一帮固定的朋友，他们了解她，并且知道她的生活需要得到改变。当马丁和她的一些朋友决定去欧洲待几个月时，尽管她并不是很想去，她也决定跟着一起走。尽管甚至在欧洲，她也像是个孤魂野鬼。“我对那片大陆的记忆是如此脱节。人们问起我有关德国和英国的事情，我理智上知道自己在那里待过几个月，但是我一点儿都记不起我在那里的经历。我的方向感完全错乱了。我当时在戈尔韦（Galway），那是西爱尔兰一座很有魅力的城镇，我在那里和朋友待了几个月，我们说好在城里某个地方碰面，而我完全走反了方向。他们似乎都能很容易地在城里找到方向，而我则完全不可能。”

这趟旅游最初只预备持续几个月，然而她最终在欧洲待了将近三年。当时，她发现自己可以帮忙打理比利时一个小镇里的简易旅馆。身处异地能够让她远离自己的过去。**似乎新的地理环境有种治愈的力量，它能在你身后画条线，即使你还是同一个人，但你到一个新的地方，就会给你一种新感觉。**

当伊莉斯最后重回纽约，她感觉好了一些，然而她仍然有种内在矛盾。“我还是被那件事困扰。创伤在我脑子里转圈，我没法让它消停下来。我知道我需要变好，要开始照顾自己，因此我开始去健身。我在欧洲一直大量饮酒，大量抽烟，并且去健身，就好像我上瘾了一样。我每天去健身三小时，只是出一身汗，减轻我的焦虑。我变得越来越强壮，越来越自信。有那么一段时间，我还跟一个家伙学了自我防卫术，这家伙曾经训练过特种部队。”

好事发生了。伊莉斯一天比一天更能控制自己，更加活跃，对身体更加自信。然而真正带来改变的是瑜伽。“我知道这听起来有点儿嬉皮士，但是我记得一天下课后，教练让我们完全躺在那里将近十五分钟，专注于呼吸。这真的让我冷静下来了，说实话，六年来这是我第一次真的感觉冷静下来了，而且是一直……温暖的感觉。自经历强奸之后，我一直在逃跑、逃跑，甚至当我从欧洲回来还在逃跑。我的整个生活变成了一架跑步机，跑、跑、跑。我只是不想去面对。”

瑜伽是有效的，让她从过度敏感的刀刃上走了下来，她已经在这刀刃上走了六年了。上了几周瑜伽课之后，她感觉自己重新回到了身体内。她开始和她的瑜伽教练苏珊（Susan）走到了一起，只有她能够帮助伊莉斯。“我只是认识到，她拥有某种我想要的东西。她自信、冷静、可靠、精力集中、热情而开明。而我完全相反。我封闭、恐惧、防备、逃避眼神接触。我最终在她那里待了一整年。”最终，她们两人成了班外的好朋友，她们偶尔一起吃晚餐，这只是为了强调她们两人之间的差异，她们年岁上的不同。苏珊比伊莉斯年幼几岁，然而伊莉斯却在她身上看到了自己所嫉妒的强大人格。

参加了瑜伽课一年之后，伊莉斯准备进行下一步，在和苏珊谈过之后，她辞掉了市里的工作，并搬到了魁北克乡村的一家瑜伽修道所。“这里什么鬼都没有，只是空虚接着空虚。”在修道所里，一切事物都军事化执行。是的，你可以在这里交朋友，并且在午餐的时候和别人聊天，但是你更多的是清晨早起，唱赞美诗，练习瑜伽，然后处理一些琐事。“我几乎没做别的，就是练习瑜伽和冥想，从早上六点到晚上十点，做了两个月。”她注意到，这里还有其他人处理他们的各类危机。有传闻说修道所的一位厨师是一位参加过伊拉克战争的老兵。

修道院的目的是开办三十天专业认证的施化难陀瑜珈

(Sivananda Yoga)课程。也就是说你参加进来，待一个月，最后参加几项考试，出去之后你就是一位真正的女瑜伽修行者。然而到了月末，伊莉斯并没有准备回去。这是她为了找回生活所做的一系列积极的选择之一。“我并不想离开，直到我知道自己已经控制了生活，因此在拿到证书之后，我又待了一个月。”关于她在修道所的生活，她说道：“这是我所做过最有影响的一件事。可以说，修道的生活让我找回了自我，但这么说不完全正确，因为我被强奸的时候是十九岁，然而它把我带回到了一种状态，即我第一次能够处理生活。”

她一回到纽约，情况就开始很快变化。在回来几周后，并且适应好美国大城市的文化所带来的冲击之后，她认识到她需要离开，并且在某个地方重新开始。一天，伊莉斯和朋友马丁坐在咖啡厅里，谈论着搬去加州，这时她看到了一个扎着灰色马尾的嬉皮士长相的男子，他脸上露着一幅奇怪的表情。正当这个陌生人转身走出咖啡厅时，她看到他的T恤上印着两个字：向西。

“因此，那可是决定性的一刻。”她说道。

当我第一次见伊莉斯，她在长滩教授瑜伽，有时候还在半岛尽头带领一些课程，那里无数多的游艇会穿过一座水上的绿色小公园。“来到加州就像按下了我的启动按钮。我就好像在问，伊莉斯你在哪儿？我知道我需要去某个温暖的地方，某个我可以找到疗愈能量的地方，某个我可以过着简单的生活、做些事情的地方。我想在海滩弄一间公寓，然后当服务员谋生。”

在 2002 年前往西部之后，伊莉斯在加州大学拿到了心理学学士学位，并且嫁给了一个建筑工程师，这位工程师有时会去她早上的瑜伽课。

当我问起她为何瑜伽对她如此有效时，她说道："西方治疗对我无效。坐在那儿和治疗师聊天，被治疗师要求'坐下，让我们重新回忆 A 到 Z，在脑子里不断地回忆一次又一次'，这对我没有帮助。我只会变得更加歇斯底里。我没法克服它。我拒绝服药。我有种想变得干净的强烈欲望，即使最终我开始酗酒。我一直在尝试寻找出路，而瑜伽让我感觉更好了，所以我选择了它。它有效。"

伊莉斯的故事并不稀奇。对很多人而言，西方的谈话治疗对创伤后应激障碍并没有效果。现代心理治疗部分受到了弗洛伊德观点的启发，即通过言说来宣泄痛苦，其在某种意义上是有些人的最后一根救命稻草。而任何一个经历过真正的恐惧的人都会告诉你，那种经历的本质就是反对语词，这个事实只会惹怒那些治疗师，有很多治疗师不切实际地认为，暴露出来是唯一的出路。VA 的精神病医生乔纳森·谢伊在《越南的阿喀琉斯》中描述了一个和伊莉斯所见很类似的情况。"在当代 PTSD 治疗的早期[①]，心理健康从业者都有一种民间信念，即仅仅通过'表达出来'就能带来一种安全、清醒和自我照顾。这些一片好心的'战斗简报化'带来的结果是灾难性的，导致了很多自杀行为。"

---

① 乔纳森·谢伊，《越南的阿喀琉斯》。

而作为一种主流谈话疗法之外的另类治疗，瑜伽变成了一种有独特疗效的治疗，这完全是因为瑜伽要求人们闭上嘴并且开始聆听自己的身体。瑜伽可以修正西方哲学的核心谎言，这种谎言可以追溯到笛卡尔，他说身体和心灵是两个彼此独立的、有差异的存在。

这就好像研究者一直和伊莉斯说的：许多最近完成的研究，包括戴维·爱默森（David Emerson）以及哈佛医学院的贝塞尔·范·德·科尔克所主导的一项研究都表明，**瑜伽对减轻 PTSD 的过度警觉和高敏感性效果非常好**。如果你很熟悉瑜伽，那么这不难想到原因。瑜伽教导着正念呼吸、平静、连接身体的节奏，这会让你感觉在身体的“家里”。所有这些练习都能修复创伤所致的伤害。正如范·德·科尔克指出的：“认知行为治疗和心理动力学治疗技术，都太关注对紊乱的生理感觉的体验和解释，并且预设了一种生理活动的模式。”

任何一种创伤治疗的一个主要长期目标就是，**改变患者的时间知觉，使其较少地关注过去，更多地关注当下**。瑜伽似乎可以通过鼓励你关注身体自我的“当下”从而做到这一点，这种不思的形式乍看上去有点反直觉。心理学家米哈里·契克森米哈赖（Mihaly Csikszentmihalyi）将之描述为一种流动的状态，他认为“当这种流动停止之后[①]，我们会从中感受到一种强大的自我概

---

① 米哈尔·契克森米哈赖，《心流》（*Flow*）。

念……音乐家感到与宇宙的和谐同步，运动员感到与团队同步，而小说读者会感到在几小时内身处在一种现实。矛盾在于，自我的扩大是通过一种自我忘却而实现的。”有几位创伤幸存者告诉我，他们发现关注于“当下”，正如埃克哈特·托利（Eckhart Tolle）的《当下的力量》（*The Power of Now*）所描述的，对他们有令人惊讶的影响。正如托利在书里的主张：“认同你的心灵就会被困于时间：仅仅通过记忆和预期而逼迫自己活着。这会导致对过去和未来的无止尽的关注，而不愿赞颂和认可当下的时刻，不愿意放下随缘。”

正如伊莉斯所认可的，瑜伽也很荒诞。没有什么比看到一帮人站在公园里扭成一堆饼干，用一种早已死去的语言重复念诵着一些词汇更愚蠢的了。瑜伽就是弱智，然而它却是某种能产生巨大影响的事物的一部分。在海军陆战队，我们有句话：“如果一件事愚蠢但有用，那么它就不愚蠢。”

我个人决定余生都去做这种有用的蠢事，比如像瑜伽。

安东·契诃夫（Anton Chekhov）是一位医生，也是一位作家，他曾观察到：**“倘若对于某种疾病有很多疗法**[①]**，那么你可以确定这种疾病是治不好的。**”对于创伤性应激障碍有很多推荐的疗法，有很多实在令人困惑的选择，让你感觉好像是一家心理学超市。有些另类治疗乍看上去像是在用一种常识，然而另一些则

① 引用自安德鲁·所罗门，《正午恶魔》。

更像是在用一种习俗，当某些人发现这能对他们有效时，他们就推荐给朋友，然后这种观念就生根了。这类治疗有很多都游走在现代科学边缘，而直到今天才开始被研究者探索。一份于 2012 年出版在 VA 的《PTSD 研究季刊》（*PTSD Research Quarterly*）关于另类治疗的评论总结道：“最令人吃惊的一项发现就是对 PTSD 的 CAM（补充和另类药物）相对缺乏经验证据的支持。”有少数另类治疗确实似乎是有伤害性或是危险的，这不仅仅是对你的银行账户而言的。有部分治疗道出了问题的严重性，PTSD 的内在复杂性，以及人们想寻求症状缓解的急迫性。随着 PTSD 诊断的流行，以及对于伊拉克和阿富汗战争老兵的福利的关心，另类治疗今天到处可见。

一个我曾经咨询过的资源众多的网站，依然定期更新 PTSD 治疗的数据库，其列举了七十九种治疗，包括针灸、艺术治疗、生物反馈、鱼肝油、园艺、骑车、饮茶、旅行、大麻、摇头丸、冥想、搬去新城市、灵修、“使用一块干净的浴帘”、维生素 C、维生素 D、散步、白噪音、瑜伽、服用锌。伴随这些疗法的是一类生活方式，比如锻炼、吃好、享受自然、体育运动、去教堂、与朋友相处。在书写本书期间，我遇到过很多倡导者，他们倡导拳击、骑车、骑马、轮滑、登山、美式汗蒸、射击、太极、热水治疗作为创伤后疗法。2011 年，我的一位记者朋友在乔治亚州花了几周参访某个教会团体的成员，他们对受创伤者进行驱魔仪式。

在南加州，军队和西海岸的自我促进文化通常是重叠的，某种 PTSD 治疗的家庭小作坊出现了，其中包括瑜伽修行者、太极爱好者、健身专家、虚拟现实研究者，他们都宣称能帮助受创伤者。离我家之外几个街区有一家综合格斗术体育馆，里面有个全是老兵的团队，他们的组织者将收益全给了患有 PTSD 的老兵们。在我研究的起初，我去圣地亚哥北部山区拜访了一对退休夫妇，他们一起给创伤老兵开了个马场。或许最具娱乐性的一种疗法来自于得州的一个人，他从俄罗斯方块中获得了益处，并且宣称经典的电子游戏对他的 PTSD 很有效。简而言之，PTSD 疗法并不缺乏各自理念，也不乏那些总是给与这种疾病作斗争的人们带来建议的好事者。

退休军队精神病学家、著名的 PTSD 研究作家查尔斯·霍格(Charles Hoge) 在《新英格兰医学杂志》上发表的《一朝为战士，永生为战士》(*Once a Warrior*, *Always a Warrior*) 中写道："有无数的新治疗模式被发展出来用于 PTSD[①]，当今，有各种治疗一直在冒出来，好似对 PTSD 问题的最新'答案'。自伊拉克和阿富汗战争以来，政府对这种疾病及其疗法的投入越来越大，随之吸引了很多关注……有些疗法还被写进了新闻故事里，很多老兵都问过国防部和 VA 为何没有采用这些疗法。理由在于这些模式疗效并不能在严格的研究中得到验证。"他最后总结道："本质就在于没有针对 PTSD 的'魔法'，相反的主张应该受到

---

① 查尔斯·霍格，《一朝为战士，永生为战士》。

重视。”

尽管我同意霍格对于没有魔法的存在的主张，但是我的经验却是很多不标准的治疗是有效的，这部分是因为这些治疗产生了研究者们所谓的期待效应，仅仅是通过与专家们交流所带来的好转期待就有疗愈作用。在寻求治疗时的首要原则就是，PTSD是一种异常复杂的情况，它以各种令人眼花缭乱的方式呈现给人们。正如哲学家罗兰·巴特（Roland Barthes）所写：“我们每个人都有自己苦难的节奏。”要确定某个人特定的苦难的节奏，他常常必须经历类似于伊莉斯所经历的过程，尝试各种不同疗法，同时关注他个人的症状，最终找到某种对他有效的治疗。

要从很多另类治疗中选出一种的另一个原因在于，这些疗法时常会带来一种积极的、难以估量的社会效应，而传统手册化的疗法很难带来这种效应。比如说，训练一个PTSD患者成为角斗士这种想法——正如伊拉克战争老兵托德·万斯（Todd Vance）在“终结斗士”（Undisputed）体育馆做的事，乍看显得很荒唐，甚至有潜在的危险。我们可能会问，把在创伤中暴露过的人放到一个甚至更为暴力的环境下有什么意义？就我看来，我讨厌我在陆战队里面受训的那种徒手搏斗，而且早就发现综合格斗术只是美国尚武精神的一种拙劣模仿。但是当我参加万斯在“终极斗士”楼上的课程班时，我发现我的想法在改变。

看着这帮汗流浃背的年轻老兵练习着各种搏斗技巧，我发现综合格斗术确实给那些年轻人提供了一个有结构的社会环境，提供了一种能够实现流动状态的方式，他们在这种状态里能够走出来，集中注意力去掌握一门技术，这和瑜伽异曲同工。综合格斗术和瑜伽一样，似乎可以产生一种难以估量的治疗效果，当研究者们在比较不同 PTSD 疗法时，这种疗效常常会让他们气得发疯。不仅如此，瑜伽和综合格斗术尽管第一眼看上去完全不同，但两者都提供了一个逃离“PTSD 气泡”的机会，一个走出房子与他人互动的机会，同时还可以做些有助于让他们更好地认识自己身体的事情，心理学家们称这个过程为内感受学习。

2012 年，在做完认知加工治疗之后，我参加了一项 VA 的研究，其研究了 PTSD 的曼怛罗重复疗法（曼怛罗是梵文，意为“一种思想的工具”）。这项实验是由一位护理研究者所主导的，其将艾克纳·伊斯瓦伦（Eknath Easwaran）的教导应用于创伤后应激问题。伊斯瓦伦在获得富布赖特奖学金（Fulbright Scholarship）之前，是印度的一位英语教授，他教导说，我们每个人都有用于处理危机的内在资源，而且通过运用一些技术来培养出一种内在平静，我们可以超越“生活的风浪”。这项研究使用了团体治疗来引入伊斯瓦伦的主张，并且研究地址选在拉荷亚 VA 医院一座附属大楼里。在第一次会谈中，我们六个人收到了一些工作手册以及伊斯瓦伦的一本书《风暴中的力量》（*Strength in the Storm*），并且被要求在接下来几周读里面的一些章节。伊斯瓦伦的哲学很像是认知加工疗法（和佛学），其核心思想是，这个世界基本是个中性的地方，人们对事件的反应决定了结果。正如伊斯瓦伦写的："我们无法控制生活，然而我们可以控制如何对生活的挑战做出反应。答案就是让心灵得到安定。"

在我们第二次会谈中，我们的领导者是一位慈祥的精神科退休护士，她名叫凯西（Kathy），她让我们从一个全世界的短语列表中选一句曼怛罗。我选了"Om Shanti"这个短语，这是一句祈求和平的梵文咒语。凯西解释道，这种治疗理念就是每天尽可能多地重复念诵这句咒语，尤其是在第一次休息的时候。随着时间的流逝，这句曼怛罗将会成为获得内在平静的一种个人信条，而且可以用在紧张或恐惧的时候，从而打破那种"战或逃"反应。

我们的组员中有一个是我从伊拉克认识的海军陆战队员，他叫安迪（Andy）。和费尔南多一样，安迪自"9·11事件"之后在海外服役了七次。"我已经离开家四年了。"他解释道。随着团体的进展，我发觉安迪和我还有另一个共同点：我们在美军圈子里都是一个鲜为人知的精英的互助会成员。我们都是喜欢冲浪的前海军陆战队员。然而，安迪并非是个十分放松的冲浪手，他总是在冲浪时还穿着制服（一位老连队指挥官曾这么描述我）。看着他，你就知道他经历过多少糟糕的事情。六年前，我曾在费卢杰西部的一个小基地里偶遇过安迪，我还记得他脾气异常火爆。在这项持续八周的研究末尾，他又开始冲浪了，并且考虑辞掉他的工作，这份工作，他并不完全需要，而且打算搬到一所更小的房子来减少他的贷款。

团体在几周之后结束了。人们的普遍看法是，尽管这个治疗并非一场奇迹，但曼怛罗重复疗法很有帮助。出于各种原因，曼怛罗重复疗法对我确实无效。我天生就一直焦躁且容易分心，坐在那里一遍又一遍重复同一个三音节的短语确实无聊透顶。对我而言，念读其实是一种生物学机能，在我到了指定时间开始在家里念诵“Om Shanti, Om Shanti, Om Shanti”大概九十秒之后，我的目光变得像一位伤心的恋人，在附近的书架上游走，在我意识到之前，我内心就已经满是托马斯·品钦（Thomas Pynchon）最新的小说中的情节，而非是曼怛罗了。然而，我是这个团体里面唯一一个觉得曼怛罗重复疗法无效的人。尤其是安迪，他说这种疗法对他帮助很大。我倾向于相信他的话，因为我的观察能证明他所言非虚。我曾在伊拉克见过他，他确实在八周的研究末尾稍微显得平静些了。

除了少数几种例外，另类治疗都是一些前现代、前科学的传统。甚至可以说瑜伽和曼怛罗是反科学的，其不太关心身心的区分，反而关注于连接两者的方式。倘若我们相信这个观点，即现代创伤始自铁路、电力、工业化，那么不难看到这些另类治疗是如何通过让我们接触先于现代文明的传统和文化来起作用的。这样一来，霍格和VA的主张就是正确的，而另类治疗更加倾向于哲学而非科学，其站在科学的对立面，而科学是通过分离出个体，并将之用于实验而起作用的。伊莉斯的故事很有启发性：尽管我知道她对杏仁核和海马的功能都很熟悉，然而她从一个受纠缠、高敏感的年轻女性转变成现在的她，这个过程与现代神经科学的奇迹一点儿关系都没有，而是主要与重新认识自己的呼吸和情绪过程有关，这远不在科学研究范围之内。当然，仅仅因为这些疗法和意识集中的传统比科学方法要古老，并不意味着它们就无法通过理性客观的方法得到验证。

结果就像曼怛罗重复疗法研究的组织者吉尔·鲍曼（Jill Bormann）所做的一样。我们所有人都在研究开始和之后被施测了《PTSD临床管理问卷》。鲍曼的研究成果发表于2012年4月，他发现146名老兵被试中有30％“不再符合PTSD的诊断标准，而相比之下标准关怀团体中只有14％的比例”。如今坦白地说，作为一种自答问卷，《PTSD临床管理问卷》是一种有限的工具，然而倘若安迪显示出了任何征象，曼怛罗重复疗法就有效。重要的是，不像延长暴露疗法（以及虚拟现实的新暴露疗法，其使用视频技术来实现同样的效果），曼怛罗重复疗法和瑜伽成本很低、没有风险而且方便易行。

一种介于另类治疗和主流治疗之间的疗法就是眼动脱敏与再加工疗法（Eye Movement Desensitization and Reprocessing，EMDR）。眼动脱敏与再加工疗法在1987年[①]由帕洛阿尔托（Palo Alto）的研究员弗朗辛·夏皮罗（Francine Shapiro）创立（准确地说是发现），其通过刺激大脑两侧同时激活创伤记忆而起效。眼动脱敏与再加工疗法背后的理念是，**创伤的出现是因为大脑在**

① 弗朗辛·夏皮罗，《EMDR》。

恐惧最大化的那一刻被加载了太多信息，以至于它不能再以正常的方式产生记忆。

正如夏皮罗在她1997年的著作中的描述："眼动脱敏与再加工疗法的想法来自于1987年的一个阳光明媚的下午，当时我到一个小湖边散步休息，鸭子在湖里游水，一片大草坪上到处铺着地毯，地毯上都是些母亲和小孩儿。当我路过的时候，一件奇怪的事情发生了。我一直在思考一些烦心的事情，我甚至不记得那是些什么事情，只是某种琐碎消极的想法，而心灵一直在咀嚼（而未消化）它们，直到我们强行停下来。奇怪的事情在于我那些琐碎的想法消失了……我走路的时候开始仔细留心。我注意到当一个烦心的想法进入我的脑海，我的眼睛就会自发地来回移动。它们从左下角到右上角，以一种对角线的方式快速地重复运动。同时，我注意到我那烦心的想法已经从意识中转移了，而当我重新想起这些，这些想法已经不再让我困扰了。"

自那天之后，夏皮罗继续开始研究并且发展这种疗法，这种疗法基于一个基本原理，即烦心的记忆出现的同时，试图去刺激大脑的另一半。眼动脱敏与再加工疗法最新的发展包括使用其他一些刺激，包括闪关灯、交替出现的声音、手的拍打，所有的一切都是为了帮助大脑进行信息处理。从霍格的角度看，眼动脱敏与再加工疗法和夏皮罗的很多工作都犯了所谓的"魔法"谬误，即夏皮罗不断地将之描述为针对所有这类疾病的"突破性治疗"，甚至一度宣称"84％～90％的人使用眼动脱敏与再加工疗法——

强奸受害者、自然灾害受害者、失去孩子者、重大疾病或其他创伤受害者都可以在三次会谈之内从创伤后应激障碍中康复”。这种万能药式的修饰也没有逃过 VA 方面的研究者的关注，而且夏皮罗的很多主张都仍旧为神经科学家们所争论，尤其是眼动可以再加工创伤记忆这个观点。尽管有这些批判和抱怨[①]，抱怨眼动脱敏与再加工疗法是如何被卖到公众那里，但是很多研究都发现，眼动脱敏与再加工疗法对治疗 PTSD 有效。有些研究试图挖掘出眼动脱敏与再加工疗法中的有效因子，这些研究认为其有效性和眼动并无太大关系，而是和一个事实有更大关系，即眼动脱敏与再加工疗法基本上是一种“来访者中心”的疗法，它允许患者自己选择治疗的方式和步骤。

克林特·凡·温克尔（Clint van Winkle）是一位在 2007 年接受过眼动脱敏与再加工疗法的伊拉克战争老兵，他在回忆录《弱点》(*Soft Spots*）中写道：“治疗师让你控制你的思想，唯一的步骤就是，如果那种想法大概出现在你的脑海，我们就让它慢下来，让我们进入整个战争的记忆中。当我们到达那一点时，我的神经递质就会火力全开……为何眼动脱敏与再加工疗法有效，没

① 参看埃德娜·弗阿等人的《有效治疗》（*Effective Treatments*），也参看弗里德曼《PTSD 操作手册》，此书对比了眼动脱敏与再加工疗法和延长暴露疗法之间的异同，在电脑数据分析上，眼动脱敏与再加工疗法有着微弱的领先。“有些研究将眼动脱敏与再加工疗法和多种认知行为疗法进行对比。有三种研究报告了眼动脱敏与再加工疗法对于那些完成治疗的人的效果量上的优势。艾伦森（Ironson）、弗伦德（Freund）、威廉姆斯（Williams）、斯特劳斯（Strauss）在一个相对较小的混合样本中对比了眼动脱敏与再加工疗法和延长暴露疗法，他们发现两种治疗之间并无统计学上的差异。”

有人知道。甚至实践者都难以解释他们在患者身上看到的结果。或许观看手指从一端移动到另一端的过程带来某种安慰剂效应，患者只是觉得会变好，强烈地渴望一种积极结果，以至于他们真的可以在眼动脱敏与再加工疗法里发现这种结果。安慰剂、期待效应，不管怎么说，我从那里得到了帮助。”

眼动脱敏与再加工疗法放到了最近的一股另类治疗的潮流，即将神经科学中的内容加入到来自现实生活的民间观察中，从而创立出某种类似于革命性的疗法。（尽管这种自我膨胀的问题都是媒体的错，**媒体有种坏习惯，喜欢将某些新出现的 PTSD 疗法报导成为最终的疗法，标志着人类创伤的终结。**比如说，《纽约邮报》（*New York Post*）在“9·11 事件”发生几天后就欢呼称眼动脱敏与再加工疗法是一种“奇迹疗法”。《沙龙》和其他媒体也有类似的新闻报道）眼动脱敏与再加工疗法在 PTSD 世界中占据着一席独特的位置，尽管很多医疗体系的领导者觉得它的理论很肤浅甚至愚蠢，眼动脱敏与再加工疗法还是被 VA 认定为一种实证支持的治疗，在名义上和延长暴露疗法与认知加工疗法有同等地位。然而，当我向南加州的 VA 系统询问时（我打电话给圣地亚哥的 VA 和长滩的 VA），我却被告知眼动脱敏与再加工疗法并不可靠，而且也没有计划在短期内让它变得可靠。

明显的一点在于，对于创伤与大脑、身体、心灵的关系，我们还有很多要了解的，太过依赖于任何一种治疗或任何一种研究都会是一种错误。在接受一项治疗之前听到它是“实证支持的”

就假设这种治疗对你有效，这也会是一种错误。“实证支持”和“实证依据”通常意味着很多医生开始喜欢这种治疗，而时常其原因并不在于那些疗法有多少疗效，而是其符合潮流。值得记住的一点就是，20 世纪 40 年代有一段时期，很多医生喜欢额叶切除术（lobotomy），其作为一种创伤后应激疗法，被强行执行在了很多老兵身上。的确，这项技术很受人喜欢，就像这项技术的发明者埃加斯·莫尼兹（Egaz Moniz）还在 1949 年获得了诺贝尔奖。

最令人震惊的是，如今很多治疗被发展出来并被应用于 PTSD 领域，然而**人们却很少真正听到患者是如何看待这些治疗的**。仔细翻看创伤的技术文献，我们几乎看不到患者对他接受的治疗的想法的内容。只要提到患者，他们就被称为“被试”或“性侵犯受害者女性”，或者常常仅仅只是一些数字，比如 n＝246。

公正地说，这就是科学的方法——也就是说，公正而临床的方法，我们可以轻易地在 VA 的网站和 YouTube 上看到延长暴露疗法和认知加工疗法的用户评论，然而那些都只是：抱歉，VA 雇佣的一些人所写的假评论。这并非是某种阴谋，只是一种假设，即精神病机构假设他们知道对于患者最有效的是什么。事实上，我所发现的对 PTSD 治疗唯一的一种患者评价体系是非科学的调查，其由第三方团队主导，而他们可以从让患者评价的过程中盈利。

精神病学家对权力的滥用是个令人担忧的问题，其基础已经被诸如米歇尔·福柯（Michel Foucault）、爱德华·萨斯（Edward Szasz）、R. D. 莱恩（R. D. Laing）等人所详细论述过了。我并非试图做出什么修正，而是想说，这确实非常奇怪，今天在用的所有创伤后治疗都是由美国学术界所发明、发展、应用的，其远离战场，远离底特律或摩加迪沙（Mogadishu）的大街小巷。只要幸存者的想法被纳入到政策制定过程，那么这对做出重大决策并应用于临床就很有好处。在代表着某种最为古老的治疗传统的萨满社会，治疗者通常自己就是创伤幸存者。智慧被假定来自于幸存经历，并且进入了治疗者的思维过程。在现代西方，情况完全相反。**最受保护、最远离创伤、最单纯的那些人被假定成了最懂得丧失、恐惧、道德混乱的人。**现代的创伤工作者接受的训练是，站在一种冷冰冰的现代医学病理学的角度来看待幸存者，使用着与用于治疗疟疾和麻疹的同样的道德框架和思维。

有一天我与伊莉斯聊到这一点，她告诉我她也认真地考虑过是否要成为一位心理学家，然而她放弃了这个念想，因为“临床心理学家就那样，就是临床。”

很多人问过我，写这本书是否对我自己的创伤后应激障碍有帮助。总的来说，我并不想要把写作也变成一种治疗，我也没有把这本书看成是一种治疗计划，然而钻研 PTSD 的历史和文献确实相当有效。写出创伤一直都很困难，但是这显示出了我自己过往中令人意想不到的一面。把写作视为一种治疗非常微妙，因为它很容易变成一种自我谴责和自我中心的状态。正如艾莉丝·希柏德说道："我的感觉是治疗就是治疗，写作可能有治愈性，然而治疗性写作不应该出现。"然而，写作的过程、试图将你的体验写到纸上的过程，不论你有没有写作技巧，这个过程都极其有效，这可以让你看到之前看不到的生活模式，而且这也是一种宣泄。

福特·马多克斯·福特（Ford Madox Ford）写道："你可能会问我为何写作[①]，我的理由有很多。对于一个目睹过一座城市遭到洗劫或是一个人碎成碎片的人，想要写下他的目睹，给不知名的继承人或无穷无尽的后人留下这笔遗产，这并不稀奇；如果你愿意，去看看前人的思想就明白了。"

创伤摧毁了生活的正常叙事，而尝试着将那些片段整合进一个故事，从很多角度说，这都是治愈最后的一步，我们都知道，这意味着某个视角形成了。某些人工智能研究者甚至认为，创造故事并且从中学习，这是我们区别于机器最重要的一点。一位我交谈过的参加过伊拉克战争的老兵拒绝传统的谈话疗法，然而一直坚持在网上写博客，他告诉我："眼动脱敏与再加工疗法有一点点帮助，我度过了一段时期，当时我并不想放下那些记忆，我真的不知道该如何形容，但是我很担心我会忘记，因此我试着将它写下来。写作很好，因为我不是在言说，我在通过写出来而书

---

① 福特·马多克斯·福特（Ford Madox Ford），《好士兵：激情的神话》（*The Good Soldier*：*A Tale of Passion*）。

写，我可以在博客里说一些时期，但是我绝不会大声对人们说出来。写作更加轻松，因为你看不见那些读者。我不必每天看到他们。我只是对自己说出来。‘我要捡起那些，然后它们就会离开我的脑海。’”

我不能说写作有助于我将那些事情赶出脑海，就像福特·马多克斯·福特所做的那样，但是写作确实帮助我更好地理解了我的生活。写作是一种集中注意力思考的过程，是一种典型的冥想，而且写作是一种重新掌控我们过去的方式，一种确定并加工我们情绪的方式，其并没有什么尴尬或羞愧的风险。我们通过这个过程写下一个段落——提出概念、形成框架、按时间排列下来，这个过程同时也是一种最为精妙的心理治疗。

弗吉尼亚大学的一位心理学家蒂莫西·威尔逊（Timothy Wilson）在他的著作《陌生的自己》（*Strangers to Ourselves*）有类似的主张。威尔逊认为，当我们回过头将自己的生活视为一种文学批判时，情绪学习过程就会发生，并且会将每次单一事故放置进更大的叙事中。威尔逊写道：“重点就是我们不应该以一种刻意的、有意识的方式去分析（关于我们感受）的信息，去将之放到一个有加减号的列表里。我们应该让我们具有适应性的意识自发行动，去找寻那些可靠的感受，并且信任那些感受，即便我们无法完全解释它们。”

对于战斗 PTSD，我个人最喜欢的一种治疗来自于新西兰。这是一种源自波利尼西亚（Poynesian）文化中的古代传统，哈卡舞（haka）最初是一种远古的战歌，它在上战场之前表演。这种仪式本来是为了恐吓敌人，最近这种仪式被很多英式橄榄球队如“全黑队”采用了，而且皇家新西兰步兵团也用了这种舞蹈。步兵团的哈卡舞在很多礼节场合表演，包括葬礼，有时是在死去士兵的棺材开始入土的时候表演。这种舞蹈里面包含着很多紧张的面部表情，拍打大腿，跺脚同时吼叫着凶狠的毛利人战歌。有时，步兵团成员会写一首新歌，来纪念漫长服役的结束或是从战场上返回。

作为一种有助于哀悼的工具，哈卡舞对我而言似乎有难以置信的宣泄效果。我所见到的步兵团的舞步优美而感人。我从未去过新西兰，但是关于这种仪式的文献认为，这种舞蹈让人们能以一种戏剧化、情绪共鸣的方式给予死者荣誉，这种方式代表着一种结束，标志着从战争领域到和平领域的过渡。在北美，**我们没有给从战场上归来的战士的仪式，我们也没有任何传统引导创伤幸存者重回社会。**反而，我们让他们活在过渡态中，只让他们从身体上离开了恐惧，甚至有时候身体上都没有回来。这也许可以解释为何 PTSD 诊断如此流行——这是一个回应（粗略地说）了更深层的神话需求的医学概念。

仪式很难发明，然而发明出来的仪式都几乎无法摆脱一种真实性。然而，这也能做到。20 世纪 90 年代中叶，康涅狄格州西黑文（West Haven）VA 医院的一帮临床医生在戴维·里德·约翰逊（David Read Johnson）的带领下，开始做仪式疗法的实验。

这种技术涉及一种象征性的再现，用一些能够激起情绪的类似于教会读物的东西来再现老兵离家的经历。随后的仪式是为了祭奠死者，其涉及老兵、家人、VA 员工。根据约翰逊在《创伤应激杂志》（*Journal of Traumatic Stress*）上发表的一篇文章，老兵及其家人的反应非常良好，所有加入了治疗的家庭成员都觉得这种疗法“极其有帮助”。

有时候我觉得，倘若我们让公众在制造战争和欢迎士兵归乡的过程中扮演更加积极的角色，美国有一半的 PTSD 治疗都会在一夜之间消失。倘若我们要通过一项国家安全措施，也许那就是让公众直接干预战争影响，要么是通过制定草案，要么是让 VA 成为一种国家级服务。我坚定地相信，仪式以及战争制造过程中公众影响的缺失，是造成 PTSD 的主要原因，而矛盾的是，对此的理由却成了一种诊断范畴。我所采访的一位有思想的治疗师深刻地把 PTSD 的出现描述为一种美国人对老兵的戒律，一种对我们送他们进入战争的忏悔。

战争的工业化是一个相对较新的现象，没有哪个国家像我们一样送了那么多男男女女去海外杀人。历史上也没有谁像我们一样，送了那么多人去那么远的地方，而一般公众却没有多大的牺牲。历史上也没有人像今天的美国人一样如此远离战争的残酷。倘若战争的真相对美国人而言是明显的，我们就不再会像从前那样继续训练、装备、部署那些士兵，也不会在他们归乡之后问他们有没有杀过人。

第九章　成长

斯蒂夫·豪斯[①]最接近彼岸的那一刻、死亡最接近的那一刻并非是他背着仅仅七斤重的背包攀登 K7 的时刻，即巴基斯坦喀拉昆仑山脉（Karakoram）中一座海拔 6940 米的极高山峰，也不是他和两位登山者在没用帐篷、没有睡袋、没有任何过夜装备的情况下，攀登德纳里峰（Denali）半路迷路的时刻，而是发生在圣殿山北坡的那一刻。这是加拿大班夫国家公园（Canada's Banff National Park）的一座小山峰，经常有游客沿着一条步行小路爬这座山。2010 年，豪斯在一座 3540 米的山上开路，这时他脚下的一块石头松动了。“当我掉下去的时候，我一开始感到很轻松。一块石头碎了，但我并非没有考虑到圣殿山脆弱的石头质量。之后，我的（保护性）装备碰撞到了石灰石，将它们碰得破碎。一块……两块……三块……四块……五块，一块坚固而光滑的石头碰撞到了我。但是那块石头也像绳索一样减缓了我掉落的速度。突如其来的掉落使我自由落体式地摔了下去，我的右侧撞到某个

① 有关斯蒂夫·豪斯的内容都来自于我与他的谈话、我的个人回忆以及他 2009 年的回忆录《超越山峰》(*Beyond the Mountain*)。

坚硬的东西之上，我非常疼痛，而且又滚了几圈，我最终发现我停在了半路中间，这里比我开始所在的地方要低 2.5 米。”

正如豪斯的解释：“我当时掉在了一块突出的光滑冰面上，布鲁斯（他的同伴布鲁斯·米勒（Bruce Miller））就在我右边 7.6 米远的地方。支撑我的可能是雪面上的一块凹槽，我还弄掉了一只靴子在那。”

作为全世界最好的登山家之一，豪斯比大多数人都要更加明白，山具有一种独特的破坏能力，即便你做了最好的准备，它都能将最为偶然的一件事变成一种恐怖，然而就这么死去还是很荒谬的。豪斯评估了下情况，他很快发现自己断了几根肋骨，骨盆也碎了，而且自己呼吸困难。在急促的呼吸间隙，他开始向米勒呼喊，告诉他拿出手机看看是否能报警。豪斯在内心深处知道自己陷入了麻烦。他在考虑一架救援直升机可能可以接近他的位置，然而时间在流逝。“我的胸口痛得厉害，而且我知道我撑不过一天。我完全动不了，所以如果飞行员过来了，可能也找不到我，我知道自己要死了。”

豪斯是我的表亲。小时候，我们两家经常在夏天一起去东俄勒冈州的山区旅行。他一直都很强壮，而且是一名坚定的运动员，然而他高中毕业进入大学之后，有些事情发生了。他大三那年在华盛顿，当时想出国去斯洛文尼亚学习，让自己进入了那里的登山俱乐部文化，最终他参与了几次主要的登山活动，包括攀登斯洛文尼亚最高峰——特里格拉夫峰（Triglav）。

当我很多年后碰到他时，这个故事就好像在讲述蓝调歌手罗伯特·约翰逊（Robert Johnson）走到命运的十字路口，与恶魔做了交易，出卖灵魂而换来了对吉他的精通。豪斯不是之前那个他了，一旦他的脚踏上花岗岩之后，他便已经不再是凡人。那些年，我也汗流浃背地爬过彭德尔顿营里的小山丘，而豪斯一直在致力于攀登喜马拉雅山脉的那些最高峰，并且在登山者排名中稳步上升，他成了“快速轻巧”登山学派的倡导者，这种理念就是背的装备越少越好。他成了受这些运动中最好的那些专家所敬佩的人，在20世纪90年代期间，其他登山者开始半开玩笑式地称他为北美登山届的“伟大的白人希望”。

豪斯事业的高峰在2005年9月到来了，当时他和他的同伴文斯·安德森（Vince Anderson）攀登并测量世界第九高峰帕尔巴特峰（Nanga Parbat），他们要经过鲁泊尔岩壁（Rupal Face），这是一块壮观而险峻的岩壁，被认为是世界上最大的一块岩壁。大部分背着沉重装备的攀登者都可以一路无阻地前进，而他们两人则在岩壁的冰面上艰难攀登了六天多。他们在没有其他人员支持或者额外氧气的情况下登顶成功，这次攀登使他们两人获得了金冰镐（Piolet d'Or）奖，即登山界的最高奖项。豪斯在描述其在山顶的体验时说道：“我觉得唯一能与之相比的就是站在月球上。你看着周围，天空已经不再是蓝色，天空变成了黑色，因为你已经到了如此之高的地方。你能见到地平线的弧度。你往下看看，你能看到闪电风暴就在你脚下3000米的地方。我们几乎一周都没有和任何人说话，那就好像我们成了这个世界上唯一的两个人。”

尽管豪斯认为攀登帕尔巴特峰是他最伟大的成就，然而在圣殿山的意外则被证明是他生命中更为重大的转折点。多年后谈到此事，就好像两座山峰代表着他生命中的两口坩埚：一者是外在成就和社会认可的顶点，另一者则是恐惧和后悔的黑暗支撑。

豪斯被困于圣殿山的侧面，浑身剧痛，他开始考虑自己的处境。他知道自己断了几根肋骨，呼吸很困难，他唯一能做的就是“轻微、缓慢地呼吸。”他没法动。在吼着让米勒报警之后，豪斯花了十分钟试图爬向他。最终他爬到了同伴那里，但是右肺已经废了。幸运的是，救援已经在路上了：尽管在救援人员（他们之前驻扎在班夫镇）集合并乘上飞机之前还过了好一阵子，然而直升机已经从附近的坎莫尔（Canmore）出发了。正如豪斯几年之后向我解释的：“最为创伤的一件事，我想的最多的一件事就是，我躺在那块岩壁上等待着直升机。”

正如里弗斯在一战结束不久后的评论，**面对死亡的无法行动、无力感，通常对心灵的损伤最大**。豪斯在岩壁上等了很长一段时间。回顾这件事，他回想起被困在那块小冰面上的那几个小时就是他生命转折的时刻。仔细思考他这次灾难的后果之后，他开始审视自己的生活，开始发现那些之前看不见的模式——那些隐藏在日常琐事背后的模式。

他成年生活的大部分时间里，他的生活都依据着一个最简单的信条：带最少的装备攀登世界上最高的山，抛掉一切，只剩下一些绝对必备的东西——登山者、山、少量装备。他觉得，这也是一种主导了他个人生活的精神，一种不愿意让自己的感受或是其他“平原”问题阻止他登向巅峰的精神。他对登山以及探索极端的高地地势有着狂热的激情，他对英国登山家乔治·马洛里（George Mallory）所谓的“生活的斗争就是向上，并永远向上”的说法也极其赞同，他依旧忽略了底下的生活。“在那块平地上时，当我会想起自己的生活，以及我所攀登过的所有高峰，我确实感觉很好。当然，我还没有做完所有我想做的事情，但是我意识到我已经完成了很多，而且我确实感到相当满意。然而我生活的另一部分却看到，我还没有做完一切我想做的事情。我意识到我所处在的这段关系并非我想要的。我知道这很不健康。我想起我姐姐和我的家庭，我意识到自我离开家上大学之后，我就从未感到我是那个家里的一份子。所以，我很想，我很想自己组建一个家庭，并陪伴着这个家庭的发展。”

在那块平地上，豪斯也开始思考自己的攀登事业。“在攀登帕尔巴特峰之后，我的一部分就结束了。这很困难，因为登山作为一种体育并没有一种退休的方式，它也没有那种模式。它不是像自行车一样的竞技体育，因此大多数登山者年老的时候，他们并没有真正退休，他们继续登山直到他们走路都走不了，这确实是这项运动的动人之处。但是我意识到，我过去常常硬着头皮闯，只是为了找回我在帕尔巴特峰得到的那种感觉，而再也没有哪次登山能给我那样的感觉了。”

最终，在山一侧待了两小时之后，救援直升机到了。在很快查看了一下情况之后，直升机机组人员下降并且靠近了救援人员。悬吊在救援绳索一端的是几年前同豪斯一起登过山的一位登山者。“嘿，豪斯，我是斯蒂夫·霍勒兹（Steve Holeczi），一切都会没事的。”他说道。“当他那样叫我的时候，我感到了一种巨大的安慰。我知道自己会没事的。”几个小时之后，豪斯到了班夫（Banff）的医院。一周之后，他飞到了俄勒冈州中心他家附近的医院。身体治疗花了几个月的时间，但是最终他又继续开始登山了。在恢复期间，他一直在写日记，他写下了每一次的探险，试图找到这些事情的意义。“在服用了止痛药后，写日记变得很困难，我的大多数日记都只有两句半的话。”

豪斯思考了几个月，开始觉得他的生活已经发生改变了。“这个事故基本上调校了我生活中的一切，”他告诉我。“它调校了我的价值体系。我感觉就像，‘好吧，这件大事发生了，而我没有与之斗争，我要让它改变我的生活，事实上，我要帮助它改变我的生活。我要用这次事件的动力来修正一些我觉得错误的事情，并且试着创造一些能让我走向更好的方向的事情。”

这次事故之后，斯蒂夫·豪斯开始了他的新生活。一段漫长、痛苦的过程之后，他结束了与谈了很久的女朋友的恋情，并且搬到了科罗拉多州（Colorado），这次搬家，他的同伴文斯·安德森渴望了很多年。在到达科罗拉多不久之后，他遇到了一位澳大利亚女人，并爱上了她。“这真是一件让我惊讶的事情，”他承认道，“伊娃（Eva）进入我的生活堪称完美，但是我并没有这么快地对她有期待！几周之内，我就感觉我内心打开了一个空间，我知道我想要的、我需要的以及她当时呈现给我的是什么。这真的是一次重新确认。我感觉很好，我做出了正确的选择。”

2011 年，他们俩在俄勒冈州一片美丽的海岸结婚了。一年之后，他和伊娃成立了“阿尔卑斯教练”，这是一个非盈利的组织，其在于帮助训练那些有理想的登山者，所依据的是欧洲的学徒制度，而豪斯在斯洛文尼亚曾经经历过。受他所见过的登山俱乐部文化，以及那些在他还是一位上进的登山者的时候留意过他的老登山家的启发，他把这个组织视为他给登山社群的回报。“这个组织更多的是关注我们大家一起建立的关系，而非我们一起做的旅行。”他解释道。登山依然是他生活的组织原则，正如他所说的：“我依然信仰登山。我依然相信登山是一种认识自我的绝妙方式。”然而豪斯的事业如今更倾向于是一种服务方向，而非他早年那样的登山者，好似他已经走到了一种抱负的尽头，而开始了另一种抱负。

积极的改变源自苦难，这并非是时新的观念。人类一直受一种观点所启发，即伟大的事业甚至超越可以源自于丧失和剥夺。卡里布的萨满依格加卡加克曾说过：“一切真正的智慧都只能从远离人类聚居之地获得，只能在伟大的孤独中获得，只能通过痛苦而获得。只有丧失和痛苦能打开人类的心灵，让他们看到那些对他者隐藏的事物。”许多世界性的宗教都基于这种观点。佛教的一个核心主旨就是，**苦难是人类存在的核心**，这项主旨在其创始人悉达多·乔达摩（Siddhartha Gautama）身上呈现了出来，这位尼泊尔王子放弃了财富和安逸，而选择了寻求真理。他能通过其他不那么痛苦的方式获得这种真理吗？也许吧。但是这种对身体需求的极度忍受、克制甚至拒绝，能带来一种更高的意识状态。古代哲学里面充满着这种类似的思想者，他们将不幸视为自然最伟大的老师。爱比克泰德（Epictetus）是公元1世纪的斯多葛派哲学家，当时也是奴隶，他认为：“每一次意外降临到你身上的时候，记住回看你自己，并且问问你有什么样的力量能让它为你所用。”

随着时代流变，因为这些来自于沙漠或监狱的秘密求索者或是先知殉道者们的深刻道德洞见，社会见到了他们。这些智慧的受苦者的名单太长，但是他们具有超越时间的一致性，而这构成了一种原型。摩西、耶稣、默罕默德、甘地、T. E. 劳伦斯、马丁·路德·金（Martin Luther King）、尼尔森·曼德拉（Nelson Mandela）的故事都基于这个主题。约瑟夫·坎贝尔（Joseph Campbell）在其影响巨大的著作《千面英雄》（*The Hero with a Thousand Faces*）中，建构了一个包罗万象的人类理论，其基于这样一个观点，即一位被剥掉军服，扔到荒野的英雄最后返回社会成了哲人王。最近的小说家哈金（Ha Jin）也在思考这种痛苦铸造智慧的主题，他写道：“有些为人是被苦难所成就并救赎的[①]，他们甚至寻求痛苦而非幸福，就像梵高说的，‘悲痛比欢娱更重要。’就像巴尔扎克说的，‘苦难是人之师表。’然而这些格言只适用于那些伟大的灵魂，少数几个。对于像我们这样的普通人，太多苦难只会让我们卑鄙、疯狂、琐碎、可怜。”

当然，对于苦难，还有很多不同的回应，正如这个世界的人一样多，然而随着 PTSD 诊断的持续流行，研究者们开始寻找一种看待创伤的新方式，而非仅仅视为“你在生活上受伤了”，这种心态似乎在越战时期特别流行。的确，有些越战老兵向我抱怨过这种现象，他们说他们反感这种将心理创伤联系到军队服役的假设。艾略特·伍兹（Elliott Woods）是一位参加过伊拉克战争的老兵，后来转业成记者，他回应了这种感觉，说道：“这对我而言就好像美国大众将老兵的经历病理化了。”在 2004 年的一场演讲中，一位坦率的退役的四星上将詹姆斯·马蒂斯（James Mattis），他曾是海军陆战队的偶像，他演讲道：“目前有一种对我们老兵的误解[②]，即他们是些受伤的东西，”马蒂斯说道，“这我可不赞同。”

或许这种改革者中最激进的是理查德·泰德斯奇（Richard Tedeschi），他是北卡罗莱纳大学的一位心理学家。在 20 世纪 90

---

① 哈金，《疯狂》（*Crazed*）。

② 吉姆·迈克尔斯（Jim Michaels），《马蒂斯：老兵并非受害者》（*Mattis: Veterans Are Not Victims*）。

年代早期，泰德斯奇就在寻求一种新研究思路。“我在想，我最想了解的人是谁，是那些痛苦、暴力、疯狂的人吗?”他解释道：“相反，我觉得我最想了解的是那些智慧的人。或许我自己能从他们中得到收获。”他和北卡大学夏洛特分校（UNC Charlotte）的研究伙伴劳伦斯·卡尔霍恩（Lawrence Calhoun）一起，开始采访那些遭受极端生理伤害的人，包括一些在车祸中瘫痪的人。之后，两人采访了一些丧偶的老人。在一个接一个的案例中，他们发现尽管人们悔恨他们行动能力或配偶的丧失，然而那些经历还是改变了他们，让他们变得更好，而且也给了他们一种看待生活的新视角。

在做完一项涉及几百名创伤幸存者的追踪研究之后，泰德斯奇开始把这些积极的发展纳入三个主要“领域”：看待自身的视角的转变、感受社会关系的改变、生活哲学的改变。正如泰德斯奇所写：“对于某些人而言[①]，最为有意义的创伤成长出现在存在主义、精神、宗教问题的领域。”1995 年，泰德斯奇和卡尔霍恩出版了他们关于这个主题的第一本书，名为《创伤和转换》（*Trauma and Transformation*），其创造了一个如今和他们的名字同义的词：创伤后成长。之后的那年，他们发表了一项和《PTSD 临床管理问卷》类似，但更为阳光、更为积极的问卷，即创伤后成长问卷。泰德斯奇的研究带来一个令人惊讶的结论：**创**

① 劳伦斯·卡尔霍恩和理查德·泰德斯奇，《创伤后成长手册》（*Handbook of Posttraumatic Growth*）。

伤后成长比创伤后应激障碍普遍得多。

泰德斯奇的研究并不受 PTSD 社群的欢迎，这一点丝毫不令人惊讶。一位我交谈过的 VA 高级精神病学家蔑视创伤后成长这个概念，称之为对那些受苦者的亵渎。有些研究者质疑道，创伤后成长是否是一个真实、可观察的现象。“我不怀疑有些人，可能是很多人都有了积极的转变，但是我们没法测量它。”一位康涅狄格大学社会医学和卫生保健教授霍华德·特农（Howard Tennen）说道。

某些最有经验的创伤工作者对将创伤后成长作为一种临床概念而表示怀疑，这个事实并非特别令人吃惊。我所遇到的有些很明显的恶心之处在于，告诉某人创伤实际对他们有好处，这似乎在道德上是很可恶的。创伤后成长这个术语本身就很有问题；用“成长”代替“应激障碍”似乎提供了一种对 PTSD 的另类治疗，就好似它成了一种选择。这些制定框架的问题都突出了一点，即精神病学家和西方科学的心态是多么局限于他们自身的偏见。科学和精神病学喜欢标榜自己接受一切命题，然而最终，最可能得到流传的观点还是那些能够轻易定位并且量化的观点。在这种环境下，测查这种个人化而模糊的“成长”，似乎是一项愚蠢的工作。

另一个现实就是，在 VA 里实际上没有人喜欢谈论，在医疗领域和联邦政府中 PTSD 社群如今基本上是个特殊的利益团体。每年，都有数十亿美元投入到 PTSD 的研究、治疗、伤残抚恤当中，那种人们从遭遇爆炸、枪击、强奸威胁中获利的观念会破坏对PTSD的整个道德论断——以及经济支持。在这一方面，VA和军队似乎对创伤后成长持观望态度。泰德斯奇是少数深入研究创伤后成长的研究者之一，然而这部分研究相对PTSD的研究还是非常微小的。然而VA并没有完全否决这个概念。正如PTSD国家中心退休的执行主任马修·弗里德曼告诉我的："PTSD和创伤后成长并不互相排斥[①]。他们可以同时出现。"

最近的研究证实了弗里德曼的论点。2007年，一位以色列精神病医生扎哈瓦·所罗门调查了103名斋月战争中的战俘，他发现其中23％的人在三十四年之后依然符合PTSD的诊断标准，而他们所有人都在泰德斯奇的量表上显示出了显著的成长。据扎哈瓦·所罗门所言："创伤后应激障碍并非是缺乏心理成长和成熟的必要指标[②]。因此，这两种不同的结果并不能概念化为同一连续谱的两端；他们未必是两类不同个体的特征。"

斯蒂夫·豪斯就是所罗门观点的一个很好的例子。当我问起他如何思考PTSD时，他承认自己并不完全清楚它是什么。然而他也告诉我，他一直都有一些痛苦的梦境，梦到在那块平台上等待着救援直升机的到来，因此根据标准定义，他还是能被诊断为PTSD，然而总的看来，他似乎更加关注从事故中得到的收获和

---

① 与弗里德曼的采访。

② 扎哈瓦·所罗门等人，《以色列前战俘的创伤后应激障碍和创伤后成长》(*Post- Traumatic Stress Disorder and Post- traumatic Growth among Israeli Ex-POWs*)。

身体康复，而非沉浸在 PTSD 症状中。这样一来，豪斯似乎就是康复的模范。拯救他的是他想要调动内在资源，想要思索他生活的基础，并且最重要的是做出行动的毅力。正如一位英国精神病学史专家，有时也是 PTSD 的批判家本·谢菲尔德写道："一份工作和一段关系就能产生奇妙的作用。"

矛盾的是，所罗门和其他研究者也发现，创伤越严重，幸存者越是可能会报告称从这段经历中获益。在一项一项研究之后，当把长年的政治犯与一般的战斗老兵或单一事件的创伤幸存者相比时，政治犯会报告出从经历中得到更为积极的结果。在一项耶鲁大学主导的有关越战时期美国空军战俘的研究中，接受调查的战俘中有 61%感到这段经历在某种层面是有益的。耶鲁大学研究员们"对那些声称有这样说法的越战战俘的数目感到惊讶，即尽管他们被俘是非常痛苦的——充满着折磨、疾病、营养不良、单独拘禁，然而他们依然受益于被俘经历，视之为一段成长经历。"

西奈山（Mount Sinai）医院的一位精神病学和神经科学教授丹尼斯·恰尼（Dennis Charney），研究了美军中那些经受过创伤，但是没有患 PTSD 的战俘，而且他发现了许多带来康复的心理因素指标：利他主义、有着坚定的道德指南、精神信仰、有一个角色模板、社会支持、直面恐惧、认为自己生命中当有此劫。谁能从折磨中康复，谁不能，对此的一个关键预测点就是乐观主义。一项关于前越战战俘的研究甚至发现，乐观主义或者缺乏乐观比创伤本身更重要。大屠杀幸存者维克多·弗兰克尔（Viktor

Frankl）在其经典著作《活出生命的意义》（*Man's Search for Meaning*）也有类似的看法，也就是他所谓的“悲剧乐观主义”，其依据一种决心，即“不论发生什么，对生活说是，”他认为，“生活在任何环境下都有潜在的意义，甚至是在那最为痛苦的环境下。”①

所有这些例子的问题就在于他们都是些极端案例：豪斯是位精英登山家，并且无疑也是世界上最容易康复的人之一，而大部分越战战俘也是一些受过高级训练、受过大学教育的飞行员。同样，维克多·弗兰克尔也是个极为不寻常的人，他在纳粹占领奥地利之后，拒绝了美国的签证，而留在了维也纳父母身边。正如我所交谈过的一位精神病医生所指出的，弗兰克尔把他的博士论文带到了奥斯维辛集中营，只是为了在被囚禁时完成这篇论文，这无论如何是个不寻常的选择。事实上，创伤后成长的一部分重要文献就来自于对某场人群的研究，比如说越战时期的美军战俘和其他战俘团。

事实上，创伤后成长的文献似乎有种鼓励“魔法”的错误，这是一种从无数受访者中挑选出最为超越的个例的选择偏见。比方说，泰德斯奇被《纽约时报》引用的文章就描述了一位患者，其乘坐的直升机在越南被击落了。“正当他在炮火连天的空中坠

---

① 有些研究认为，直面创伤的幸存者的成功，与许多大脑化学物质有关，比如神经肽 Y（neuropeptide Y），尽管这种因果关系还不明了：是神经肽 Y 导致了康复，还是康复的人有更多神经肽 Y？

落时，一种平静出现在了他心中。他看到周围的丛林非常漂亮。他感觉到与所有人相连，甚至是敌军。”

这难道不是一种宗教体验，一种上帝显灵？

在文章后面，泰德斯奇似乎发觉了这一点。“或许这完全是一种幻觉，”他说道，“然而这在之后成了他生活的指导，因此我觉得你们不能忽略这一点。”

正如很多老派 PTSD 学派，当我第一次听到“创伤后成长”这个词时对此感到深深的怀疑。这就像是欧洲人谈论美国文化的一种典型范例——我们不断地被要求微笑、被要求快乐和乐观，而不论是什么样的环境。基本上而言，我很怀疑那些认为积极心态能治愈所有疾病的人。与此类似的乐观主义，使得很多人认为杰弗逊式（Jeffersonian）的民主能够在美国“解放”之后的伊拉克生根发芽。然而想想豪斯对他事故的反应，我想知道，我们是否时常错过了创伤带给我们的积极改变和智慧。我想知道，在某种层面，创伤后应激障碍是否在文化中遭遇了一种叙事的问题。倘若社会期待老兵、强奸受害者或者其他痛苦的幸存者，那么 PTSD 会不会变成一种自我实现的预言？是否有这种可能，即这种状况的神话依然很严重地受到越战记忆的影响，这场战争中的老兵经常被视为道德上的祸害？

回顾我在 VA 的经历，只有少数几个场合下，他们鼓励一种成长性的思考。我从未被鼓励去思考，我的经历可能转换成一种智慧或道德洞见。当我在自己的思索下这样考虑时，我都被告诫，这可能是一种“理智化”，并且偏离了狭隘的治疗领域。反而，我被鼓励去关注我自己的症状，去思考如何纠正我的各种错误认识，以便变得更加正常。

不论泰德斯奇的研究有多少缺点，他都带来了一个好观点。倘若我们作为人民，无法在战争和其他灾难中找到某种补偿，那么我们能从哪里找到这种补偿？事实上，问题可能是学术原则在今天是如何被构建的。精神病学和临床心理学并不能探索泰德斯奇所提出的问题。精神病学、临床心理学、神经科学关注疾病，而非个人成长。正是这种局限使得像马丁·塞利格曼（Martin seligman）和哈里·契克森米哈赖这样的心理学家开始探索人类心理学更积极的方面，比如创造心理学，以及契克森米哈赖所谓的“流动”或是自为状态，其最终被证明可以很好地适用于很多另类治疗。然而，正如这一点如今所显示的，太多资源被导入到了创伤的消极面，而非探索其带来洞见的可能性。正如泰德斯奇自己承认的，大多数创伤后成长本质上似乎都是一种精神性和哲学性的。

尽管如此，我认为像豪斯和河内希尔顿的战俘这样的幸存者，都能提供一种处理创伤应激障碍的实际教导。我和斯蒂夫谈过之后，我很惊讶于他那种接纳事故，将之视为一种改变其生活的机会的态度。正如他所说，他不仅仅是让事故改变他的生活，他也帮助这次事故改变他的生活。他利用了事故的动力将他带到了另一个境界，正如爱比克泰德所暗示的那样。还有一种对认识到这种改变的需要的准备因素存在。正如很多登山者一样，豪斯是一位极其有思想且细致的人，他在常年探险中遇到的紧急情况迫使他仔细关注自己的情绪。换言之，甚至在事故发生之前，他就了解自己。他在探险的过程中带着一大堆书和一本日记，以便在大本营度过那些帐篷中的时光，而这有助于拓宽他的自我认知。在跌落山崖之后，他在康复期间扮演了一个主动的角色，决定放弃止痛药来评估自己的伤势，之后当他准备好之后，又重新开始登山。他寻求，并找到了生活的模式。

同样，扎哈瓦·所罗门和其他人所研究的那些战俘，也显示出了一种调节自己内在情绪状态的能力，并且能将这种能力应用到不同的场景。他们学会了寻求在环境中他们能够控制的事物。当找到这些时，他们会利用这些。河内希尔顿的一位高级战俘詹姆斯·斯托克代尔在被俘时想起了爱比克泰德的智慧，他写道："我记得主观意识的基本真理，即一种区分什么能受我控制，什么不能的能力[①]。"

我因为伊拉克成长了吗？我成长了，也萎缩了。我心灵的一部分在呈现之前，我并不知道它存在。这就好像醒来，并且注意到有人一夜之间在你的房子里修了一间偏房。我走了进去，并且开始享受这片新的空间。然而原来的那一部分则看起来不像从前了，它改变了，它的漆皮更暗了。我不得不学会适应这种新

① 参看基兰德（Kiland）的《河内希尔顿的教训》（*Lessons from the Hanoi Hilton*）。

布局。

战争糟透了，但是就像一位以各种方式逃离现实生活的难民。有些事情变得更为艰难了，但是有些事情变得更为轻松了。在死亡的阴影中，你的生命会萎缩到一种狭小但重要的关注之上。正如阳光下的一片树叶，你能看到生活的一些叶脉。国内让人疯狂的很多可笑的要求和期待在战争中不复存在。比如说，你不需要担心你长相如何，焦虑自己开什么车似乎显得极其愚蠢。**你以一种奇怪的方式自由了，你唯一能失去的东西就是你的生命。**

背着背包过了几个月，我认识到我不需要很多东西去获得幸福。我认识到大多数人在浪费生命去纠结一些没有多大实际用处的消费品。回到和平世界之后，这种专注、这种对生活优先性的合理化给了我一种新的自信。我对待自己的方式不同了，更为坚定了。这是一种新的信念，其源自于一种简单的论述，这种论述回响在痛苦和危机的时刻：好吧，这里糟透了，但是比拉马迪好多了。我也认识到如何忽略一些我无法控制的事情，比如死亡。

然而战争也教给了我不知道如何处理的知识。它教会我世界是个危险的地方。死亡是随机的。政府理所当然地撒谎。时间是有弹性的。恐惧是相对的。真理因地而异。巴格达的真理不一定在拉马迪还是真理。巴士拉（Basra）的真理绝不是拉马迪的真理。唯一绝对的真理在华盛顿。你越是接近死亡，越是难以确定任何事情。战争是另一个世界。很多事情在那里发生，也只能在那里得到意义。很多事情在那里发生，却没有任何意义，然而这些事情就是这么发生了。

这是一种成长，还是只是太多的信息？

战争给了我一种成熟，但它也让我再次成了一个孩子。当我回国时，我意识到战争已经教会我如何再次看待那些人类的时刻。那些从未接近死亡或从未走过那些沦为废墟的城市的人，忽视了这种基本洞见。我的眼睛看到的事情不同了。它们更为饥渴、更为敏感地寻求美。2004 年我回国过程中飞跃格陵兰岛（Greenland）时，我看到了那些冰川，它们在消融，奇妙地反射出七种不同的白色，我哭泣了。参战之前，我告诉自己这只是一个场景。我成了夜空、云层、流星的观察者。对各种秘密事物的好奇，对世界景色的孩童式的渴求本在我成长的过程中消失殆尽了，如今它们又回来了。

之后，整件事又变了，某人说了一些粗俗无礼的话，我又开始愤怒了。愤怒于这个世界走向的方向。愤怒于人们的愚蠢。愤怒于每个人似乎都接受了战争，耸耸肩就接受了它那巨大而无意义的不义。

因为这种事实而疯狂意味着我真的要疯了吗？

我为此烦恼了几个月。我疯了还是智慧了？这是一种丧失还是洞见？压力还是成长？2004 年，这些都是些很难回答的问题。十年之后，我仍然没有答案。

多年前，在我年轻的时候，一位朋友问了我一个问题，这个问题在我脑子里一直挥之不去。当时在冲绳，大家都是中尉，大家非常亲密，非常自信，非常粗野。大家都很强壮，并且知道没有什么可以杀死我们。在岛上的大多数聚会中，我都是最安静最冷淡的那个。其他人都在喝酒跳舞，互相喊着对方的昵称。我会缩在角落，与一个朋友沉浸在我们自己的想法里，他当时准备去宾州州立大学。一晚在嘉手纳（Kadena）军官俱乐部，一位我多年未见的同学出现在了我身边。

在德州农工大学，琼恩（Jon）是一位模范实习军官，也是我最好的对比：他是一个领导者，这个角色我不适合担任。他和我一直都在大一新生操练示范队，这个团队在开始任何一项训练之前，都要在高年级的寝室窗下做一千次仰卧起坐。在秋季学期末，我离开了示范队，而琼恩还在团队，并且开始显露头角。在我们大三那年，他指挥了护卫州长的荣誉行动，这一职位给他带来了特权和奖学金。他是实习军官团（Corps of Cadets）中居住在最高级兵营的一帮年轻人之一，这帮年轻人在学校里参与各种活动，十九岁的年纪，身上就挂满了勋章。他注定是这个世界的领袖，或者至少是领袖中的重要一员，他的幸运在匡蒂科改变了。

在一次丛林中的实弹演习中，另一位中尉无意中开枪射中了他两块肩胛骨中间的地方。子弹在他身体中穿过的这趟旅程，我有时候觉得也是一趟奥德赛，子弹穿过他身体时恶心地转了个弯，反弹到了他的锁骨上，然后扭扭曲曲地穿过了他的脖子，最终留在了面颊当中，给他脸上带来了一道狭长而凶悍的伤疤。我很多年都没有见过他，以为他已经离开了陆战队。

无需多言，琼恩已经变了。在德州农工时，他是尖子生，而且他自己也知道。他很自负并且带着些许冷酷，这是职业军人身上的特点，他从来没有亲近的朋友。而站在我面前的这个人似乎有点柔和和克制。在寒暄了几分钟之后，他轻声问到我："为什么你还在那儿？"

"那儿？你指的是什么？比如嘉手纳？"

"海军陆战队。"

我用怀疑的眼神打量了一下他，回应了些托辞，然而这个问题让我冷静了下来。他知道真相。他知道在某种程度上，陆战队对我而言只是个职位，我远远地看着陆战队的好戏，但并未入戏。然而，海军陆战队是一场戏剧，这对我而言并不完全正确。

他像个预言家一样和我说话，这个人已经跨越了某种门槛。当我想起他时，我想象他转过头来远远地看着我们，想知道我们什么时候能赶上他。迄今为止，在我的大学同学当中，他的遭遇最为糟糕。发生在他身上的似乎是一种错误，一种荒诞的不公，然而那件事还是就这么发生了。然而通过某种炼金术，琼恩已经变得更好、更有思想、更有见解。那颗子弹——他的子弹，带走了某些东西，也带来了某些东西。

后记：现实的反面

我时常被问起，我有没有后悔去伊拉克，或者我有没有后悔加入海军陆战队。这很奇怪，因为我可以轻易想象出历史各个场景中的另外一种可能的世界——一个美国没有参加一战的世界、一个萨达姆有大规模杀伤性武器的世界、一个费卢杰战役没有发生的世界，然而我却没法建构出这样一个与现实相反的世界——一个我没有加入海军陆战队的世界、一个我没有在背后纹上USMC四个字母的世界、一个我没有踏上飞机前往伊拉克的世界。我甚至可以想象一个艾丽卡没有消失去拉斯维加斯，而是和我一直在一起并且结婚的世界，然而**我想象不出那个没有进入、没有审视战争、没有遭遇爆炸、没有被差点射死的我。**

我是一名作家。我学过虚构的技巧，有研究生的水平，也知道如何在脑子里建构并且发展出另一个世界。然而我脑子里没有那个没有战争的世界。

简而言之，**我没有现实的反面。**

似乎有太多值得质疑的，有太多要去思考一种没有战争的生活。这就有点像弗洛伊德说的，试图想象你自己的死亡：这超出了我的理解范围。似乎置身死亡是完全未知的，死亡向这个世界打开了一扇窗户，并让各种可能性能够进入。可能性太多了。当我开始思考死亡，我的脑子就会出现干扰，就像电台调到了一个关闭的频道。在我内心建构的每个世界里，我都进入了，我都审视了。

然而让我们将其称为：一种对我自己的想象的失败。

我知道我在这方面不太正常。我知道有些人总是停不下来地会去思考一切可能性，他们会被那种现实的反面所控制，那些经历过糟糕事件的人的内心会变成一卷循环磁带，内心的问题循环往复。这些问题就像倘若？倘若？倘若？倘若？倘若？或是为何我没有？为何我没有？为何我没有？为何我没有？这些问题一直在他们脑子里打转。在这些问题当中，就有各种世界。在那种世界，他们不再恐惧，不再如此疲倦，不再如此困倦，以至于他们可以走过一段更加漫长、更加沉闷的道路，回到他们的巡逻基地。在那种世界，他们最好的朋友还活着。那位朋友走过了农渠旁埋在地下的简易爆炸装置，他回到了圣马特奥市（San Mateo）的军营里，他从陆战队退伍了，他在图森市（Tucson）的一家咖啡店找到了工作，他因为士兵法案而进入了皮马社区学院（Pima Community College），最终进入了阿尔伯塔大学。或者是这样一个世界，简易爆炸装置炸到了巡逻队里的另一个人。或是他们在折返点做了更长时间的安全休整，休息了一会儿，每个人都活着，因为他们没有被干掉。

每个人都会这样。我们都从我们的生活中建构现实的反面，甚至我们自己都没有意识到。倘若我没有喝最后一杯会怎么样？倘若我参加了巴尔的摩的那份工作会怎么样？**正是这种可能性最后杀死了我们，这是纯粹的机会问题，一种乐观主义告诉我们凡事皆有可能。而生活不是这样的，但是我们希望它是。**我们希望生活可以通过事后之明获益，智慧会在该来的时候来。我们希望我们可以倒回去，和那个对的女孩儿结婚。我们希望我们可以倒回去，重新参加那次考试。

我不会再参加另一场战争了。然而我知道另一场战争正在到来。另一场战争正在到来，谁都无能为力。在我心灵中的每一个世界，战争都来临了。甚至今天，战争都随时在待命。一想到这一点，我就想起赫拉克利特所说的：

> 正义在我们心中即是斗争[1]。
> 我们无能为力，只是认识到，
> 正是战争创造了我们。
> 战争创造了我。

战争中有一种美，或者至少是一种秩序，这种秩序可以让我们认识这个世界的意义。

---

① 哈克斯顿（Haxton），《碎片》（Fragments）。

对于我而言，询问你是否后悔去伊拉克，或者你是否后悔加入海军陆战队，就像在询问你是否相信上帝。这是个很大的问题，这个问题很多人都能轻易回答，然而这个问题也会告诉你很多关于这个人的事情，告诉你他们如何看待这个世界，他们如何看待命运在人类生命中扮演的角色。然而当我思考这个问题的时候，我通常会这样说：我相信自然。我相信破碎。我相信整体。我相信一切将我们彼此连接在一起的东西。我对此的相信，就像地理学家对丘陵、瀑布、海滩的多样性的相信。它就是那样的。我进入战争，审视战争，因为那种情境似乎有这样的要求。这种态度类似于古希腊悲剧现实主义剧作家的态度，他们凝视着恐惧和苦难的深渊，从而来确认生活。要全然感激这个世界的乐趣，我们必须理解人类的存在是多么短暂，多么易逝。

“在那些星辰之下，”梅尔维尔（Melville）写道，“正是怪物横行的世界。”

回到我第一次去伊拉克的旅途，我在费卢杰附近机场的跑道上和一位偶然碰到的老陆战队兄弟聊着天。他离开了步兵团，成了一位直升机飞行员，而且感觉如今已经变成了完全不同的人。他是一个知道让这个庞然大物如何升空的家伙，这真是个奇迹。当我们得到消息：“天使”们过来了，所有人都要排好队时，我试着想象他就坐在座舱里。我站在我朋友身边，而他敬了个礼。然后我明白了他们所谓的“天使”意味为何。

两口铝制的棺材上盖着美国国旗，叉车将棺材举起送入了

C－130运输机的后舱。

“天使”就是尸体。

几分钟之后，当我们登上飞机，机组人员拦住了我，并说道：“长官，我需要你取下相机。”他是曾经告诉我相机不能带上飞机的三个人中间的第一个，三人中还包括一位上校，当我们飞往科威特的中途中转时，他还走下飞机，去送了新闻。

我现在才发觉，这条跑道变成了一条分界线，区分出了两个世界。在这条线的一边，人们遭遇爆炸，被子弹射中脸。人们在马桶上被炸到满身肮脏，人们在翻掉的悍马里被淹死在肮脏的河水里。在这条线的另一边，人们称死者为“天使”，并且确保别人不会对它拍照。这里就是语言改变的地方。这里就是某些事实变得难以言表的地方。这里也是某种炼金术开始的地方，这种炼金术改变了生死，改变了伊拉克日常恐怖的日常生活，将之变为一种主日学校的故事。

什么降临到了这条线另一边的世界？什么降临到了那种存在方式、那种感觉方式、那种时间、那种历史之上？什么降临到了那些陆战队士兵身上？我曾经和他们一起在去往萨科力维亚的伏击点的路上唱着阿拉丁的主题曲。什么降临在了那位在酒店咒骂我的中士身上？什么降临在了萨蒂亚的哲学家“收割机”身上？什么降临在了那些让我倒霉的士兵身上？呼唤我的命运，就像它只是一个普通的事实？

当我第一次回来时，美国就看起来不同了。那些房屋对我来说是关着的、封闭的，人们是陌生的。我只去了那里三个月，但感觉已经过去了几年。一种沉默来到了我的生命中，我不知道该如何打破。

之后，在我从战场上回来几年之后，我读到了西格夫里·萨松的一首名为《战斗到底》（*Fight to a Finish*）的诗。在诗的末尾，萨松想象着带头举着刺刀冲进人群，爱国的平民在胜利之后在伦敦游行。全诗以对国会的一次袭击结尾，这是对这场愚蠢战争的回馈。这是一首幻想主义的诗，用一种倾向于震撼的语气所写，然而当我读到的时候，我并不感到震惊。我并没有像萨松一样参与那场战争，但是我认识到了那场战争底下的愤怒，那种感觉如此强烈，以至于你没法说出口，甚至对朋友、对爱人、大多数时候对你自己也说不出来。

有时候，当我抑郁或担忧我对战争的记忆会溜走时，我就会坐进我的皮卡，开车去拉荷亚，那片美丽的地方悬在黑暗的太平洋之上，就像是一个幻觉，在那片地方及其丘陵上好像覆盖着一层马海毛。我开车路过摩门教寺庙，路过超市和药品学院，然后我停好车，走进 VA 的滑动门，乘电梯上双北区的精神科。

当我到那里时，我只是坐下并且听一阵子，走进等候室听着他们叫着下一位的名字。我在那里花了几个小时等着我的名字被叫到。我曾经很讨厌在那里等待，然而现在我不那么在乎了，我知道我的名字不会被叫到，至少不是在今天。我右边的这个人将生活都灌入了手机，他打给一位朋友说，他很抱歉，但是他不再值得信赖了。我左边的这个人的大腿像手提钻一样抖个不停。到处都是面孔，每一张都像是一本没有结局的书中的一页。环视四周，房间里充斥着昨天，也将会充满明天。我坐着思考，好似那些被选中的名字都浮在了空中，我想知道它们中哪一个曾在岘港(Danang)，哪一个曾在费卢杰，哪一个曾在阿富汗某个我从没听过的糟糕地方，哪一个染上了致死的毒瘾、有着一位即将离去的妻子，哪一个丧失了超乎自己认知的东西而且比我还要更加关注梦境。我对他们所有人说，没关系，没关系，没关系。

注释

尽管本书的大部分内容都基于我个人的生活经历以及一手的报道，我依然参考了许多其他研究者和作家辛苦工作的成果。在注释这部分，我试图不仅仅标明我材料的来源，也想简要解释我是如何做出某种结论的。研究就像是一个侦探故事。下文陈述的都是些线索，有些是在图书馆和文献中找到的，有些是在网上找到的，还有一些是在我参加的会议和讲座里找到的。PTSD 故事的信噪比很低，很多人对此谈论了很多事情，其中很多都是互相矛盾的。书写此书教会我成为一名更好的批判性听者以及一名更好的批判性思考者。我同时学会了同行审阅的科学的价值，也学会了另一种价值，即去了解那些被当今主流思潮放逐到学术荒地的思想家。我也再次感谢那些诗作和小说的经验性价值，正是对此的探索在最初催生并激发出了书写此书的灵感。

我也尊敬那些作者，我正是站在他们的肩膀上。朱迪思·赫尔曼的《创伤与复原》依旧是一个基础的文本，它从精神病学的角度给创伤研究领域提供了一幅最高的概览。艾莉丝·希柏德的《他们说，我是幸运的》是一本独一无二的著作，行文流畅而有力，它对我帮助甚大。乔纳森·谢伊《越南的阿喀琉斯》《奥德修斯在美国》都让我认识到，创伤是如何在古代被概念化的，古希腊神话又是如何影响我们今天对创伤的理解。本·谢菲尔德的《神经之战：二十世纪的士兵和精神病学家》是一份极佳的调查，尽管此书偶尔体现了一种有趣的民族优越感。谢菲尔德对世界战争的论述是极妙的，但他对越战中美国经验的论述则不那么好。保罗·富塞尔的《一战与现代记忆》一直都是杰作，并且捕捉到了一战的灾难，以及这种冲突是如何影响当今世界的。埃里克·里德的《无人之境》受人忽视，里德对于过渡态和战争神经症的论述对我的思考启发很大。劳伦斯·冈萨雷斯的《幸存生存》深刻地探查了创伤和康复背后的科学。从组织文字的角度来说，我从悉达多·穆克吉的《众病之王：癌症传》（我对这种临床“自传”有种文学幻想），还有安德鲁·所罗门（Andrew Solomon）的《正午恶魔》中收集了很多材料。最后，我对威廉·吉布森关于关联症概念的教导感激不尽，我在他的小说《模式识别》中第一次找到这种教导。